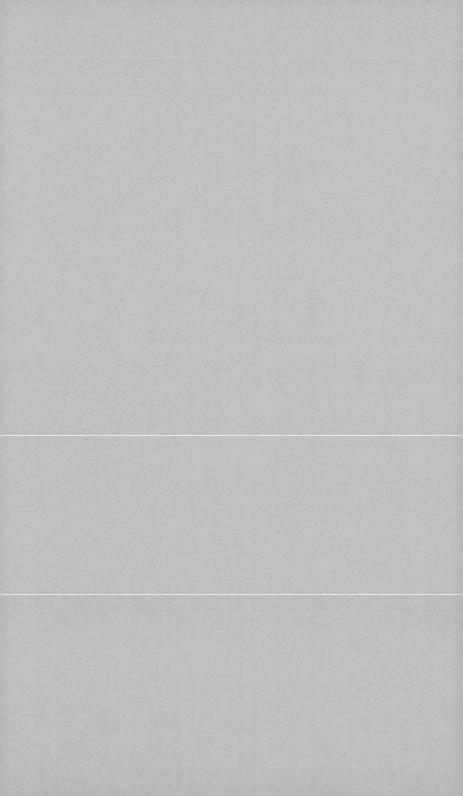

우리는 사랑이 아니라 집착이었어

사랑할수록

불행한 사람들을 위한

연애심리학

로빈 노우드 지음
문수경 옮김

Women Who Love Too Much

그 사람을 위해 사랑하지 마!

너 자신을 위한 사랑을 해

사랑 때문에 상처받고 싶지 않은

모든 여성들을 위한 책

북로드

Aa

우리가 사랑하기 전에 알아야 할 것들

사랑이 고통스러울 때 당신은 너무 많이 사랑하고 있는 것이다. 친한 친구와 대화를 나눌 때, '그(그녀)'가 무엇을 고민하고 어떻게 생각하고 느끼고 있는지 온통 그런 이야기뿐이라면 당신은 너무 많이 사랑하고 있다. 당신이 말하는 모든 문장이 '그(그녀)'로 시작될 때, 당신은 너무 많이 사랑하고 있다.

  당신을 대하는 그(그녀)의 변덕, 짜증, 무관심, 냉담한 태도나 말을 상대의 불행한 어린 시절 탓으로 돌리고 모든 것을 용서한다면, 그리고 자신이 상담치료사가 되려고 노력한다면 당신은 너무 많이 사랑하고 있다.

  책을 읽으면서 자신이 아닌 상대에게 도움이 될 것 같은 말에 열심히 밑줄을 긋고 있다면, 당신은 너무 많이 사랑하고 있다.

상대의 성격이나 가치관, 행동들이 마음에 안 들지만, 그가 당신을 너무 사랑한 나머지 머잖아 자신의 성격이나 가치관, 행동들을 바꿀 거라고 생각한다면, 당신은 너무 많이 사랑하고 있다.

이런 관계 때문에 당신의 정신과 육체가 힘들다면 당신은 틀림없이 너무 많이 사랑하고 있다.

끔찍한 정신적 고통과 수많은 불만이 따르는데도(심지어 때때로 폭력이 동반된다) 수많은 여자들은 남자들을 '너무 많이 사랑'하고 있다. 사랑하는 사람들은 누구나 다 이런 상황을 겪는다고 너무나 당연하게 생각한다.

대부분 살면서 한 번쯤은 너무 많이 사랑한 경험이 있으며, 일생 동안 이런 사랑을 반복하는 사람도 있다. 심지어 어떤 사람들은 사랑하는 상대에게 너무 집착한 나머지 정상적인 삶을 살지 못한다.

이 책에서는 사랑받을 자격이 충분한 사람들이 사랑할 줄 모르는 상대를 만나는 이유를 살펴볼 것이다. 그리고 그 상대와의 관계가 자신을 파멸로 이끌어가는데도 관계를 정리하지 못하는 이유를 알아볼 것이다.

상대가 평생을 함께할 반려자로 삼기에 부적합하고, 심지어 당신에게 무관심하거나 당신을 사랑하지 않는데도 떠날 수 없을 때, '지나친 사랑'이 어떻게 사랑 중독에 빠지는지 알게 된다.

이런 '사랑 중독'에서 해방되려면 먼저 사태의 중대성을 스스로 인식해야 한다.

집착하는 자신의 모습을 보게 된다면, 그 집착의 원인이 무엇인지 곰곰이 생각해봐야 한다. 사랑이 맞는가? 혹시 사랑이 아니라 두려움이나 집착이 아닌가? 사랑에 집착하거나 중독된 사람들은 '혼자'라는 것을 두려워한다. 사랑을 주지 못하고 받지 못하는 자신은 아무런 가치가 없는 존재라고 생각한다. 상대에게 버림받아 파멸할까 봐 늘 전전긍긍한다.

그래서 그들은 집착한다. 이런 막연한 두려움을 없애줄 것이라는 절박한 기대감을 품은 채 누군가를 사랑한다. 하지만 그럴수록 두려움과 집착은 점점 더 심해진다. 자기가 사랑하는 만큼 사랑을 되돌려받는 것이 삶의 유일한 이유가 된다.

심리학자이자 카운슬링 전문가인 나는 알코올중독자와 마약 중독자들을 상담하는 과정에서 너무 많이 사랑하는 현상이 사고방식이나 감정, 행동으로 나타나는 어떤 특정한 증후군이라는 것을 발견했다.

상담자들 중에는 문제 가정에서 자란 경우도 있고 아닌 경우도 있었다. 그러나 그들의 상대는 대부분 심각한 문제 가정에서 자라면서 큰 스트레스와 고통을 경험했다. 그들은 무의식적으로 어린 시절에 겪었던 고통과 스트레스를 재현하고 있었다.

중독자를 사랑하는 사람들은 자신들이 우월감을 느끼고자 하는 '욕구'와 그들을 구원할 사람은 자신밖에 없다는 구원자적 '욕구'를 가지고 있었다. 하지만 그들 역시 상대와 마찬가지로 똑같이 도움이 필요했다.

어린 시절 겪었던 경험들이 성인이 되어 남자를 만나고 관계를 맺는 패턴에 상당한 영향력을 끼친다. 이들을 통해 문제가 있는 관계를 선호하는 이유와 그것을 계속하는 이유가 무엇인지 알아냈으며, 해결책 역시 도출할 수 있었다.

물론 사랑의 집착과 중독은 여자에게만 있는 것은 아니다. 이성과의 관계에 강한 집착을 보이는 남자들도 있다. 그러나 어린 시절의 상처가 관계 중독으로 이어지는 남자들은 소수이다. 그들 중 다수는 인간관계에 치중하기보다는 직업이나 일을 통해 어린 시절의 고통에서 벗어나고 스스로를 지키는 데 성공한다. 그 결과 남자들은 일이나 스포츠, 자신만의 습관에 강한 집착을 보인다. 반면 여자들은 이성과의 관계에 중독되는 경향을 보인다. 그것도 대개는 사랑에 성실하지 않은 남자에게 말이다.

나는 사랑에 집착하는 모든 사람들에게 도움을 주길 바라며 이책을 집필했다. 남자들을 배제하려고 한 것은 아니었지만 여자들에게서 더 많이 나타나므로 여자들의 이야기가 되어버렸다. 이 책의 목적은 파괴적인 방식으로 사랑하는 사람들에게 사실을 있는 그대로 인식하게 해주고, 사랑 중독의 원인을 알려주어 삶을 변화시키는 것이다.

어쩌면 책 속에 소개된 사례들이 너무 극단적이라고 생각할지도 모른다. 그렇지만 그들의 성격, 특징, 과거의 경험들은 결코 과장된 것이 아니다. 이 사례들이 당신이 안고 있는 문제점들보다 훨씬 더 심각하고 비참하게 보일지도 모른다. 모두 자신들이 가지고 있는 문제는 '그렇게 심하지 않다'고 믿으면서 '심각한' 문제를 가진 다른 여자들의 고통에 동정심을 표한다. 사람들은 자신의 고통은 별것 아니라고 치부하면서도 다른 사람들의 고통은 동정하고 이해하려는 반응을 보인다. 심지어 자신의 고통이 타인의 고통보다 더 클 때도 마찬가지다.

심리학 카운슬러인 나 역시 정신적 고통이 신체적 고통으로 전이되는 지경에 이르러서야 비로소 내가 사랑에 집착한다는 것을 깨달았다. 그리고 내가 사랑하는 방식을 다시 한 번 살펴보았고, 그것을 바꾸려고 노력했다. 결코 쉬운 일은 아니었으나 내 인생에서 가장 가치 있는 시간이었다.

집착과 중독에 빠진 사람들이 자신의 상태를 직시하고 이성에게 쏟아왔던 애정과 관심을 자신에게 돌려 인생을 변화시키길 간절히 바란다. 다른 인간관계 지침서들과 마찬가지로 이 책도 변화를 위해 실행해야 할 팁들이 곳곳에 배치되어 있다.

끊임없이 노력한다면 누군가를 너무 사랑하는 사람에서 '나를 충분히 사랑하는 멋진 사람'으로 탈바꿈할 수 있을 것이다. 그리하여 당신도, 그리고 당신의 파트너도 행복할 것이다.

개정판을 내며

이 책이 출간된 지도 25년이 흘렀다. 그동안 많은 여자들이 고통에서 벗어나려고 노력했다. 미국에서 출판된 후 전 세계 30개국 언어로 번역되어 중국, 브라질, 프랑스, 아일랜드, 이스라엘, 한국 여자들을 '사랑 중독'에서 구출해냈다. 수백만 명의 여자들은 사랑에 대한 집착과 중독에서 벗어나야 한다는 절박한 이유를 가지고 다양한 차이를 넘어서 하나로 연결될 수 있었다.

너무나 감사하게도 이 책이 출간된 이래로 여자들의 삶이 변화하기 시작했다. 그들은 더 이상 집착과 중독을 정상적인 것으로 인식하지 않았다. 더불어 이런 사랑을 자기 파괴적이며 위험한 태도로 인식하기 시작했다. 하지만 이런 인식만으로 집착과 중독을 멈출 수는 없다.

그렇다면 어떻게 해야 이 지긋지긋한 집착과 중독에서 벗어날수 있을까? 우리는 사랑의 상처로 인해 스스로 치료할 힘이 남아있지 않다. 우리 안에 깊이 뿌리내린 사랑을 치료하기 위해서는 도움을 받아야 한다. 바로 이 책이 당신의 가슴 안에 박힌 사랑 조각을 빼내고 그 상처들을 치유해줄 것이다.

집착과 중독에 얽힌 사례들과 치유 방법들을 책 곳곳에 잘 녹여놓았다. 특히 개정판에는 늪에서 벗어날 수 있는 다양한 방법들을보강했다. 부디 상처받은 이들이 다시 제대로 된 사랑을 할 수 있길간절히 바란다.

차 례

Q

집착을 사랑이라고 생각하고,
집착이 자신을 불행으로
몰고 간다는 것을 알면서도 멈출 수 없다.
이들은 자신이 고통스러울수록
사랑도 깊어진다고 믿는다.

나는 왜
문제적 남자에게
더 끌리는 걸까?

: 나쁜 남자 콤플렉스

왜 전화 안 했어?

 좀 바빴어.

내 생각은 안 해?

 바쁘다 보면 깜박할 수도 있지.

아무리 바빠도
잠깐 톡 보낼 시간도 없어?
연락 안 되면 종일 걱정하는 거
뻔히 알면서 그래?

적당히 좀 해. 숨 막히게 왜 그래?

질은 상담실 벽에 걸린 내 학위증과 자격증을 보더니 자랑스레 자신이 로스쿨을 나왔다고 말했다.

　내가 그 말에 별다른 반응을 보이지 않자 그녀는 고개를 숙인 채 자신의 통통한 손가락을 뚫어져라 쳐다봤다. 침묵의 시간이 흐르고 그녀가 마침내 용기를 얻은 듯 천천히 입을 열었다.

　"나는 지금 굉장히 의기소침해져 있어요. 불행하다고 느끼고 있죠. 이유는 물론 남자예요. 아니 정확히 말하자면 '나'일지도 몰라요. 남자들이 날 떠나는 건 모두 나 때문이니까요. 연애 초반에는 모든 것이 잘되어 갑니다. 그러다 관계가 깊어져서 진짜 내 모습을 보면 다들 도망쳐요."

그녀는 고개를 들어 나를 바라보더니 눈물이 그렁그렁한 눈으로 천천히 말을 이었다.

"나는 무엇이 문제인지 꼭 알아야겠어요. 어떻게든 날 바꾸고 싶어요. 문제가 뭔지 알면 반드시 고칠 수 있을 거예요. 난 무엇이든지 열심히 하는 사람이니까요. 왜 자꾸 이런 일이 생기는 걸까요? 이제는 연애를 다시 시작하는 게 두려워요. 누군가를 만나고 나면 늘 쓰라린 상처만 남으니까요. 남자 기피증에 걸릴 것 같아요."

그녀는 이제 더 이상 천천히 말하고 있지 않았다.

"그래도 남자 없이 살고 싶지는 않아요. 외롭잖아요. 나는 로스쿨을 다니면서 열심히 공부했고, 지금도 그쪽 일을 하고 있어요. 지난 몇 년간 일하고 학교를 다니고 자는 것 외에는 하는 일이 없었어요. 그러다 보니 연애가 하고 싶어지더군요."

그녀는 빠르게 말을 이었다.

"그러던 중 랜디를 만났어요. 그는 변호사였어요. 친구를 만나러 샌디에이고에 갔다가 클럽에서 만났죠. 우린 보자마자 서로에게 빠져들었어요. 이야기도 잘 통했고요. 지금 생각해보니 대부분 나혼자 떠들었던 것 같긴 해요. 하지만 그도 내 이야기를 재밌게 들었어요. 내 이야기에 관심을 가지는 남자를 만나서 굉장히 신났어요. 그는 나에게 관심 있는 것 같았어요. 결혼했는지 묻길래 이혼한 지 2년 됐다고 하니까 지금은 누구랑 함께 있는지 묻더군요."

일주일 후 로스앤젤레스로 출장을 온 랜디가 질에게 데이트를 신청했다. 물론 질은 수락했고 저녁식사를 같이 하던 중 그녀는 랜디에게 밤길 운전은 위험하니 자기 집에서 하룻밤을 머물고 다음 날 출발하라고 권했다.

"난 그를 위해 요리하고 빨래하고 셔츠를 다림질했어요. 그도 고마워하는 것 같았어요. 난 정말 행복했어요. 누군가를 보살피는 걸 좋아하거든요."

질은 그날 아침이 그리운 듯 미소 지었다. 그녀는 랜디가 샌디에이고의 아파트에 도착할 시간에 맞춰 전화를 걸었다.

"랜디, 나예요, 질. 잘 도착했나 보네요. 다행이에요."

그러나 수화기 너머 랜디의 반응은 기대한 것과 달랐다. 그는 너무 정확한 시간에 걸려온 그녀의 전화에 당황한 듯 말을 잇지 못했다. 그녀는 바로 전화를 끊었지만 머리가 지끈거리기 시작했다. 자신이 집착하고 있음을 깨달은 것이다.

"언젠가 그는 자기를 내버려두지 않으면 내 눈앞에서 사라져버리겠다는 협박까지 하더군요. 난 두려웠어요. 다 나 때문이라는 생각이 들었죠. 그를 사랑한다면 자유롭게 놔주었어야 했는데 오히려 집착했거든요. 내 두려움은 점점 커졌고, 그럴수록 상황은 악화되어 갔어요."

질은 매일 밤 랜디에게 전화했다. 교대로 전화하자고 약속했지만 랜디는 그 약속을 지키지 않았다. 질은 그의 전화를 기다리다 못 참고 먼저 전화를 걸곤 했다. 통화 내용은 이들 사이의 거리만큼이나 멀고 막연했다.

"랜디가 전화하는 걸 깜박했다고 하면 상처받았어요. 난 절대 잊지 않았으니까요. 랜디가 전화하지 않은 이유를 갖고 싸우다 보면, 그가 나를 만나는 걸 두려워한다는 생각이 들었어요. 난 그가 두려움에서 벗어나도록 도와주려 했죠. 랜디는 자신이 뭘 원하는지 모르겠다고 말했고, 난 뭐가 문제인지 설명해줬어요."

질은 카운슬러 역할 놀이에 빠져들었고, 랜디의 마음을 얻기 위해 애썼다. 질은 그가 자신을 원치 않는다는 사실을 받아들이지 않았다. 그녀는 자신이 그에게 꼭 필요한 존재라고 생각했다.

질은 두 번이나 샌디에이고로 가서 랜디와 함께 주말을 보냈다. 두 번째 갔을 때 랜디는 그녀를 무시한 채 맥주를 마시며 텔레비전만 봤다. 질에게 인생 최악의 주말이었다.

"그가 술을 많이 마시는 편이었나요?"

"별로 많이 마시지는 않았어요. ……사실, 잘 모르겠어요. 생각해본 적이 없어서요. 처음 만난 날도 술을 마셨지만, 바에서 만났으니 당연한 일이었죠. 통화할 때 유리잔에 얼음이 부딪치는 소리가 들리면 놀린 적이 있어요. 청승맞게 혼자 술을 마신다고요. 만날 때마다 술을 마시긴 했지만, 그저 술을 좋아하는 정도라고 생각했죠."

질은 잠시 무언가를 생각하더니 말을 이었다.

"가끔씩 변호사답지 않게 막연하고 부정확하게 말하고 일관성도 없었죠. 하지만 술 때문에 우리가 헤어졌다고 생각한 적은 없어요. 이 상황을 어떻게 이해해야 할지 몰랐거든요. 아마 생각하기 싫었던 것 같아요."

그녀는 슬픈 눈으로 나를 바라봤다.

"그가 술을 지나치게 많이 마신다 해도 그건 나 때문일 거예요. 내가 재미있는 사람이 아니어서요. 다른 사람들도 나와 함께 있는 걸 싫어했으니까요."

그리고 고통스러운 듯 이마를 찌푸리며 말을 이었다.

"전남편도 그랬고, 아버지도 그랬어요. ……난 도대체 왜 이럴까요? 왜 다들 날 싫어하죠? 도대체 내가 뭘 잘못한 걸까요?"

질은 사랑하는 사람과 문제가 생길 때마다 원인이 자신에게 있다고 생각했다. 랜디, 전남편 그리고 아버지가 자신을 사랑하지 않은 것은 자신이 사랑받지 못한 행동을 해서라고 여겼다. 한 남자와 오랫동안 연애하면서 힘든 관계를 참아내든, 여러 남자들과 사귀면서 불행한 관계를 되풀이하든 상관없이 집착하는 여자들에게는 공통점이 있다.

집착을 사랑이라고 생각하고, 집착이 자신을 불행으로 몰고 간다는 것을 알면서도 멈출 수 없다. 이 상태에 빠진 사람들은 자신이 고통스러울수록 사랑도 깊어진다고 믿는다.

왜 언제나 내가 더 많이 사랑하는 것 같을까?

이 책을 읽고 있는 당신도 질과 비슷할지 모른다. 하지만 유사한 문제를 겪고 있는데도 그들에게 붙는 꼬리표(여기서는 알코올중독, 근친상간, 성폭력, 약물중독 등)에 거부감이 들어 그 사실을 인정하지 않는 경우도 있다. 그래서 우리는 현실을 제대로 보지 못한다. 우리에게 혹은 우리가 사랑하는 이에게 그런 꼬리표가 붙을까 봐 두렵기 때문이다. 이 두려움 때문에 아무리 문제가 눈에 띄어도 선뜻 도움의 손길을 요청하지 못한다.

때론 어린 시절에 받은 상처 때문일 수도 있다. 자신을 사랑하지 못하고 남자에게 집착하는 것은 여자를 혐오하고 믿지 않는 아버지가 당신을 사랑하지 않았기 때문일 수도 있다. 경제적인 불안을 주지 않더라도 심리적으로 불안감을 주는 아버지들이 적지 않다.

때론 당신은 어머니에게 상처를 받기도 했을 것이다. 어머니에게 자랑스러운 딸이 되려고 노력했지만 사실은 어머니가 당신을 적대할지도 모른다는 공포에 떨었을 수도 있다.

이 책에서 문제 가정(역기능 가정)의 모습을 모두 다룰 수는 없지만 공통점은 알 수 있다. 가족 구성원들이 가정의 근본적인 문제를 터놓고 이야기하지 못한다는 사실이다. 다른 소소한 문제들은 터놓고 이야기하면서 가족을 불행으로 몰고 가는 근본적인 문제는 덮어두기에 급급하다. 문제가 심각하다기보다 터놓고 대화하지 못해서 불행해지고 상처받는다.

문제 가정의 가족 구성원들은 자신들이 맡은 역할만 수행하고 그 역할에 맞는 말만 한다. 다른 경험이나 감정을 자유롭게 표현하지 않는다. 어떤 가정에서도 각자의 역할은 존재한다. 그러나 환경이 바뀌면 구성원의 역할도 자연스럽게 바뀐다. 그래야 가정이 건강하게 유지된다. 예를 들어 한 살짜리 아기에게 적합한 양육법은 열세 살짜리 청소년에게 맞지 않다.

그러나 문제 가정의 구성원들은 현실의 변화를 받아들이지 않고 기존의 역할만을 고집한다. 가정에서 자유롭게 자기 생각을 이야기하지 못할 때(은근슬쩍 다른 주제로 돌리거나, "그런 이야기는 하는 게 아니야!"라고 말하는 것) 더 이상 자신의 생각이나 감정을 신뢰할 수 없다.

가족이 자기를 인정해주지 않기 때문에 자신을 부정하는 것이다.

이런 자기부정은 사람들과 타협하며 잘 살아가기 위한 기본적인 '기술'을 연마하는 데 방해가 된다. 너무 사랑하는 여자들은 바로 이런 자기부정의 특징을 보인다. 그녀들은 누가 혹은 무엇이 자신에게 유익한지 모른다. 보통 사람들이 위험하다거나 불쾌하다거나 불건전하다며 피하는 상황이나 사람들도 그녀들은 판단 미숙으로 피하지 못한다.

스스로를 보호하거나 남자를 제대로 평가하는 방법을 모르는 그녀들은 스스로의 감정을 믿지 못한다. 그래서 감정이 이끄는 대로 따라가지 않고, 평범한 가정환경에서 자란 여자들은 당연히 피하는 위험이나 도전에 더욱 강하게 이끌린다. 그녀들이 매력적이라고 느끼는 남자나 주변 상황은 불행했던 어린 시절에 친숙했던 것이다. 그리하여 결국 그녀들은 다시 상처받게 된다.

사랑에 집착하는 여자들은 다음과 같은 패턴을 보인다.

① 대체로 정서적 욕구가 채워지지 않은 문제 가정에서 자랐다.

② 도움이 필요한 남자를 보살펴주면서 어린 시절의 욕구불만을 채우려고 한다.

③ 부모와 비슷한 문제를 가진 남자에게 끌린다.

④ 남자에게 버림받는 것이 두려워서 관계를 유지하려고 애쓴다.

⑤ 남자를 돕기 위해 시간과 돈을 투자한다.

⑥ 사랑받지 못하는 데 익숙하기 때문에 남자가 사랑해주지 않아도 참고 기다리며 그를 기쁘게 해주려고 최선을 다한다.

⑦ 남자와의 문제를 모두 자기 탓으로 돌리며 어떤 비난도 감수한다.

⑧ 자신은 행복해질 자격이 없다고 생각하면서 행복할 권리를 얻기 위해 무엇이든 열심히 한다.

⑨ 남자나 상황을 자기 마음대로 하려고 애쓰면서 모두 다 그를 돕기 위한 것이라고 자위한다.

⑩ 남자와의 관계에서 현실의 모습보다 이상적인 사랑을 꿈꾼다.

⑪ 남자와 그의 괴로움에 중독된다.

⑫ 심리적·육체적인 이유로 마약, 술, 당분에 중독되기 쉽다.

⑬ 나쁜 남자에게 끌려 혼란스러운 상황에 빠져 괴로워하느라 자신의 문제에 초점을 맞추지 못한다.

⑭ 불안정한 연애 관계가 주는 흥분으로 우울증을 방지하고자 한다.

⑮ '멋진' 남자가 이들에게는 '지루한' 남자다.

질은 이러한 특징들을 조금씩 다 갖추고 있었다. 랜디는 알코올 중독 증상을 보이고 있었다. 무언가에 중독된 사람들은 다른 이를 제대로 사랑하지 못한다.

사랑에 집착하는 여자들이 그러하듯이 그녀 역시 지나치게 책임 감이 강하며 겉으로는 성공한 듯 보여도 자존감이 상당히 낮다. 학 업이나 직장에서 거둔 성공만으로는 사랑에 실패한 자신을 위로할 수 없기 때문이다.

랜디에게 전화가 걸려오지 않을 때마다 질의 연약한 자아는 큰 타격을 입었다. 그래서 그녀는 어떻게 해서든지 그가 자신을 사랑 한다는 단서를 찾아 자존감을 유지하려고 애썼다.

그녀는 상황을 현실적으로 파악할 수 없으며 남자를 사귀는 내내 불행하면서도 그런 관계에서 스스로 헤어나지 못한다. 심지어 남자와 헤어지는 이유조차 자기 탓으로 돌린다.

사랑에 목숨 거는 여자들은 자신의 현재 상황을 고려하지 않는다. 남자에게 사랑받기 위해 모든 에너지를 쏟아붓기 때문이다. 질은 장거리 통화료를 지불해야 했고 두 번이나 비행기로 샌디에이고까지 갔다. 그 때문에 그녀는 생활비를 몹시 아껴야 했다.

질은 랜디를 자기가 원하는 남자로 만들기 위해 카운슬링을 요청했다. 그녀는 그가 진짜 어떤 사람인지 알고 싶어 하지 않았다. 그는 자신의 감정이나 둘의 관계에 털끝만큼의 관심도 없는 남자였으니 말이다. 그런 그녀가 나를 찾아온 이유는 무엇일까? 질은 자신의 아버지에 대해 이야기하기 시작했다.

"아버지는 정말 고집 센 분이셨어요. 언젠가 한번은 아버지와의 논쟁에서 이겨보리라 다짐하곤 했죠. 하지만 한 번도 이겨본 적이 없어요. 그래서 내가 법을 전공하게 된 건지도 몰라요. 아버지를 논리적으로 이겨보고 싶다는 생각에서요."

어린 시절을 떠올리던 그녀는 미소를 짓다가 이내 흐느끼기 시작했다.

"어렸을 때 내가 어떤 말을 했는지 아세요? 아버지한테 사랑한다고 말해달라고 조르면서 안아달라고 했어요."

질은 어린 시절 이야기를 가볍게 꺼내다가 상처 입은 어린 소녀의 모습을 드러냈다.

"내가 부탁하지 않았다면 아버지는 평생 한 번도 날 안아주거나 사랑한다고 말하지 않았을 거예요. 날 사랑하긴 했지만 표현을 안 하셨어요. 사랑한다는 말은 꿈도 못 꾸었죠. 억지로라도 말해달라고 조른 건 잘한 일인 것 같아요. 아니면 평생 못 들어봤을 테니까요. 열여덟 살 때였어요. 아버지한테 '사랑한다고 말해줘요'라고 말하고 꼼짝도 않고 기다렸어요. 그러고 나서 안아달라고 했죠. 사실 내가 먼저 아버지를 안긴 했지만요. 아버지는 잠시 내게 팔을 둘렀다가 어깨를 두들겨주고 말더군요. 그래도 그게 어디냐 싶었죠. 그때는 정말 아버지한테 안기고 싶었으니까요."

그녀의 눈에 고였던 눈물이 둥근 뺨 위로 흘러내렸다.

"사랑한다는 말이 아버지에게는 왜 그렇게 어려웠을까요? 딸에게 사랑한다고 말하는 것이 그렇게 어려운 일인가요? 난 정말 노력했어요. 아버지와 계속 말싸움을 한 것도 그런 노력 중의 하나였죠. 아버지를 이기면 날 자랑스러워할 거라고 생각했어요. 말 하나는 정말 잘한다고 인정하셨을 테니까요. 나는 다른 누구보다 아버지에게 인정받기를 바랐어요. 그걸 사랑이라고 여겼던 것 같아요."

가족들도 질에게 냉담하게 구는 아버지를 이해했다. 심지어 그것을 질의 탓으로 돌리기까지 했다. 이유는 간단했다. 질의 아버지가 아들을 원했기 때문이다.

질은 아버지가 누군가와 감정을 나누거나 사랑할 줄 모르는 사람이었음을 알게 됐다. 아들을 원했던 아버지는 딸에게 사랑을 표현하지 않았다. 가족들도 그렇게 받아들일 뿐, 진짜 이유는 생각해보지 않았다.

질은 아버지에게 문제가 있다는 것을 받아들이기가 훨씬 괴로웠다. 자신에게 문제가 있다면 차라리 희망이 있었다. 다 자기 때문에 생긴 일이라면 문제를 해결할 능력이 자기에게 있다는 뜻이다.

'내가 바뀌면 고통은 사라질 것이다.' 자기 비난 속에는 이런 희망이 숨어 있다. 연애 관계에서 일어나는 모든 문제를 자기 탓으로 돌린다는 건, 자신이 잘못한 일을 바로잡아 상황을 바꾸면 고통이 사라질 것이라는 희망을 품고 있다는 뜻이다. 질도 언젠가 자신이 바뀌면 아버지도 변할 것이라고 생각했다.

결혼생활에서도 같은 패턴을 보였다. 그녀는 아버지처럼 사랑할 줄 모르는 남자와 결혼했다. 질에게 결혼은 어린 시절 받지 못한 사랑을 얻을 수 있는 또 한 번의 기회였다.

동료 카운슬러의 말이 떠오른다.

"배고픈 사람일수록 형편없는 빵을 고른다."

질은 아버지에게 거부당하는 데 익숙했고, 사랑과 인정에 굶주려 있었다. 그러니 폴 같은 형편없는 남자를 만날 수밖에 없었다.

"폴을 처음 만난 건 어느 싸구려 바(bar)였어요. 빨래방에서 빨래를 돌리고 기다리는 동안 옆에 있는 작은 바로 들어갔죠. 그는 당구를 치고 있었고 나에게 한 게임을 권했어요. 나는 그와 함께 당구를 쳤고 그때부터 그는 끈질기게 데이트 신청을 했어요. 빨래방까지 따라온 그에게 나는 어쩔 수 없이 전화번호를 건넸고 다음 날부터 만나기 시작했죠.

그로부터 2주 후에 우린 동거를 시작했어요. 그는 거처할 곳이 없었고 나도 마침 이사를 가야 했어요. 폴과의 동거는 엉망이었어요. 섹스도, 우리 둘의 관계도 모두 다. 하지만 1년 넘게 동거를 하니 엄마가 걱정하기 시작했어요. 그래서 결혼을 결정했죠."

가볍게 시작한 관계였지만, 질은 곧 집착하기 시작했다.

"난 정말 열심히 노력했어요. 그를 진심으로 사랑하면 그도 나를 사랑할 거라고 생각했죠. 완벽한 아내가 되고 싶어서 매일매일 요리하고 집 안 청소를 했어요. 그러면서 학교도 다녔죠. 그렇지만 폴은 하루 종일 집에서 빈둥거렸어요. 그러다 한 번씩 집을 나가면 며칠이고 돌아오지 않았어요. 그런 날은 하루 종일 그를 걱정했어요. 무슨 일이 있는 건 아닌지 미칠 것만 같았죠. 그렇지만 그에게 물어볼 수는 없었어요. 왜냐하면……."

그녀는 잠시 말을 멈추고 머뭇거렸다.

"한번은 며칠씩 외박하고 돌아온 폴에게 화를 냈더니 그가 나를 때렸어요. 지금까지 아무에게도 이야기한 적이 없어요. 너무 창피했거든요. 내가 매 맞는 여자라는 사실을요."

결국 폴이 집을 나가 다른 여자를 만나면서 둘의 결혼생활은 마침표를 찍었다. 그와의 결혼생활은 고통스러웠지만 질은 그가 떠난 후 크게 낙담했다.

"폴을 원망하지는 않았어요. 내게서 찾지 못한 것을 그 여자에게서 찾았을 테니. 그저 나 자신에게 실망했을 뿐이죠. 그가 원하는 것을 갖지 못했으니까요."

그녀는 사랑할 줄 모르는 남자에게 중독되어 있었다. 남자를 만날 때 그녀가 보이는 증상은 마약 중독과 유사하다.

나쁜 남자가 더 자극적이다

그녀는 남자를 처음 만났을 때의 '황홀감'에 중독된다. 누군가에게 사랑받으면서 감정적인 안정감을 얻게 되자 그녀는 행복했을 것이다. 그래서 이런 감정을 지속시키기 위해 남자에게 점점 더 의존했다. 서서히 약의 양을 늘려가는 마약 중독자처럼 말이다. 마약 중독자가 약효가 떨어질 때쯤 마약을 찾듯, 남자친구를 만나면서 얻는 만족감이 줄어들수록 그에 대한 집착은 심해졌다. 연애 초기에 느꼈던 황홀감을 계속 유지하기 위해 그녀는 맹목적으로 남자에게 매달렸고, 그와 더 친밀해지기 위해 애썼다. 그에게 확신을 얻고 사랑받으려고 맹목적으로 노력하기 시작한 것이다. 둘 사이가 악화될수록 그에 대한 집착은 점점 심해졌다. 그리고 마침내 차였다. 그녀는 남자에게 단 한 번도 먼저 헤어지자는 말을 꺼낸 적이 없다.

질의 아버지는 이미 7년 전에 세상을 떠났지만 여전히 막강한 영향력을 발휘하고 있었다. 어떤 의미에서 아버지는 그녀의 인생에 영향을 미친 유일한 남자라고 할 수 있다. 질은 어떤 남자를 만나든 아버지의 그늘에서 벗어나지 못했다. 그녀는 아버지에게 받지 못한 사랑을 남자에게서 얻으려 했지만 번번이 실패했다.

힘든 어린 시절을 보낸 사람들은 성인이 된 후에도 무의식적으로 비슷한 상황을 만들어낸다. 그리고 그 어려움을 극복해 어린 시절의 기억에서 벗어나려고 애쓴다. 질은 아버지의 사랑을 원했지만 결국 얻지 못했고, 아버지와 비슷한 성향을 보이는 남자에게서 사랑의 욕구를 충족하려고 했다. 사랑할 줄 모르는 남자에게서 사랑을 얻기 위해 고군분투한 것이다.

잃어버린 열쇠를 찾으려면 잃어버린 장소에 가야 한다. 질은 자신에게 잃어버린 사랑을 돌려줄 수 있는 남자를 사랑해야 한다. 그녀뿐 아니라 집착하는 사람들 모두 이런 특성을 보인다.

사랑에 집착하는 여성들의 특성을 좀 더 자세히 분석해보자.

1. 대체로 정서적 욕구가 채워지지 않은 문제 가정에서 자랐다.

'정서적 욕구'란 단순히 사랑과 애정 문제가 아니다. 자기감정이나 인식, 인격을 정당하게 인정받고 싶은 욕구다. 그렇지 못한 아이는 심각한 정서적 혼란에 빠진다.

부모가 싸우는 모습을 지켜본 소녀가 "왜 아빠한테 화를 내는 거야?"라고 엄마에게 묻는다. 엄마는 화난 얼굴로 "아빠에게 화낸 거 아냐"라고 대답한다. 소녀는 점점 혼란스러워진다. 분명 엄마는 아빠에게 화를 냈다. 그래서 다시 묻는다. "하지만 엄마는 아빠에게 소리를 질렀잖아." 그러자 엄마는 아이에게 화를 내며 "아빠한테 화내지 않았다니까. 너 때문에 화가 난다"라고 대답한다. 엄마의 말에 소녀는 공포와 혼란, 분노, 죄의식을 품는다. 자신의 인식이 틀렸다는 말을 들었기 때문이다.

소녀가 옳다면 어머니는 거짓말하고 있는 것이다. 어머니가 거짓말하고 있지 않다면 자기가 보고 듣고 느낀 것이 잘못되었다는 뜻이다. 그 결과 소녀는 지각 작용을 아예 하지 않게 된다. 자기 인식이 잘못되었다는 경험을 하고 싶지 않기 때문이다. 이렇게 되면 성인이 되어서 남자를 만날 때도 자기 인식을 믿지 못한다.

이런 가정에서 자란 사람은 애정 결핍에 걸릴 가능성도 높다. 부부싸움을 자주 하면 그만큼 아이들에게 쏟을 시간과 관심을 빼앗긴다. 자녀들은 부모의 사랑에 굶주린 채 사랑받는 법을 알지 못하고 결국 자신은 사랑받을 가치가 없는 존재라고 느낀다.

문제 가정은 다음과 같은 특징을 보인다.

- 알코올 혹은 약물 중독자가 있다.
- 강박증에 따른 행동을 보인다.(먹는 것, 일, 청소, 도박, 소비활동, 운동 등)
- 배우자나 아이에게 폭력을 행사한다.
- 부모가 아이에게 성추행이나 근친상간 등 부적절한 성적 행동을 한다.
- 부부가 끊임없는 말다툼으로 늘 긴장 상태에 있다.
- 부모와 자식 사이에 대화가 없다.
- 부부가 서로 충돌하면서 경쟁적으로 아이를 자기편으로 만들려고 한다.
- 부부가 서로 경쟁하거나 부모가 아이들과 경쟁한다.
- 가족과 마음을 터놓지 못하고 관계 맺기를 피한다. 그리고 그 원인을 다른 가족 구성원 탓으로 돌린다.
- 부모가 돈, 종교, 일, 시간 사용, 애정 표현, TV, 숙제, 스포츠, 정치 등에 대해 극도로 엄격하다.

부모 중 한 명, 또는 양쪽 다 이런 행동을 보이면 상황은 더 심각해진다. 병적인 행동을 하는 남녀가 만나 결혼하는 경우가 종종 있다. 그들은 결혼해서 서로의 중독 증세를 억제하려고 애쓴다. 이때 잘못된 방식으로 균형을 맞추려다 문제가 생긴다. 과보호 성향의 여자와 화를 잘 내고 무관심한 남자가 결혼해서 낳은 아이들은 부모에게서 건강한 관심과 사랑을 받지 못한다. 이런 환경에서 자란 아이들은 한 가지 공통점을 보인다. 감수성이 부족하고 타인과 대등하게 관계를 맺는 능력이 떨어진다.

2. 도움이 필요한 남자를 보살펴주면서 어린 시절의 욕구불만을 채우려고 한다.

아이들이 사랑과 관심을 받지 못하면 어떤 행동을 보일까? 남자아이들은 화를 내며 물건을 부수거나 싸움을 걸지만, 여자아이들은 좋아하는 인형에 집착한다. 애정에 굶주린 여자아이는 인형을 안아주고 달래주면서 부모에게 바라는 관심과 사랑을 인형에게 베푼다.

일반적으로 여자들은 가정은 물론 사회에서도 누군가를 돌봐주는 역할을 하는 경우가 많다. 문제 가정에서 자란 여자들의 경우 간호사, 카운슬러, 치료사, 사회복지사와 같은 직업을 갖는다.

그들은 도움이 필요한 사람들에게 공감하고 강하게 끌린다. 그리고 그들의 고통을 함께하며 없애주려고 노력한다. 그녀들이 도움을 필요로 하는 남자에게 끌리는 이유다. 그녀들의 감정 밑바닥에 '도움이 되고 싶다', '사랑받고 싶다'는 욕구가 있기 때문이다.

그녀들은 인간관계에 서투르거나, 냉정한 성격으로 타인을 사랑할 줄 모르거나, 고집이 세거나, 이기적이거나, 퉁명스럽거나, 우울한 남자들에게 끌린다. 무책임하고 거친 남자를 사랑할 수도 있다. 혹은 약속을 잘 어겨서 신뢰가 없는 남자가 매력적으로 다가올지도 모른다. 한 번도 사랑해본 적이 없다고 고백하는 남자가 멋져 보일지도 모른다. 그녀들은 다양한 문제를 가진 남자들과 사랑에 빠지고 자신이 그를 개선할 수 있다고 믿는다.

3. 부모와 비슷한 문제를 가진 남자에게 끌린다.

부모 중 한 명, 혹은 둘 다 문제가 있다. 어린 시절 사랑받지 못하고 괴로웠던 경험을 성인이 된 후 바로잡으려고 노력하다 스스로를 망치기 시작한다. 불행히도 그녀들은 자신을 사랑해주고 필요한 것을 충족해주는 멋진 남자에게 끌리지 않는다.

오히려 부모와 똑같은 문제를 가진 남자에게 끌린다. 문제 가정의 부모는 자기 문제에 몰두한 나머지 자녀들에게 애정을 쏟을 여력이 없다. 이런 부모에게 사랑받기 위해 상냥하고 착한 '아이'가 되려고 부단히 노력한다. 성인이 되면 자신들의 부모와 비슷한 유형의 남자에게 사랑을 느끼며 끊임없이 애정을 갈구한다. 그렇게 불행은 반복된다.

4. 남자에게 버림받는 것이 두려워서 관계를 유지하려고 애쓴다.

그들에게 '버림받는다'는 것은 죽음을 의미한다. 버림받으면 혼자 살아갈 수 없다고 생각한다. 대부분은 어린 시절 부모에게 감정적으로 버림받아 공포와 공허의 밑바닥을 맛본 적이 있다. 그들에게 남자는 부모를 대신하는 존재다. 그래서 남자에게 버림받는다는 것은 어릴 적 공포의 밑바닥으로 다시 떨어진다는 의미다. 그것을 피하기 위해 무슨 일이든 하려고 한다.

5. 남자를 돕기 위해 시간과 돈을 투자한다.

그를 사랑하므로 어떤 일이든 할 수 있다고 생각한다. 그가 바라는 여자가 되면 애타게 원하던 사랑을 받게 될 것이라는 기대심리가 숨어 있다. 그래서 그를 위해서라면 무슨 일이든 다 한다.

- 그를 잘 꾸며주기 위해 옷을 사준다.
- 그를 위해 심리치료사에게 상담받으러 가자고 애원한다.
- 그의 비싼 취미생활에 필요한 돈을 준다.
- 지금 살고 있는 집을 그가 원하지 않으면 이사를 간다.
- 그가 열등감을 느끼지 않도록 자기 재산의 절반 혹은 전부를 준다.
- 그가 안정감을 느낄 수 있도록 살 집을 제공한다.
- 그가 폭언을 퍼붓더라도 '원래 감정 표현에 서툴러서'라며 이해한다.
- 그에게 어울리는 직업을 구해준다.

'그'에 대해서만 생각하고 행동하는 것이 적절한지 의문을 품지 않는다. 오히려 어떻게 하면 좀 더 효과적으로 그를 도와줄지 생각하는 데 엄청난 시간과 에너지를 쏟아붓는다.

6. 사랑받지 못하는 데 익숙하기 때문에 남자가 사랑해주지 않아도 참고 기다리며 그를 기쁘게 해주려고 최선을 다한다.

사귀는 남자가 자신을 사랑하지 않는다고 느끼면 보통의 여자들은 분명 "이런 관계는 바람직하지 않아. 헤어져야겠어"라고 말할 것이다. 그러나 집착하는 여자들은 남자가 자기를 사랑하지 않는 이유가 자신에게 있다고 생각한다. 그래서 남자에게 좀 더 잘해야겠다고 생각한다. 그에게 끊임없이 무엇인가를 베풀면서 그가 바뀌고 있다는 증거를 잡으려고 애쓴다. 작은 변화에도 큰 기대를 걸고 행복해한다. 그녀들은 자신이 바뀌는 것보다 남자친구가 바뀌기를 기대하면서 산다. 그것이 훨씬 편하기 때문이다.

7. 남자와의 문제를 모두 자기 탓으로 돌리며 어떤 비난도 감수한다.

그들의 부모는 대개 책임감이 부족하고 유약한 어른인 경우가 많다. 그 결과 그녀들은 어릴 때부터 유사어른(pseudo adults)이 되어버린다. 그리고 유약한 부모 대신 스스로 가족과의 관계를 이끌어간다.

이들은 어른이 되어서 연애할 때도 자기가 책임을 져야 한다고 생각한다. 그 결과 남녀관계의 모든 책임을 여자에게 돌리는 무책임한 남자를 만나게 되고, 무거운 짐을 혼자 다 떠맡는다.

8. 자신은 행복해질 자격이 없다고 생각하면서, 행복할 권리를 얻으려고 무엇이든 열심히 한다.

어린 시절 부모에게 사랑받지 못한 아이들은 성인이 되어서도 스스로가 좋은 사람이라고 생각하지 않는다. 그녀들은 대부분 어린 시절 부모의 사랑을 충분히 받지 못했다. 그래서 자신들은 존재 자체로 사랑받을 자격이 있다는 사실을 모른다.

자신이 사랑받지 못한 것은 자신이 부족하기 때문이라고 생각해 열심히 공부하고 열심히 일함으로써 사랑받으려고 노력한다. 연애관계에서도 마찬가지다. 남자에게 자신이 사랑받을 가치가 있음을 보여주기 위해 끊임없이 노력한디.

9. 남자나 상황을 자기 마음대로 하려고 애쓰면서 모두 다 그를 돕기 위한 것이라고 자위한다.

알코올중독, 폭력 혹은 근친상간 등의 문제가 있는 가정에서 자라난 아이들은 혼란스러운 상황 속에서 공황 상태를 겪는다. 보호막이 되어줘야 할 부모는 자신들이 너무 약한 나머지 자녀를 보호해야 한다는 생각조차 하지 못한다.

이런 환경에서 자란 아이들에게 가정은 안정과 보호를 제공하는 곳이 아니라 위협과 해로움을 끼치는 곳이다. 어른이 된 그녀들은 어린 시절의 형세를 역전시키고자 한다. 자신이 그토록 원하던 보호와 신뢰를 타인에게 주고 그를 도우려고 한다. 적어도 자신이 돕는 사람에게 휘둘릴 일은 없다고 생각하기 때문이다.

10. 남자와의 관계에서 현실의 모습보다 이상적인 사랑을 꿈꾼다.

그들은 환상 속에서 살고 있다. 너무나 불행하고 모든 일에 불만 가득한 남자가 그녀에 의해 넘치는 사랑을 주는 열정적인 남자로 변하는 환상이다.

그러나 실제로 그녀들은 사랑하면서 행복한 적이 없고, 사랑과 관심을 온전히 주는 남자를 만나본 적이 없다. 그렇기 때문에 환상 속이나마 그런 남자를 만나고 싶어 한다. 그러나 그녀들은 원하는 것을 다 갖춘 남자를 결코 만날 수 없다. 그런 남자에게는 그녀가 필요하지 않기 때문이다.

남자를 도와주고 싶은 욕구는 갈 곳을 잃어버린다. 그리고 스스로의 정체성마저 사라져버린다. 그래서 그녀는 자기의 이상과 동떨어진 남자를 선택한다. 그리고 그를 자기 뜻대로 만들려고 한다.

11. 남자와 그의 괴로움에 중독된다.

《사랑과 중독(Love and Addiction)》의 작가 스탠턴 필은 "중독은 지각 능력을 앗아가고 긴장과 고통을 잊게 해주는 진통제다. 최고의 중독은 연애 중독이다. 연애에 중독되면 남자가 옆에 있어준다는 것만으로 안심한 나머지 자기 인생의 다른 문제를 집중해서 처리하지 못한다"라고 말했다.

그녀들은 괴로움, 공허함, 두려움, 분노에서 벗어나기 위해 남자에게 집착한다. 연애는 마약처럼 자신의 문제를 외면하고 도망치게 해줄 도피처다. 연애가 괴로워질수록, 자신의 문제를 생각할 겨를이 없기 때문이다. 남자와 관계가 불안정하고 고통을 수반할수록 강력한 마약을 복용할 때와 같은 효과를 느낀다.

집중해야 할 남자가 옆에 없으면 마약을 끊었을 때와 흡사한 증상을 보인다. 구역질, 땀, 오한, 집착, 우울증, 불면증, 공포, 갑작스런 걱정 등의 증상을 사라지게 하기 위해 헤어진 남자친구를 찾아가거나 새로운 남자를 애타게 찾는다.

12. 심리적·육체적인 이유로 마약, 술, 당분에 중독되기 쉽다.

부모가 알코올이나 마약 중독자인 경우 더욱 현저해진다. 그들은 마음속 문제에서 도피하기 위해 무언가에 중독된다. 혹은 부모에게 물려받은 유전적 요인으로 인해 중독 증세를 보인다.

알코올중독자의 딸들 중 다수가 설탕에 중독되어 강박적 섭식장애를 보이는 것은 설탕이 알코올과 동일한 분자구조를 갖고 있기 때문이다. 영양가 없고 칼로리 덩어리인 설탕은 음식이 아니라 마약과 같다. 당분은 뇌의 화학작용을 일으켜 중독을 일으키기 쉽다.

13. 나쁜 남자에게 끌려 혼란스러운 상황에 빠져 괴로워하느라 자신의 문제에 초점을 맞추지 못한다.

남자가 느끼는 감정이나 요구하는 것은 잘 알지만 자신의 감정은 잘 알지 못한다. 그래서 자신에게 중요한 문제에 대해 현명한 결정을 내리지 못한다. 자기 자신에 대해 관심이 없기 때문이다. 오히려 타인의 문제에 휘말려서 자신의 문제와 마주하기를 피한다. 그렇다고 해서 피도 눈물도 없는 사람들은 아니다. 그녀들도 울고 소리치고 애통해한다. 그러나 그녀들이 인생에서 중요한 결정을 할 때 그런 감정들은 아무런 영향을 미치지 않는다.

14. 불안정한 연애 관계가 주는 흥분으로 우울증을 방지하고자 한다.

우울증 병력이 있던 한 내담자는 알코올중독자인 남자와의 결혼생활을 '자동차 사고'에 비유했다. 자동차 사고를 경험하면 감정의 기복이 심해진다. 감정의 기복은 육체에 가해진 강렬한 충격으로 아드레날린이 분출되는 데서 비롯된다. 우울증 환자들은 무의식적으로 아드레날린이 분출되는 상황을 기대한다. 극도로 흥분한 상태에서는 우울감을 느끼지 않기 때문이다.

우울증, 알코올중독, 섭식장애 등은 서로 밀접한 관계에 있으며 유전적인 연관도 있다. 섭식장애 환자들의 대부분은 알코올중독자 부모를 두었으며, 우울증을 호소하는 여자들 중 일부는 부모 중 한 명이 알코올중독자였다. 알코올중독자 부모 밑에서 자란 사람들은 경험과 유전적 요인으로 인해 우울증에 걸릴 확률이 높다. 게다가 아이러니하게도 부모와 같은 알코올중독자에게 강하게 끌릴 가능성도 매우 높다.

15. '멋진' 남자가 이들에게는 '지루한' 남자다.

그녀들은 정서가 불안정한 남자를 매력적이라고 생각한다. 어딘가 위험해 보이는 남자를 도전적이라고 생각하고, 예측 불가능한 남자를 낭만적이라고 생각하기 쉽다. 유치한 남자는 순수하다고 생각하고, 우울한 남자는 미스터리하다고 생각한다. 화를 잘 내는 남자에게는 이해가, 불행한 남자에게는 위로가, 미숙한 남자에게는 격려가, 냉정한 남자에게는 관심이 필요하다고 생각한다.

친절하고 여자를 보살펴주는 남자와 사귀면 고통스러울 이유가 없다. 그러나 그녀들은 그런 남자들에게는 자신이 필요하지 않다고 생각한다. 그녀들에게는 사랑에 집착하거나 아예 사랑하지 않거나 둘 중 하나밖에 없다.

다음 장부터는 자신의 연애 패턴을 명확히 알고, 잘못된 연애 패턴을 수정해 충실한 사랑으로 바꾸고, 더 나아가 자아를 찾는 방법을 알아본다.

Q

사랑에 집착하는 여자들이
사랑을 제대로 할 줄 모르는 남자에게 느끼는 것은
대부분 '에로스'이다.
남자가 제대로 사랑을 할 줄 모르기 때문에
그만큼 열정이 생기는 것이다.

사랑하는데
왜 행복하지
않은 걸까?

: 에로스와 아가페

어디야?
오후 11:30

어디냐고? 왜 답이 없어?
오후 11:50

2024년 10월 28일 월요일

12시가 넘었어. 안 들어오고 뭐 해?
오전 12:10

정말 이럴 거야?
오전 12:30

이럴 거면 그냥 끝내자.
오전 1:01

트루디의 예쁜 얼굴은 온통 멍투성이였다. 한 달 전 그녀가 차를 몰고 절벽으로 돌진했을 때 입은 상처였다. 그녀는 고통스러운 듯 천천히 입을 열었다.

"신문에 날 정도로 큰 사고였어요. 절벽에 차가 매달려 있는 사진과 함께 기사에 났죠. ……그렇지만 짐에게서 연락은 오지 않았어요."

그녀의 얼굴에 잠시 분노의 빛이 떠올랐으나 곧 사라졌다. 사랑 때문에 거의 죽을 뻔했던 트루디는 자신의 머릿속에서 떠나지 않는 의문을 입 밖에 냈다.

"그가 날 떠난 이유를 모르겠어요. 도저히 견딜 수 없어요. 우린 아무 문제 없었어요. 섹스도 아주 좋았구요. 우리가 서로 사랑하고 있다고 생각했어요. 섹스를 하면 우린 하나가 되는 것 같았어요. 그런데 왜? 섹스만 좋았던 걸까요? 다른 것은 이미 다 끝나 버렸던 걸까요?"

그녀는 상처 입은 아이처럼 울먹이기 시작했다.

"최선을 다해 그에게 헌신하면 사랑받을 거라고 생각했어요. 그래서 그에게 모든 것을 줬어요. 그가 원하는 건 무엇이든지요. 하지만 그에게 상처만 받았어요."

트루디는 간신히 울음을 멈추고 되뇌었다.

"내가 바랐던 건 그와 행복하게 사는 것뿐이었어요. 함께 시간을 보내는 것뿐이었다고요."

나는 그녀의 가족 이야기를 조심스레 꺼냈다.

"당신의 어머니가 아버지에게 늘 원했던 거군요. 어머니도 아버지와 함께하기를 원하셨죠?"

내 말에 그녀는 놀란 듯이 몸을 일으켰다.

"맞아요. 내가 엄마랑 똑같은 말을 하고 있군요. 엄마도 자살을 시도했었죠. 정말 엄마처럼 살고 싶지 않았는데……."

"자녀들은 무의식적으로 동성의 부모와 똑같이 행동하곤 하죠. 자기는 그렇게 살지 않겠다고 아무리 맹세해도 소용없어요. 자녀는 부모의 행동뿐 아니라 감정까지 닮아가니까요. 남자든 여자든 마찬가지랍니다."

"하지만 나는 짐을 되찾으려고 자살 시도를 한 건 아니었어요. 그저 내가 가치 없고 버려졌다는 느낌이 들어서 그랬을 뿐이에요. ……아마 엄마도 마찬가지였겠죠. 중요한 일이 너무 많은 남자를 곁에 두려고 애쓸 때 여자들은 누구나 그런 기분을 느낄 테니까요."

트루디는 그를 붙잡기 위해 '섹스'를 무기로 사용했다. 그녀는 자부심과 죄책감이 뒤섞인 투로 말을 이어나갔다.

"나는 어릴 적부터 성적으로 굉장히 민감했어요. 고등학교 때는 님포마니아(여성 색정광)가 아닐까 걱정했을 정도죠. 머릿속에는 온통 남자친구 생각뿐이었어요. 정확히 말하자면 그와 섹스를 해야겠다는 생각이었죠. 늘 둘만 있을 장소를 찾았어요. 보통 남자들이 온종일 섹스를 생각한다고 하죠. 하지만 당시 남자친구보다 내가 더 원했던 것 같아요. 어떤 상황에서도 섹스를 하려고 했으니까요."

트루디가 첫경험을 한 것은 열여섯 살 때였다. 당시 풋볼 선수였던 남자친구는 무엇보다 풋볼을 우선시했다. 그는 트루디와의 잦은 섹스가 경기에 지장을 준다고 생각했다. 그래서 시합 전날에는 밤늦은 데이트를 피했다. 그녀는 그의 상황을 이해하면서도 필사적으로 둘만의 장소를 찾았다. 심지어 베이비시터 일을 하면서도 그를 유혹했다. 아이를 육아실에 재워놓은 채 말이다.

그녀의 갖은 노력도 풋볼을 향한 그의 열정을 꺾을 수 없었다. 그는 고등학교를 졸업하고 풋볼 장학금을 주는 대학으로 멀리 떠나버렸다. 그가 떠난 후 그녀는 몇날 며칠을 울면서 자신을 꾸짖었다.

그녀가 대학에 진학하기 전 여름방학, 결국 그녀의 가족은 붕괴되고 말았다. 몇 년간 이혼하겠다고 으름장을 놓았던 어머니는 결국 이혼소송을 시작했다. 어머니는 일중독자인 아버지가 가족과 함께 시간을 보내길 원했다. 그녀의 어머니는 아버지의 관심을 돌리기 위해 부단한 노력을 기울였다. 때때로 그 노력은 폭력과 자기 파괴적 성향을 동반했다.

"아버지가 집에 오시면 늘 엄청난 싸움이 일어났어요. 어머니는 아버지에게 소리 지르면서 우리를 사랑하지 않는다고 비난했죠. 그러면 아버지는 가족을 위해 열심히 일할 뿐이라고 반박하셨어요. 싸움 끝에 아버지가 '이러니 집에 들어오기 싫지!'라고 소리치고 나가면 어머니는 울부짖었어요. 어머니가 이혼하겠다고 협박하거나 수면제를 너무 많이 복용해서 병원에라도 실려가면 아버지도 한동안 집에 일찍 들어오셨죠. 그러면 어머니는 아버지를 위해 맛있는 저녁식사를 준비했어요."

그녀는 인상을 찌푸렸다.

"그렇게 사나흘이 지나면 아버지의 귀가는 다시 늦어졌어요. 늦어진다는 아버지의 전화에 어머니는 차갑게 응수하다가 히스테리를 부리고 전화를 끊어버렸어요. 아버지가 일찍 귀가하는 날이면 우리는 옷을 갖춰 입고 초와 꽃으로 식탁을 꾸몄죠. 하지만 아버지가 늦는다는 전화를 하면 어머니는 소리를 지르고 냄비를 집어던지면서 아버지에게 욕을 퍼부어댔어요. 그러다 화가 어느 정도 가라앉으면 우리끼리 식사했죠. 차라리 소리를 지르는 게 더 나았어요. 어머니는 우리 자매에게 눈길 한번 주지 않았어요. 언니와 나는 잔뜩 얼어서 밥을 안 먹겠다는 말을 아예 하지 못했어요. 언니와 나는 어머니의 기분을 풀어주려고 애썼지만 소용없었죠. 그렇게 저녁을 먹고 나면 한밤중에 다 토해버렸어요."

이런 가정환경에서 트루디는 타인과 관계를 맺는 법도 제대로 배우지 못했다.

"부모님이 다툴 때 당신은 어떤 기분이었나요?"

트루디는 잠시 생각하더니 대답했다.

"두려움을 느꼈어요. 그리고 늘 외로웠죠. 아무도 나에게 관심을 갖지 않았거든요. 언니는 소심한 성격이라 나와 이야기를 많이 나누지 않았어요. 언니는 방에서 플루트를 불었어요. 아마 부모님이 다투는 소리를 듣고 싶지 않아서였겠죠. 그리고 혼자만의 공간이 필요했겠죠.

나도 얌전히 있어야 한다고 생각했어요. 그래서 부모님의 다툼을 모른 척했죠. 내가 무슨 생각을 하는지 누구에게도 이야기한 적이 없어요. 대신 열심히 공부했어요. 그것이 아버지에게 인정받는 유일한 방법이었죠. 아버지는 좋은 성적을 받으면 칭찬해줬거든요."

그녀는 눈썹을 문지르며 신중하게 말을 이었다.

"나는 늘 슬펐어요. 하지만 아무에게도 그런 이야기를 하지 않았어요. 내 슬픔을 누군가에게 제대로 설명할 방법을 몰랐거든요. 왜 슬픈지 어떻게 말할 수 있었겠어요? 내 인생에 부족한 건 없었거든요. 끼니를 굶은 적도 없고 필요한 건 대부분 다 가질 수 있었어요."

불편한 가정에서 자란 여자들이 사랑하는 방식

그녀에게 부족했던 건 부모의 보살핌과 관심이었다. 그녀의 아버지는 실제로 접근조차 하기 힘든 존재였고, 어머니는 남편에 대한 분노와 좌절감으로 인해 자식에게 쏟을 애정이 남아 있지 않았다.

자매는 정서적 기아 상태에 놓여 있었다. 그런 상태에서도 사랑과 관심을 부모에게 표현할 수 있었다면 트루디는 지금과 많이 달랐을 것이다.

싸움에 열중해 있던 부모는 트루디의 사랑과 관심을 받으려고 하지 않았다. 그래서 트루디는 다른 누군가에게 애정을 쏟으려고 했다. 섹스를 통해서 말이다. 그러나 트루디가 선택한 남자들도 그녀의 사랑을 받을 줄 모르는 사람들이었다. 하지만 트루디는 멈출 수 없었다. 사랑과 관심이 결핍된 관계에 익숙한 그녀는 이런 관계에 편안함을 느꼈던 것이다.

그녀의 부모가 한창 이혼소송을 할 때, 언니 베스는 자신의 음악 교사와 사랑의 도피를 감행했다. 그러나 부모는 큰딸이 나이는 두 배나 많고 생활력은 전무한 남자와 도망치든 말든 신경 쓰지 않았다.

트루디는 집안의 모든 불화가 어머니 탓이라고 생각했다. 어머니가 끊임없이 들볶는 바람에 아버지가 집에 들어오지 않는다고 여겼다. 그래서 자신은 절대 어머니처럼 남자에게 화를 내거나 많은 것을 요구하지 않겠다고 다짐했다. 이해하고 헌신하면 사랑받을 수 있다고 생각했다.

그녀는 고등학교 시절 풋볼 선수와 사귀었다가 실패한 연애 방식을 반복했다. 그러나 그녀는 실패의 원인을 그에게 충분히 헌신하지 않았기 때문이라고 결론지었다. 그리하여 그녀는 계속해서 남자에게 헌신했지만 그 누구도 곁에 오래 머물지 않았다.

그러던 중 대학에서 짐을 만났다. 경찰이었던 그는 승진을 위해 법집행 이론을 배우고 있었다. 그는 서른 살로 임신한 아내가 있는 데다 이미 두 아이의 아버지였다. 어느 날 오후 짐은 커피를 마시면서 자신이 너무 어린 나이에 결혼해서 불행하다고 하소연했다. 그리고 너무 빨리 결혼하지 말라고 그녀에게 충고해주었다.

트루디는 짐이 자신에게 사적인 결혼생활을 이야기해준 것이 기뻤다. 그는 친절해 보였지만 고독하고 여린 남자 같았다. 짐은 지금까지 남에게 한 번도 말한 적 없는 이야기를 진지하게 들어주어서 고맙다고 말하며 다음에도 만날 수 있냐고 물었다. 그녀는 매우 기쁘게 받아들였다.

그날 트루디는 거의 말을 하지 않았지만 기분이 매우 좋았다. 그에게서 따뜻한 관심과 애정을 느낄 수 있었기 때문이다. 이틀 후 둘은 다시 만나 캠퍼스 내의 언덕을 거닐며 이야기를 나누었고 짐이 그녀에게 키스했다. 그리고 일주일도 채 지나지 않아 둘은 짐의 동료 경찰관의 아파트에서 낮 동안 밀회를 즐기기 시작했다. 일주일에 세 번씩 말이다.

그때부터 트루디의 삶은 짐과의 밀회를 중심으로 돌아갔다. 그녀는 짐과의 관계가 자신에게 어떤 영향을 미치는지 깨닫지 못했다. 수업에 빠지면서 성적은 떨어졌고 친구들과도 멀어졌다. 모든 인간관계를 끊고 오직 짐과 함께 있을 생각만 했다. 갑자기 그가 만나자고 하면 언제라도 달려갈 수 있도록 늘 시간을 비워두고 대기했다.

짐은 그녀에게 온갖 달콤한 말들을 속삭였다. 그녀가 얼마나 아름다운지, 자신에게 얼마나 특별한 사람인지, 자신을 얼마나 행복하게 해주는지 등 그녀가 듣고 싶은 말들을 모두 들려주었다. 그의 달콤한 말들에 감동한 그녀는 더욱더 그를 위해 봉사했다. 그의 속옷, 향수, 바디오일을 준비했다. 그러나 향수와 오일은 사용하지 않았다. 부인이 의심할 수 있기 때문이었다.

그녀는 섹스에 관한 책까지 읽고 배운 것을 바로 실행에 옮겼다. 짐이 기뻐하면 그녀는 더욱 고무되었다. 그의 흥분이 그녀에게는 최고의 최음제였다. 자신의 성적 쾌감은 아무래도 상관없었다. 그의 반응이 더 중요했다. 그가 흥분할수록 그녀는 만족감을 느꼈다. 짐이 함께 있어주는 것만으로 자신의 가치를 인정해준다고 받아들였다. 그를 만나지 않는 동안에는 그를 만족시켜 줄 새로운 방법을 생각했다. 트루디의 친구들은 점점 멀어져갔고 그녀는 혼자 남았다. 그래도 그녀는 괜찮았다. 짐만 있다면, 그를 행복하게 해줄 수만 있다면.

트루디는 짐과 만날 때마다 은밀한 승리감을 맛보았다. 애정도 성적 만족도 줄 수 없는 가정은 그를 불행으로 이끌 뿐이었다. 그러나 그녀는 달랐다. 그녀는 그에게 행복을 줄 수 있었다. 그녀와 함께 있을 때 그는 행복해 보였다. 그 사실만으로 기뻤다. 누군가를 불행의 늪에서 건지는 것은 그녀가 늘 원하던 것이었다. 끊임없이 무언가를 요구하다 아버지를 떠나게 만들었던 어머니와 달랐다. 이기심 없는 완전한 사랑으로 한 사람과 완벽한 관계를 만들어냈다. 그녀는 짐에게 아무것도 요구하지 않는 자신이 자랑스러웠다.

"하지만 그가 없을 때면 늘 외로웠어요. 우리는 일주일에 사흘, 그것도 두 시간만 만날 수 있었죠. 그와의 섹스는 너무 강렬하고 자극적이어서 누구와도 그런 섹스를 할 수 없을 것이라고 생각할 정도였어요. 하지만 섹스가 끝나면 우린 바로 헤어져야 했어요. 그러고 나면 아무 연락도 없는 그를 기다리면서 보내야 했죠. 특별한 샴푸로 머리를 감고, 손톱을 예쁘게 손질하고, 그만을 생각하면서 혼자 주말을 보냈어요. 그의 부인이나 아이들에 대해서는 생각하지 않으려고 했어요. 그는 너무 어린 나이에 결혼이란 덫에 걸렸으니까요. 그는 착한 사람이라 차마 가정을 저버리지 않을 거라고 생각했어요. 그래서 그가 더욱 가엽고 사랑스러웠어요."

타인과 친밀한 관계를 맺는 데 서투른 그녀에게 가족이 있는 유부남은 분명 환영할 만한 것이었다. 첫사랑이었던 풋볼 선수와의 관계처럼 말이다. 어린 시절 무책임한 부모 곁에서 거리감을 느낀 채 자란 그녀에게 짐의 적당한 거리감과 무책임함은 너무나도 친숙했다. 그 속에서 그녀는 편안함과 그를 사랑한다고 느낀 것이다.

두 번째 학기가 거의 끝나 갈 무렵 트루디는 짐에게 방학 때는 어떻게 만날지를 물었다. 짐은 얼굴을 찡그리더니 애매하게 대답했다. "뭐 어떻게든 만나게 되겠지." 그녀는 그의 찡그린 얼굴에 초조해졌다. 짐이 행복하지 않다면 둘의 관계는 이어질 수 없었다. 트루디는 그의 얼굴을 찡그리게 해서는 안 된다고 생각했다.

짐은 그녀와의 데이트를 위한 아무런 방법도 강구하지 않고 그저 '전화할게'라는 말만 남겼다. 그녀는 방학 내내 그의 전화를 기다렸다. 친구들은 리조트 호텔에서 단기 아르바이트를 하며 즐거운 여름방학을 보내자고 제안했지만 트루디는 짐에게 연락이 올지도 모른다는 생각에 거절했다. 3주 동안 아무 데도 나가지 않고 집에서 그의 전화를 기다렸다. 그러나 전화는 울리지 않았다.

그러던 어느 날, 트루디가 물건을 사러 시내 상점가에 들렀다가 나올 때였다. 짐이 아내로 보이는 여자와 손을 잡고 미소 짓고 있었다. 그들의 옆에는 남자아이와 여자아이가 웃고 있었고, 짐의 품에는 갓난아기가 안겨 있었다. 트루디는 눈을 뗄 수 없었다. 순간 그가 그녀를 보았으나 곧 시선을 돌리더니 가족과 함께 그녀의 곁을 지나쳐 갔다.

그녀는 가까스로 차에 도착했다. 가슴이 답답해서 숨조차 쉴 수 없었다. 얼마나 지났을까? 뜨겁게 달구어진 차 안에서 해가 질 때까지 울던 그녀는 천천히 차를 몰았다. 짐과 함께 산책하면서 첫 키스를 나눴던 대학 교정에 도착한 그녀는 차를 몰고 언덕 끝 절벽으로 돌진했다.

사랑 대신 철인3종 경기를 택한 남자

그 사고에서 살아남은 것 자체가 기적이었다. 그녀는 절망스러웠겠지만 말이다. 병원 침대에 누워 그녀는 다시 한 번 죽기로 다짐했다. 그러나 그녀는 정신과 병동으로 옮겨졌고 신경안정제를 처방받으며 정신과 의사에게 상담을 받아야 했다.

트루디의 부모는 따로따로 딸을 방문했다. 아버지는 그녀에게 살아가야 할 이유에 대해 일장 연설을 했으며, 연설 사이사이 시계를 보았다. 그리고 마지막으로 "우리는 널 사랑한단다. 다시는 이런 짓을 하지 않겠다고 약속해주렴"이라고 말했다.

트루디는 억지로 미소를 지어 보이며 얌전히 고개를 끄덕였다.

하지만 그녀는 알고 있었다. 자신은 언젠가 아버지와의 약속을 깰 것이 틀림없다. 그래서 그녀는 괴로웠다. 아버지가 왔다 가고 어머니가 찾아왔다. 어머니는 꾸짖듯 말했다.

"어떻게 그런 짓을 할 수 있니? 다른 사람들의 이목은 중요하지 않니? 왜 나한테 의논할 생각을 하지 않았어? 도대체 뭐가 문제니? 아버지랑 나 때문에 그러니?"

끊임없이 질문을 쏟아낸 어머니는 트루디의 대답은 듣지 않고 이혼소송이 어떻게 진행되고 있는지 상세히 설명해주었다. 부모님이 문병을 다녀간 날이면 그녀는 어김없이 속이 메스꺼워 토할 것 같았다. 그러다 간호사의 소개로 나를 찾아온 것이다.

트루디는 자신이 받은 사랑보다 더 많은 사랑을 주려는 욕구를 줄이기 위해 노력했다. 메마른 우물 속에서 물을 퍼내려고 하듯 자신의 텅 빈 내부에서 사랑을 억지로 끌어내지 않고는 견딜 수 없는 증상을 치료하기 시작했다.

그러고 나서 2년간, 그녀는 몇 명의 남자와 만나면서 자신이 연애 관계에서 섹스를 어떻게 이용하고 있는지 정확히 인식하게 되었다.

데이비드는 트루디가 다니던 대학의 교수로, 그녀의 아버지처럼 일중독자였다. 그녀는 일에 쏟는 그의 관심을 자기에게 돌리기 위해 온갖 노력을 기울였다. 그러나 다섯 달 만에 그 노력을 멈췄다. 처음 그를 만나 그의 관심을 끄는 도전은 꽤 자극적이었고, 성공할 때마다 희열을 느꼈다. 그러나 그녀가 데이비드에게 빠져들수록 그의 관심은 줄어들었다.

"어젯밤 울면서 데이비드에게 호소했어요. 그가 나에게 얼마나 중요한 존재인지 말이에요. 그랬더니 그는 지금 자신의 일이 얼마나 중요한지 이해해달라고 말했어요. 그때 깨달았어요. 고등학교 때 풋볼 선수였던 남자친구에게 했던 것과 똑같이 데이비드에게 모든 걸 다 주려고 했다는 사실을요.

난 남자들의 관심을 끌기 위해 무슨 짓이든 했어요. 내게 관심도 없는 남자에게 매달려 그의 사랑을 받으려고 애썼죠. 데이비드와 섹스를 하면서 제일 흥분했던 때는 일을 하던 그가 내게 덤벼들었던 날이었어요. 그가 다른 일을 잊게 할 만큼 충분히 내가 매력적이라는 사실을 인정받고 싶었던 거죠. 그들과의 관계에서 평소에는 만족감을 못 느끼니까 더 섹스에 집착했던 것 같아요. 그 순간만은 우리 사이에 있던 모든 장벽이 걷히고 하나가 된 느낌이니까요. 하지만 이번에는 달라요. 데이비드에게 나를 바치지 않을 거예요."

그러나 그녀는 다음 남자에게도 같은 태도를 보였다. 그는 펀드 매니저로 철인3종 경기에 열중하고 있었다. 어떻게 해서든 그가 자신에게 눈을 떼지 않게 하기 위해 애썼다. 그러나 그는 늘 일과 운동에 지쳐 섹스보다 휴식을 원했다.

"섹스할 마음도 없는 남자를 붙잡고 이렇게 노력하는 여자는 나밖에 없을 거예요. 이제 그만둬야겠어요. 그를 만나지 않을래요. 나는 지금까지 나에게 아무것도 주지 않는 데다 내가 주는 것도 원치 않는 남자들만 만나왔어요."

그때부터 트루디는 달라졌다. 자신을 좀 더 사랑하게 되었고 남자와의 관계를 제대로 평가했다. 그리고 남자에게 매력적으로 보이기 위해 애쓰지 않았다. 자신과 관계 맺기를 꺼리거나 사랑에 서투른 남자에게 섹스로 관심받으려던 욕구도 급속히 줄어들었다. 2년이라는 상담 기간 동안 그녀는 여러 남자들과 가볍게 데이트를 했으나 그중 누구와도 섹스를 하지 않았다.

"내가 이 남자를 좋아하는가, 이 남자와 함께하는 시간이 좋은가, 이 남자는 좋은 사람인가에 대해 생각했어요. 지금까지는 그저 옆에 있는 남자가 날 좋아하게 만들어야 한다는 생각뿐이었어요. 그가 날 좋아하는지, 내가 좋은 여자라고 느끼는지에 대해서만 생각했죠. 내 감정 따위는 생각할 틈이 없었어요. 나는 모든 걸 잘못 생각했던 거죠."

그녀는 잘못된 생각에서 벗어나 있었다. 그녀는 어떤 관계가 불행을 초래하는지 판단할 수 있었다. 가벼운 기분으로 말을 걸어오는 상대에 대해 일순 가슴이 두근거렸다 해도 상대의 상황이나 가능성에 대해 냉정하게 판단하고, 필요할 때는 그 두근거림을 재빨리 진정시킬 수 있었다. 그녀는 이제 더 이상 고통과 거절을 겪지 않았다. 그녀가 원하는 것은 자신을 진심으로 사랑해주는 사람, 아니면 혼자 있는 것이었다.

격정적인 사랑일수록 고통스럽다

그러나 모든 문제가 해결된 것은 아니었다. 그녀는 편안함과 친절함을 삶 속으로 받아들이는 방법을 아직 알지 못했다. 지금껏 친밀함을 단 한 번도 경험해본 적이 없기 때문이다.

트루디가 관계에 서투른 남자들에게 끌린 것은 우연이 아니었다. 자신이 남자와 친밀한 관계를 맺는 데 익숙하지 못했기 때문이다. 그녀의 가족에게는 친밀함이 결여되어 있었다. 끊임없는 싸움과 긴장이 집 안에 감돌았고, 그러지 않을 때도 진정한 애정이나 공감, 친밀감은 없었다. 이런 집안 분위기는 다 어머니 탓인 듯 보였다. 아버지에게 무리한 요구를 하는 어머니에 대한 반발 작용으로 트루디는 남자에게 아무것도 요구하지 않는다는 자신만의 사랑 공식을 만들었다.

상담을 통해 자기희생의 덫에서 벗어난 그녀는 무엇을 해야 하고 무엇을 하지 말아야 하는지 정확히 알게 되었다. 이것만 해도 굉장한 성과였다. 그러나 그녀는 아직 갈 길이 멀었다.

다음 단계는 느낌이 좋은 남자와 친구로 사귀는 방법을 배우는 것이었다. 조금 지루한 남자라도 말이다. 집착하는 여자들은 '느낌이 좋은' 남자와 함께 있으면 따분하다고 느낀다.

트루디는 친절하고 사려 깊으면서 자신에게 관심을 보이는 남자 앞에서 어떻게 행동해야 할지 몰랐다. 그녀도 남자와의 관계에서 교제를 즐기는 것이 아니라 도전을 위한 기술을 갈고닦았다. 그래서 연애 관계를 지속시키기 위한 작전이나 노력이 사라지면 그 남자와의 관계가 어려워지면서 불편함을 느낀다. 흥분, 고통, 싸움, 승리 혹은 패배가 존재하는 관계에 익숙하기 때문이다. 아이러니하게도 관계에 진지하고 신뢰성이 있는 남자보다 냉담하고 무관심한 남자와 함께 있을 때 평온함을 느낀다. 불친절한 남자들에게 익숙하기 때문이다.

트루디는 지금부터 그녀를 소중하게 여기는 남자와 안정적인 관계를 맺는 법을 배워야 한다. 그러지 않는 한 그녀는 제대로 된 연애를 할 수 없다.

집착하는 여자들은 남자와의 관계에서 다음과 같은 특징을 보인다.

- "나는 그를 얼마나 사랑하는가?"가 아니라 "그는 나를 얼마나 사랑(필요)하는가?"라고 묻는다.
- "그가 나를 좀 더 사랑하게(필요로 하게) 만들려면 어떻게 해야 할까?"라고 질문하면서 성관계를 맺는다.
- 성적으로 내어주고자 하는 욕구가 행동으로 이어져 상대를 가리지 않고 성관계를 맺는다. 이런 성관계조차 자신의 만족이 아닌 파트너를 만족시키기 위한 것이다.
- 섹스는 남자를 조종하고 변화시키기 위한 도구이다.
- 파트너를 조종하려고 술책을 쓰는 것에 더없이 흥분한다. 자신의 방식대로 하기 위해 남자를 유혹하면서, 성공하면 만족감을 느끼고 실패하면 우울해한다. 원하는 것을 얻지 못하면 더욱 열심히 노력한다.
- 두려움, 걱정, 고통을 사랑이나 성적 흥분으로 혼동한다. 스스로 기분이 좋아지는 법을 알지 못하며 자신의 감정과 마주하기를 두려워한다.
- 불완전한 관계에서 주는 도전이 사라지면 불안해한다. 사랑을 얻기 위해 투쟁할 필요 없는 남자에게는 성적으로 끌리지 않는다. 이런 남자는 '지루하다'고 결론 내린다.

- 자신보다 성적 경험이 부족한 남자와 사귀면서 둘의 관계를 통제하려고 한다.
- 육체적인 친밀함을 갈망한다. 이런 친밀감은 감정상의 거리가 유지될 때만 편안하게 느낀다. 성적·감정적으로 친밀해지려고 하면 두려움을 느끼고 도망가거나 남자를 버린다.

"우리의 섹스가 그렇게 근사했는데, 우리 둘은 하나가 되었다고 생각했는데, 우리는 왜 헤어졌을까요?"

트루디가 상담 초기에 제기했던 질문을 다시 한 번 생각해보자. 그들은 종종 파트너와 관계는 엉망이지만 섹스는 최고라는 딜레마에 직면한다. 우리는 파트너와 관계가 어긋나면 섹스도 만족스럽지 않다고 생각한다. 그러나 그녀들은 그렇지 않다. 관계가 나쁠수록 섹스는 흥분되고 열정적이다.

특별히 좋아할 만한 구석도 없고 별로인 남자는 강렬히 원하면서 더 멋지고 괜찮은 남자에게는 끌리지 않는 이유를 가족이나 친구들에게 설명하느라 고역을 치를 것이다. 사실 이를 설명하기란 힘든 일이다. 자신이 사랑하는 남자의 마음에는 사랑, 관심, 성실, 고결함 등의 긍정적인 측면들이 분명 존재하고, 자신의 사랑으로 반드시 그런 감정들이 꽃피게 될 것이라고 확신한다. 단지 그가 지금까지 부모나 부인 혹은 여자친구에게 제대로 된 사랑을 받아본 적이 없기 때문이라고 생각한다. 그의 분노와 우울, 잔인함, 폭력, 거짓말, 중독 증상까지 모두 이 범주 안에서 이해한다. 그래서 자신의 사랑으로 그를 구출해내리라 굳게 다짐한다.

섹스는 그를 구하고 바꾸기 위한 기본적인 수단이다. 모든 성적 행동은 그를 건강하게 바꾸기 위한 노력의 일환이다. 키스와 스킨십을 통해 그가 얼마나 특별하고 가치 있는지, 자신이 그를 얼마나 소중히 여기는지 알려주려고 노력한다. 자신의 사랑만 통한다면 그가 변할 것이라고 굳게 믿는다.

이런 상황에서 둘의 섹스는 분명 만족스러울 것이다. 그의 반응과 별개로 그를 위해 더 노력하고 더 사랑해주고 더 확신을 주려고 애쓰기 때문이다. 섹스가 만족스럽다고 느끼는 또 다른 이유가 있다. 성적인 클라이맥스가 신체적·감정적 긴장감을 해소해주기 때문이다. 남자와 싸우거나 긴장감이 감돌면 섹스를 피하는 여자도 있지만 잠시나마 그런 긴장감을 해결하기 위해 섹스를 하는 여자도 있다.

남자와의 사이가 원만하지 않거나 자기와 맞지 않는 남자와 사귀고 있는 여자들은 섹스가 관계를 만족시켜 줄 유일한 방법이 될 수도 있다. 이런 경우 상대방에게 느끼는 불쾌감이 클수록 성적 쾌감도 높아지는 경우가 많다.

대부분의 커플들은 싸우고 난 후 섹스가 만족스러웠다고 고백한다. 그 이유는 두 가지다. 한 가지는 앞서 말한 대로 긴장감을 해소해주기 때문이다. 또 다른 이유는 싸우고 난 후 효과적인 섹스를 위해 엄청난 노력을 하기 때문이다. 커플들은 안 좋은 관계를 섹스로 보상받기를 원한다. 만족스럽고 즐거운 성적 경험은 둘의 관계를 입증해주는 역할을 한다.

"우리는 잘 맞는 것 같아. 서로 사랑하고 있고 기분 좋게 해주잖

아. 우리는 계속 함께 있어야 해."

섹스를 통해 만족감을 얻은 남자와 여자는 정신적인 유대감을 강하게 느낀다. 특히 남자와 심하게 싸울수록 성적 강도를 높여서 유대감을 더욱 강하게 느끼려고 하는 경향이 있다. 도전정신이 발휘되지 않는 남자와의 섹스에서는 아무것도 느낄 수 없기 때문이다. 그 결과 평온하고 안정된 관계에서는 자신의 정체성을 상실한 듯한 착각을 일으킨다. 그리고 여태껏 알아왔던 격렬한 연애에 비해 유순한 연애는 '진정한 사랑'이 아니라고 여긴다. 긴장감 넘치고 늘 싸움을 하면서 마음이 찢어질 듯 고통을 겪어야 '진정한 사랑'이라고 결론 내린다.

그렇다면 진정한 사랑이란 무엇일까? 사랑을 정의 내리기 쉽지 않은 이유는 사랑에 관한 상반된 두 가지 개념을 하나의 단어로 설명하려고 하기 때문이다.

고대 그리스인들은 사랑을 '에로스'와 '아가페'라는 두 가지 말로 구별했다. '에로스'는 열정적인 사랑을 의미하며, '아가페'는 헌신적인 관계를 의미한다.

에로스와 아가페를 대조시킴으로써 한 사람과의 관계에서 두 가지 종류의 사랑이 생길 때 나타나는 딜레마를 해결할 수 있다. 에로스와 아가페는 서로에게 부족한 점을 채워준다. 에로스와 아가페가 사랑을 어떻게 묘사하는지 살펴보자.

- **에로스:진실한 사랑이란 미스터리하고 손에 잡힐 것 같지 않는 사람을 열렬히 사모하는 것이다. 사랑의 깊이는 사랑하는 사람에 대한 집**

착의 강도로 측정된다. 다른 일이나 물건, 사람에게 쏟을 정신적 여유가 없다. 모든 에너지를 그를 만났던 시간이나 앞으로 만나서 무엇을 할지 생각하는 데 다 쏟아버린다.

- 진실한 사랑은 종종 큰 장애를 극복해야 하므로 때때로 고통을 수반한다. 그러한 고통과 고난을 기꺼이 참아내는 것 또한 사랑의 깊이를 증명하는 방법이다. 진실한 사랑은 흥분, 도취, 극적 상황, 긴장, 미스터리, 동경으로 구성되어 있다.

- 아가페: 진실한 사랑이란 두 사람이 헌신을 바탕으로 깊은 일체감을 맺는 것이다. 기본적인 가치관, 관심, 목표를 공유하면서 서로의 차이를 존중한다. 서로에 대한 신뢰와 존경의 정도에 따라 사랑의 깊이를 평가한다. 둘의 관계를 통해 창조성이 뛰어난 사람으로 성장하고, 과거와 현재의 경험은 물론 앞으로 겪을 경험까지 서로 공유하면서 기쁨을 얻는다.
- 서로 상대를 가장 소중한 친구라고 여기며 관계를 성숙하게 만들고 친밀감을 더 강하게 느끼는 것이 사랑의 깊이를 증명하는 또 다른 방법이라고 생각한다. 진실한 사랑은 안정감, 헌신, 이해, 동료애, 협력, 공감 등으로 구성되어 있다.

사랑에 집착하는 여자들이 사랑을 제대로 할 줄 모르는 남자에게 느끼는 것은 대부분 '에로스'이다. 남자가 제대로 사랑할 줄 모르기 때문에 그만큼 열정이 생기는 것이다. 열정이 생기려면 끊임없이 싸우고 극복해야 할 장애물이 있어야 한다. 더불어 얻을 수 있는 것 이상의 갈망 역시 존재해야 한다. 열정은 고통을 의미하며 고통이 클수록 열정은 깊어진다. 격정적인 관계가 주는 강렬한 흥분과 자극은 안정되고 온화한 관계에서는 얻을 수 없다. 열정을 가졌던 상대로부터 그토록 원하던 사랑을 받으면 고통은 멈추고 열정은 사라진다. 달콤쌉싸름한 고통이 더 이상 존재하지 않기 때문에 사랑이 끝났다고 생각한다.

우리도 두 가지 종류의 사랑을 혼동하고 있다. 격정적인 관계(에로스)가 우리에게 정신적인 만족감과 성취감(아가페)을 가져다준다고 말한다. 열정이 클수록 관계가 지속적으로 발전한다고 하지만 엄청난 열정을 바탕으로 시작한 관계가 실패하는 경우가 더 많다.

좌절감, 고통, 갈망은 격정적인 관계에는 도움을 주지만 안정적인 관계에는 도움을 주지 않는다. 격정적인 연애의 기쁨이 헌신적이고 성실한 관계로 성장하기 위해서는 공통된 관심, 가치, 목표, 상호의 신뢰와 공감이 필요하다.

격정적인 관계에서는 흥분, 고통, 좌절 등이 가득 차 있더라도 중요한 것이 결여되어 있다. 혼란스러운 감정적 경험을 안정시키는 데 필요한 서로의 '친밀감'이다. 그러나 관계에서 장애가 없어지고 진정한 친밀감을 느꼈을 때 두 사람 사이에는 열정이 사라진다. 서로의 얼굴을 바라보며 안심, 배려, 상냥함을 느끼지만 한편으로는 서로를 원하는 불타는 욕구가 생기지 않는다.

열정에는 불안이 따르는 법이다. 격정적인 사랑을 키우는 고통과 불안이 사랑을 파멸로 이끄는 요인이 된다. 한편 안정되고 성실한 관계에서는 무료함이 따른다. 성실한 관계를 만들어주는 안정감은 때로 관계를 고리타분하고 활기 없게 만든다.

성실한 관계로 발전한 후에도 자극이나 도전이 지속된다면 그것은 욕구불만이나 갈망이 아닌 보다 깊은 탐험을 바탕으로 하고 있을 것이다. D. H. 로런스가 말했던 남자와 여자 사이의 '유쾌한 미스터리'가 그것이다. '유쾌한 미스터리'는 남녀관계가 가장 높은 수준에 달했을 때 발생한다. 아가페의 진실함과 정직함이 에로스의 대담성이나 연약함과 맺어져 진정한 친밀감을 탄생시킨 것이다.

알코올중독에서 벗어난 한 남자가 이런 친밀감을 너무나 간단하고 아름답게 표현했다.

"술독에 빠져 지냈을 때 나는 수많은 여자들과 섹스를 했어요. 그러나 어떤 여자를 만나도 늘 비슷한 경험밖에 얻을 수 없었죠. 술을 끊고 아내하고만 잠자리를 했는데 이상하게도 매번 새로운 경험을 하게 돼요."

이해하고 이해받는 관계에서 스릴이나 흥분을 느끼는 경우는 매우 드물다. 안정적이고 헌신적인 관계에서 대부분의 사람들은 앞으로 다가올 모든 일들을 예상할 수 있기 때문이다. 이들은 평온무사함 대신 조금 따분한 상태를 감수한다.

집착에 빠진 사람들은 '지나친 사랑'의 증상을 스스로 고치지 않는 한 진실로 친밀한 관계를 맺기 힘들다. 'Story 11'에서 사랑 중독에서 벗어나 회복기를 맞이한 트루디를 다시 만날 수 있다.

◯

다양한 사건으로
혼란스러운 삶을 살아온 사람들은
극적인 사건이 있어야만
감정의 변화를 느낄 수 있다.
그래서 이들은
불안정, 고통, 실망이 주는
흥분을 통해 살아 있음을 느낀다.

내가 사랑하는 만큼
왜 사랑받지
못할까?

: 자기희생

이번 주말에 뭐 해?

 나 약속 있는데…

무슨 약속? 그런 말 안 했잖아!

낚시 가기로 했어.

또 낚시야?
맨날 바쁘다고 하면서
낚시 갈 시간은 있나 보지?

또 왜 그래?

당신한테 나는 대체 뭐니?

가난한 화가였던 리사는 주거 공간이자 작업 공간인 아파트로 나를 초대했다.

　내가 리사에게 관심을 가지기 시작한 것은 한 친구에게 그녀의 이야기를 듣고 나서였다. 리사는 알코올중독자 가정에서 자란 '공동 알코올중독자'였다. 공동 알코올중독자란 알코올중독자와 밀접한 관계를 맺은 후유증으로 인해 다른 일반 사람들과 건강하지 못한 관계를 맺는 사람을 말한다.

　부모나 배우자, 자녀 혹은 친구가 알코올중독자인 공동 알코올중독자들은 다음과 같은 특징을 보인다.

- 자신을 비하한다.
- 자신을 필요로 하는 사람을 원한다.
- 타인을 변화시키고 조종한다.
- 고통받는 것을 마다하지 않는다.

리사는 어린 시절부터 알코올중독자인 어머니를 돌봐왔는데, 성인이 되어 남자를 만나게 되자 문제가 발생했다. 나는 리사가 스스로 문제를 이야기할 때까지 기다렸다.

그녀는 곧 자신의 문제에 대해 이야기하기 시작했다. 리사는 삼남매 중 둘째였다. 그리고 그녀만이 양친의 계획 출산에 의해 태어난 아이였다. 부모님은 첫째 언니를 갑작스레 임신하면서 결혼했고, 동생은 리사가 여덟 살이 되던 해 어머니가 술독에 빠져 있을 무렵 태어났다.

"나는 항상 어머니를 완벽하다고 생각했어요. 내 바람이 그렇게 생각하도록 이끈 거죠. 내가 원하는 어머니상을 머릿속에 그려 넣고 알코올중독에 빠진 어머니를 완벽한 어머니로 만들어놓은 거예요. 환상 속에서 산 셈이죠."

리사는 머리를 절레절레 흔들며 말을 이어갔다.

"부모님이 서로를 가장 사랑하셨을 때 내가 태어났어요. 덕분에 나는 엄마에게 가장 사랑받는 딸이었죠. 엄마는 우리 삼남매를 똑같이 사랑한다고 말씀하셨지만, 나는 알고 있었어요. 내가 엄마에게 가장 특별한 딸이라는 것을요. 엄마와 나는 늘 함께 있었어요. 어릴 때는 엄마가 날 돌봐주셨지만 시간이 흐르자 내가 엄마를 돌보기 시작했죠. 아버지는 돈을 잘 버는 엔지니어였는데 아주 끔찍한 분이었어요. 늘 어머니를 거칠게 다루셨고 노름으로 돈을 다 날리셨죠. 우린 돈이 없어서 걸핏하면 이사를 했어요. 어머니는 늘 술에 취해 있었어요. 아주 어렸을 때부터 어머니에게 내 모든 사랑과 에너지를 쏟아부었어요. 내가 어머니에게 주는 만큼 그대로 돌려받길 원하면서요."

잠시 말을 멈춘 그녀의 눈에 일순 어두운 빛이 떠올랐다.

"내가 정상이 아니라는 걸 알게 된 것도 심리치료를 받으면서부터였어요. 현실을 직시하는 건 가슴 아픈 일이더군요. 어머니와 나는 매우 강한 유대로 맺어져 있었어요. 아주 어릴 적부터 나는 항상 어머니를 걱정하면서 아버지로부터 보호하려고 애썼고, 어머니를 기쁘게 해주기 위해 노력했어요. 내겐 어머니밖에 없었으니까요. 어머니도 날 특히 아끼셨어요. 가끔 어머니는 날 옆에 앉혀놓고 말없이 껴안으셨어요. 지금 생각해보면 나는 늘 어머니를 보면서 항상 무언가 끔찍한 일이 일어날까 봐 두려웠던 것 같아요. 어린 시절을 그렇게 보내는 건 힘든 일이었지만 그렇게 사는 것 말고 다른 방법은 몰랐어요. 그리고 나는 그만큼의 대가를 치러야 했어요. 10대가 되자 심각한 우울증이 나타났어요."

리사는 낮은 목소리로 웃었다.

"우울증을 겪으면서 어머니를 잘 보살펴주지 못할까 봐 두려웠어요. 나는 정말 소심한 아이여서 잠시라도 어머니한테 눈을 떼기가 무서웠어요. 어머니 없이 지내는 유일한 방법은 다른 누군가를 내 옆에 두는 것이었죠."

마음보다 몸이 먼저 끌리는 상대

리사는 쟁반에 담아 온 차를 바닥에 놓았다.

"열아홉 살 때 친구 두 명과 함께 멕시코로 놀러 갔어요. 어머니와 떨어져 지낸 것은 그때가 처음이었죠. 3주간 머물렀는데 2주일쯤 지났을 무렵 정말 잘생긴 멕시코 남자를 만났어요. 영어도 잘하고 자신감 넘치는 그 남자는 내게 관심을 보였어요. 휴가 마지막 주가 되자 그 남자는 매일 나한테 결혼하자고 졸라댔어요. 이제야 드디어 짝을 만났는데 떠나보낼 수 없다면서요. 날 이용하려는 완벽한 사탕발림이었죠. 누군가 나를 필요로 한다고 말하면 내 안의 모든 세포들이 강렬히 반응해요.

나도 어머니에게서 벗어나야 한다는 걸 어느 정도 느끼고 있었나 봐요. 우리 집은 너무 어둡고 지루하고 불쾌한 곳이었거든요. 게다가 이 남자는 멋진 인생을 약속해주었고요. 그는 부유한 집에서 좋은 교육을 받고 자란 엘리트였어요. 아무 일도 안 하는 것 같았지만, 집에 돈이 많으니 일할 필요도 없다고 생각했어요. 그렇게 돈이 많은데도 내가 있어야 행복하다고 하니 정말 나 자신이 중요하고 가치 있는 존재처럼 느껴졌어요. 당장 어머니한테 전화해서 이야기했어요. 어머니는 '너라면 올바른 선택을 할 것이라고 믿는다'고 말해주었죠. 그렇게 말해주시지 않았어도 이미 그와 결혼하기로 마음먹었지만요.

나는 내가 그를 사랑하는지 어떤지도 잘 몰랐어요. 그가 진심으로 내가 원하던 남자인지 아닌지. 내가 아는 거라고는 드디어 나를 사랑한다고 말하는 누군가가 생겼다는 사실뿐이었어요. 데이트를 몇 번 하지도 않아서 그에 대해 아는 것은 거의 없었고요. 하지만 그동안 집안일을 챙기며 바쁘게 사느라 공허했던 내게 많은 것을 주겠다고 약속하는 남자가 나타난 거예요. 사랑한다고 말하면서요. 오랜 세월 항상 사랑을 주기만 했는데 드디어 받을 차례가 된 것 같았어요. 그것도 아주 적절한 때에 말이죠. 그 당시에 내 사랑은 고갈되기 직전이라 거의 남아 있지 않았거든요.

우리는 서둘러 결혼했어요. 그의 부모님에게도 알리지 않고요. 지금 생각하면 확실히 이상했지만 당시에는 그가 날 사랑하는 증거라고 생각했어요. 나와 함께 있으려고 부모님까지 버렸으니까요. 부모님의 반대를 무릅쓰고 나와 결혼하려 한다고 생각했거든요. 사실 그 정도의 반항으로 부모님이 화를 내시기는 해도 그를 내칠 리는 없었어요.

지금에서야 당시에 어떤 상황이었는지 알겠어요. 그는 아내가 필요했던 거예요. 자신의 성적 정체성이나 행동을 들키지 않고 '정상적'인 남자로 보여지기 위해서요. 나는 완벽한 신붓감이었던 거죠. 외국인이었으니 그가 속한 문화에서 잘못됐다고 의심받는 건 나였을 테니까요. 나와 동일한 것을 목격한 여자라면 누구라도 다른 누군가에게 말했을 거예요. 그럼 온 시내에 소문이 퍼졌겠죠. 하지만 내가 누구에게 말을 하겠어요? 누가 나와 이야기하겠어요? 게다가 누가 내 말을 믿어주겠어요?

하지만 그가 의도적으로 나를 이용했다고 생각하지 않아요. 오히려 내가 그를 이용했다고 할 수 있어요. 어쨌든 우리는 나름 척척

맞았고 서로 사랑한다고 생각했어요. 결혼식을 치르고 너서가 문제였죠.

우리는 그의 집으로 들어갔어요. 가족들을 빼고 올린 결혼식에 그의 부모님은 화가 나셨죠. 나는 물론 남편까지 가족들에게 미움받았어요. 나는 스페인어를 한마디도 할 줄 몰랐고 가족들은 영어를 할 줄 알았지만 사용하지 않았어요. 나는 처음부터 혼자 방치되었어요. 남편은 나 혼자 내버려두고 밤마다 나갔어요. 불안해서 견딜 수가 없었죠. 그래서 방에 늘 틀어박혀 있다가 잠들었어요. 그런 일들은 어릴 적부터 익숙해져 있었으니까 나를 사랑하는 사람과 함께 있으려면 당연히 치러야 할 대가라고 생각했어요.

남편은 종종 술에 취해 돌아와 호색한처럼 굴었어요. 그럴 때면 지독한 향수 냄새를 풍겼어요. 어느 날 밤 시끄러운 소리에 잠이 깼어요. 술에 취한 남편이 내 잠옷 가운을 입고 거울 앞에서 자기 모습을 바라보고 있더군요. 뭐 하냐고 물으니 오히려 '나 예뻐?' 하고 묻더군요. 입술에 빨간 립스틱을 바른 채 말이에요.

그때 마음속에서 뭔가 뚝 끊어진 기분이 들었어요. 여기서 나가야 한다고 생각했죠. 그때까지만 해도 무언가 잘못되어 가고 있어도 다 내 탓이고, 내가 그를 좀 더 사랑하면 다 잘될 거라고 생각했어요. 어머니에게 한 것처럼 헌신적으로 노력할 작정이었죠. 하지만 이건 상황이 달랐어요.

나는 돈도 한 푼도 없었고, 돈을 벌 방법도 없었죠. 다음 날 남편에게 나를 샌디에이고로 데려다주지 않으면 그의 부모님에게 어젯밤에 한 짓을 다 밝히겠다고 협박했어요. 어머니가 샌디에이고에서 나를 기다리고 있다고 거짓말했어요. 그가 날 죽이지 않을까 걱정하면서도 어디서 그런 용기가 났는지 모르겠어요. 어쨌든 그는 말없이 나를 국경 근처까지 데려다주었고 샌디에이고까지 가는 버스 요금과 돈을 조금 주더군요. 나는 그곳에서 세 명의 룸메이트와 함께 살았어요.

지금까지 나에게는 자기감정이라는 것이 전혀 없었어요. 마음이 완전히 마비되어 있었죠. 그런데 동정심만은 넘쳐 이런저런 문제에 휩쓸리곤 했어요. 그 후 3, 4년은 불쌍해 보이는 남자들과 잠자리를 가졌어요. 불행 중 다행이었던 것은 내가 완전히 감당할 수 없는 상태에 놓이지는 않았다는 사실이에요. 파티나 바에서 만난 남자들은 다들 약물이나 알코올 중독자들로 나의 이해와 도움을 바라는 듯 보였어요. 난 그런 남자들에게 자석처럼 끌려갔어요."

리사가 그러한 남자들에게 끌린 것은 어머니와의 관계 때문이다. 리사에게 사랑은 누군가가 자신을 필요로 한다는 뜻이다. 그러므로 자신을 필요로 하는 남자를 만나면 사랑받을 수 있다고 느낀 것이다. 남자가 친절하게 대해주거나 무언가를 주거나 관심을 기울이지 않아도 된다.

"나도 어머니도 엉망진창이었어요. 우리 둘 중 누가 더 심한지 알 수 없을 정도였죠. 내가 스물넷 되던 해에 어머니가 드디어 알코올 중독에서 벗어났어요. 힘들었지만 어머니는 해냈어요. 어머니 혼자서요. 알코올중독자를 위한 자조모임에 전화해서 도움을 요청하셨대요. 상담원이 어머니와 상담하고, 그날 오후 모임에 어머니를 데려갔어요. 그 이후로 어머니는 술을 한 모금도 마시지 않게 되었어요."

리사는 어머니의 용기를 칭찬하듯 부드러운 미소를 지었다.

"어머니는 자존심이 센 분이셨으니 견디기 힘드셨을 거예요. 극도로 절망적인 상황이 아니었다면 전화를 거실 분이 아니었죠. 내가 그 자리에 없었던 게 정말 다행이었어요. 내가 있었으면 어머니의 기분을 달래주려고 무슨 짓이든 했을 테고, 어머니는 제대로 도움받지 못하셨을 거예요.

어머니가 알코올에 의지하게 된 것은 내가 아홉 살 되던 해부터였어요. 집에 돌아오면 어머니는 술에 취해 정신을 잃고 소파에 누워 계셨죠. 곁에는 늘 술병이 굴러 다녔어요. 언니는 내가 현실을 있는 그대로 보지 않는다며 화를 냈어요. 나는 상황이 심각하다는 걸 인정하지 않았거든요. 어머니를 너무 사랑한 나머지 어머니의 행동이 잘못되었다는 것을 받아들이지 않았어요.

어머니와 나는 정말 가까운 사이였어요. 그래서 부모님 사이가 멀어지기 시작하자 어머니를 위로해주고 싶었어요. 나에게 가장 중요한 것은 어머니의 행복이었죠. 그래서 어머니가 아버지에게 상처받을 때마다 내가 대신 보상해줘야 한다고 생각했어요. 내가 할 수 있는 것은 착한 딸이 되는 것뿐이라고 여기며 최선을 다했어요. 어머니를 위해 요리나 청소를 하고요.

지금 생각하면 큰 문제를 혼자 떠맡으려고 했던 것 같아요. 부모님의 불화와 어머니의 알코올중독이요. 내게는 문제를 해결할 능력이 없었는데도요. 노력이 허사로 끝날 때마다 자신을 비난했죠.

어머니의 불행은 내게도 상처가 되었어요. 하지만 내가 어머니를 행복하게 해줄 수 있을 거라고 생각했어요. 예를 들어 성적 같은 걸로요. 물론 집에서 엄청난 스트레스를 받고, 남동생을 돌보면서 집안일을 하고, 아르바이트까지 했으니 성적이 잘 나오지는 않았어요. 가끔 좋은 성적을 받는 정도였죠. 성적을 올리고 싶었지만 잘 안 됐어요. 선생님들은 내가 노력하지 않는다고 말하더군요. 내가 얼마나 열심히 노력하는지 전혀 모르셨던 거죠. 가족을 한데 모으려고 말이에요. 결국 성적은 바닥을 기었고, 그때마다 아버지는 소리를 지르고 어머니는 울었어요. 나는 완벽하지 못한 자신을 스스로 비난했어요. 그러고는 이전보다 열심히 노력했어요."

극복하기 힘든 고난을 겪고 있는 문제 가정에서 가족들은 보다 단순하고 해결 가능성이 있는 문제에 집중한다. 그래서 온 가족이 리사의 학교 성적에 관심을 집중했다. 좋은 성적을 받으면 가정이 화목해질 것처럼 말이다.

리사가 느끼는 압박은 점점 강도를 더해갔다. 어머니의 역할을 대신하면서 부모의 문제를 해결하려고 노력하고 있는데도 자신의 낮은 성적이 온 가족이 불행한 원인 중 하나가 되었던 것이다. 최선을 다했지만 성적은 나아지지 않았고, 그녀의 자존감은 심각하게 훼손됐다.

"언젠가 제일 친한 친구에게 전화를 걸어 부탁했어요. '내 말을 굳이 듣지 않아도 좋아. 책을 읽고 있어도 돼. 그냥 내 말을 들어줘.' 그때 난 누군가에게 내 문제를 말할 자격도 없는 사람 같았거든요. 친구는 내 말을 들어줬어요. 그 친구의 아버지는 알코올중독자였는데 자조모임에 참여해 중독에서 벗어났죠. 친구는 알코올중독자 자녀를 위한 모임에 참여해봤기 때문에 내 말을 들어주는 것만으로도 내게 큰 도움이 되리라는 걸 알았어요."

리사는 담담한 어조로 이야기를 이어나갔다.

"나는 우리 가족의 문제가 모두 다 아버지 때문이라며 아버지를 미워했어요. 내가 열여섯 살 되던 해에 아버지는 집을 나갔어요. 저보다 세 살 많은 언니는 이미 성인이 되어 집을 떠났고요. 어머니와 나, 남동생을 버리고 말이에요. 그때부터 나는 어머니와 동생의 뒷바라지를 해야 한다는 심적 부담감에 시달렸어요. 그러다 멕시코로 갔을 때 충동적으로 결혼하고 집으로 돌아와서 이혼했죠. 그로부터 몇 년 동안 수많은 남자들과 연달아 관계를 가졌고요.

어머니가 알코올중독 회복 프로그램에 들어간 지 다섯 달이 지났을 무렵 게리를 만났어요. 처음 만난 날 게리는 마약에 취해 있었어요. 우리는 만난 순간부터 서로 마음에 들었고 친구를 통해 마음을 전했어요. 곧 그가 나를 만나러 왔어요. 나는 장난 삼아 그의 초상화를 그렸어요. 그때 그에게 느꼈던 감정이 아직도 기억나요. 그렇게 격렬한 감정은 처음이었어요.

그날도 그는 약에 취해 있었어요. 느릿느릿 말하며 의자에 앉아 있는 그의 모습을 그리다 그만 손을 멈추고 말았어요. 너무 떨려서 아무것도 그릴 수 없었거든요. 지금 생각해보니 그의 모습에서 술에 취해 있던 어머니를 떠올렸던 것 같아요. 어머니에게 품고 있던 애정과 불안과 도움을 찾고 있는 잘생긴 남자에게 이끌리는 기분이 뒤엉켰던 거예요. 그런데 그저 사랑해서 두근거리고 손이 떨린다고 생각했어요."

필요로 하는 것과 사랑하는 것은 다르다

리사가 어머니의 금주 후에 게리에게 끌렸다는 사실은 우연이 아니다. 모녀는 끊으려야 끊을 수 없는 강한 유대감으로 맺어져 있었다. 멀리 떨어져 있을 때도 리사는 어머니에게 깊은 애착을 가지고 있었다. 리사는 어머니가 알코올중독에서 벗어나면서 더 이상 자신의 도움이 필요하지 않다는 사실을 깨닫고 두려움을 느끼기 시작했다. 그 우려가 의존적인 사람을 불러들인 것이다.

어머니가 술을 끊을 때까지 닥치는 대로 남자와 관계를 맺어온 그녀는 어머니가 알코올중독에서 벗어나면서 또 다른 중독자와 사랑에 빠진 것이다. 리사는 자신이 정상임을 느끼기 위해 중독에 빠져 있는 상대와 관계를 맺어야만 했다.

그녀의 집으로 들어온 게리는 마리화나와 집세 중에 선택한다면 마리화나를 사겠다고 단호히 말했다. 하지만 리사는 그가 바뀔 것이라고 확신했다. 둘이 함께 지내는 것을 소중히 여기고 둘의 관계를 유지하고 싶어 할 것이라고 생각했다. 리사가 그를 사랑하는 것처럼 그도 그녀를 사랑해줄 것이라고 믿었다.

게리는 일을 거의 하지 않았고 가끔씩 돈을 벌어도 가장 비싼 마리화나를 사는 데 다 써버렸다. 동거 초기에는 리사도 마리화나를 피웠지만 생활에 무리가 간다는 것을 깨닫고 그만두었다. 결국 리사가 두 사람의 생활비를 충당했다. 게리는 그녀의 지갑에서 돈을 훔쳐가거나 그녀가 일에 지쳐서 집에 돌아오면 아파트에서 파티를 열고 있었다. 그럴 때마다 그녀는 그를 내보내야겠다고 생각했다.

하지만 게리가 식료품을 사 오거나 저녁을 해놓고 그녀를 기다리거나 두 사람을 위한 코카인을 준비해놨다고 말하면 그녀의 결심은 눈 녹듯 사라졌다. 그녀는 그의 행동이 사랑이라고 느꼈다.

리사는 게리의 어린 시절 이야기에 연민을 느꼈고, 그가 겪었던 모든 고통을 보상해주리라 다짐했다. 그녀는 그의 무책임한 행동도 절대 비난하지 않았다. 그가 어린 시절에 받은 상처가 너무 커서 그렇게 행동할 수밖에 없다고 이해했다. 리사 자신의 고통스러웠던 과거를 떠올릴 여유가 없었다.

언젠가 리사가 생일선물로 아버지에게 받은 돈을 내놓지 않자, 게리는 집에 있던 모든 캔버스를 칼로 찢어놓았다.

"그때까지도 나는 모든 게 내 탓이라고 생각했어요. 그를 화나게 하지 말았어야 했다고 자책했죠. 모든 문제를 내 탓으로 돌리면서 고칠 수 없는 일을 고치려고 애썼던 거예요.

게리가 외출한 사이 방을 치우면서 3년간 그린 작품들을 다 버렸어요. 그러고 나서 TV를 켰는데 남편에게 매 맞는 아내가 나와서 인터뷰를 하더라구요. 그 여자가 '그렇게 심각하지는 않은 것 같아요. 아직은 참을 수 있거든요'라고 말하더군요."

리사는 고개를 천천히 흔들고 말을 이었다.

"나도 그랬어요. 아직 참을 수 있다고 생각하면서 그 끔찍한 상황 속에 머물렀던 거예요. 나도 모르게 벌떡 일어나서 TV 속 그녀에게 말했어요. '그렇게 꾹 참을 필요 없어. 당신은 더 나은 삶을 살 권리가 있어.' 나도 모르게 말하고 나니 눈물이 나왔어요. 나도 그 여자와 마찬가지라는 걸 깨달았죠. 이렇게 고통이나 실망, 금전적 손해와 혼란을 참아낼 필요 없다, 더욱 나를 소중히 여겨야 한다고요."

게리가 집으로 돌아왔을 때, 문밖에는 그의 짐이 쌓여 있었다. 리사는 친구에게 전화했고 친구와 그 남편은 리사를 격려해주었다. 그리고 리사 곁에서 게리에게 떠나라고 말할 용기를 주었다.

"친구 부부가 있어서인지 게리는 아무런 소란도 피우지 않고 떠났어요. 나중에 전화로 협박했지만 내가 아무런 반응을 보이지 않자 얼마 있다 포기하더군요. 나는 어머니에게 전화를 걸어 이 상황을 전부 다 이야기했어요. 어머니는 내게 알코올중독자 자녀들을 위한 모임에 나가보라고 말씀하셨죠."

알코올중독자 자녀들을 위한 모임은 알코올중독자의 가족이나 친척, 친구들이 모여 알코올중독자에게 집착하는 증상에서 벗어날 수 있도록 도와주는 일을 한다. 특히 어린 시절부터 알코올중독자인 부모와 함께 지내면서 받았던 영향에서 벗어나고자 하는 자녀들을 대상으로 한다.

"모임에 참여하면서 나 자신을 알게 되었어요. 어머니가 술에 의존했듯 나는 게리에게 의존했어요. 게리에게 중독되어 그가 없이는 살 수 없을 것 같았어요. 그가 떠날까 봐 전전긍긍하면서 그를 기쁘게 해줄 수 있는 일이라면 뭐든지 하려고 했어요. 어릴 때처럼 모든 일을 내가 책임지면서요. 나는 열심히 일하고, 잘 처신하고, 나 자신을 위해서는 아무것도 원하지 않았어요. 자기희생에 익숙해져 버린 거예요."

어린 리사는 어머니의 고달픔을 없애주고자 결심했다. 이러한 결심은 무의식 속에 남아 계속 그녀를 충동질했다. 자신의 행복을 추구하는 데는 불편함을 느끼고, 다른 사람의 행복을 위해 사랑의 힘으로 모든 문제를 고쳐야 한다고 말이다. 문제를 고치는 데 실패해도 더욱 열심히 노력할 뿐이었다.

게리는 마약 중독자에다 감정적으로 리사에게 의존하면서도 잔인한 행동을 서슴지 않았다. 이는 리사의 부모가 그녀에게 보여줬던 모습과 유사하다. 그래서 리사는 게리에게 애정을 느꼈던 것이다. 어린 시절 부모로부터 애정과 관심, 인정을 받으며 자란 여자들은 안정감, 따뜻함, 긍정적인 자존감을 불러일으키는 남자들에게 편안함을 느낀다. 반면 가혹하게 자신을 비판하거나, 자신을 지배하려고 하면서 부정적인 시선으로 바라보는 남자들을 본능적으로 피한다.

그러나 어린 시절 부모에게 적대적인 태도나 비판적인 말투, 잔인한 행동, 아이를 소유물로 여기는 태도나 과도하게 아이에게 의존하는 증상 등 부적절한 대우를 받고 자란 여자들은 부모와 비슷한 남자를 자신과 매우 '잘 맞는' 짝이라고 생각한다. 그런 남자에게 편안함을 느낀다. 그리고 친절하고 온화한 남자에게는 불편함을 느낀다. 이런 남자들은 자신이 굳이 행복하게 해줄 필요도 없기 때문에 애정을 얻거나 인정받으려고 노력할 필요도 없다.

자신보다 다른 사람들을 도와주려고 애쓰면서 살았기에 그럴 필요가 없는 남자를 만나면 어색하기 그지없다. 가끔 강한 어색함을 지루하다고 느낄 때도 있다. 이처럼 알코올중독자 부모 밑에서 자랐거나, 문제 가정에서 어린 시절을 보낸 여자들 대부분이 문제 있는 남자나 뭔가에 중독된 남자에게 매력을 느낀다.

다양한 사건들로 혼란스러운 삶을 살아온 사람들은 자신의 감정을 부인해오다 보니 극적인 사건이 있어야만 감정의 변화를 느낄 수 있다. 그래서 그들은 불안정, 고통, 실망이 주는 흥분을 통해 살아 있음을 느낀다.

"게리가 떠나자 내 삶은 평온해졌어요. 그래서 나는 미칠 것 같았죠. 그에게 전화를 걸고 싶은 마음을 억누르기가 쉽지 않았어요. 천천히 나는 정상적인 삶 속으로 들어갈 수 있었어요. 지금은 아무도 만나지 않아요. 아직은 건강하게 사귈 수 없거든요. 지금 누군가를 만난다면 아마 제2의 게리겠죠. 지금은 나 자신을 변화시킬 때라는 걸 알아요. 나는 지금 난생처음 스스로를 변화시키기 위한 프로젝트를 실행하고 있어요."

리사는 게리와의 관계에서 큰 고통을 겪었고 혼자서는 도저히 그에게서 벗어날 수 없었다. 리사의 어머니가 알코올에 중독되었듯이 리사도 게리에게 중독된 것이다.

리사의 어머니는 술에 의존해 고통과 절망감을 피하려고 했지만 술을 마실수록 더 고통스러웠고, 결국 알코올중독자가 되었다.

리사는 어린 시절의 기억으로 잠재적 우울증을 앓고 있었다. 잠재적 우울증은 문제 가정에서 자란 아이들의 공통적인 특징으로, 성별, 성격, 가족 내에서 맡았던 역할에 따라 대처하는 방식이 달라진다. 리사는 10대가 될 때까지 우울증을 자기 안에 묻어두었고 성인이 되어 남자에게 집착하는 것으로 표출되었다. 리사는 정신이 건강하지 못한 남자와 자극적인 관계를 맺으면서 감정적 흥분을 느끼는 방식으로 잠재적 우울증에 빠질 겨를이 없었다.

고통스러울수록 아름다운 사랑이라는 판타지

무심하거나 잔혹한 행동을 일삼는 남자는 이런 여자들에게 술이나 마약과 같은 존재다. 그녀들은 자신의 감정 따위를 생각할 겨를도 없이 그들에게 이끌려 헤어질 생각조차 못 한다. 그들과의 관계는 자신의 감정에 집중하지 못하도록 만들어서 자신의 문제를 분산시켜 또 다른 고통을 준다.

건강하지 못한 관계 역시 고통을 수반한다. 그리고 그 증상은 시간이 흐를수록 점점 더 심해진다. 그러나 괴로움을 주는 남자가 있는 편이 없는 것보다 훨씬 낫다고 느낀다. 혼자 있으면 현재의 고통과 맞물려 과거의 고통까지 느껴야 하기 때문이다.

이처럼 알코올중독(혹은 마약 중독)과 잘못된 관계 중독은 매우 유사하고 극복하기 힘들다. 어떤 여자가 부적당한 남자들과 관계를 맺는다면, 그 원인은 그녀가 자란 가정환경에 있다.

관계 중독에서 회복하려면 다른 사람들의 도움을 받아 중독의 악순환을 끊고, 남자가 아닌 다른 곳에서 자존감과 행복을 찾는 법을 배워야 한다. 다른 사람에게 의존하지 않으면서 건강하고 만족스럽고 안정된 삶을 사는 방법을 배울 필요가 있다.

그러나 스스로 문제를 해결할 수 있다는 확신이 종종 상황을 악화시킨다. 리사는 인생이 완전히 엉망진창이 되고 나서야 자신의 문제를 극복하려면 다른 이들의 도움이 필요하다는 사실을 인정했다.

우리는 남자와의 관계에 중독되고 사랑 때문에 고통받는 것을 로맨틱하게 묘사하곤 하는데 이런 관점은 아무런 도움이 되지 못한다. 팝송과 오페라, 고전문학과 로맨스 소설, 드라마, 영화, 연극에 이르기까지 상대에게 아무것도 주지 못하는 미성숙한 관계를 멋지게 포장한다. 이런 문화 속에서 사랑의 깊이는 고통의 깊이와 비례한다는 시각이 만들어졌다. 한 가수가 낮은 목소리로 노래를 부른다. 가슴이 찢어질 듯하지만 그 사람을 사랑하는 것을 멈출 수 없다고. 우리는 고통은 사랑의 본질적인 속성이며, 사랑을 위해 기꺼이 고통을 감수하려는 자세를 긍정적으로 바라본다.

건강하고 성숙하며 정직하고 상대방을 조종하지 않는 모범적인 사례가 문학, 드라마나 노래 가사의 소재로 거의 등장하지 않는 이유는 건강한 관계에서 일어나는 감정적 상호 교류는 건강하지 못한 관계의 떠들썩한 드라마에 비해 훨씬 약하기 때문이다.

거짓말도 하지 않고 아무런 비밀도 없으며 어떤 속임수도 없고, 누군가를 희생자로 만들거나 괴롭히는 사람도 없는 관계 맺기는 드라마에서 흔히 보는 것과 정반대다. 이런 극단적인 대립은 우리가 얼마나 악의적인 이용, 빈정댐, 복수, 고의적인 미끼, 질투심 자극, 거짓말, 협박, 억압 등에 젖어 있는지 설명해준다.

모든 일에는 그것이 발생하는 배경이 있다. 사랑할 때도 마찬가지다. 사회적으로 사랑을 바라보는 관점이 손상되어 있다는 것을 인지하면서 멋들어지게 포장된 얕고 자멸적인 관계에 저항해야 한다. 우리는 의식적으로 보다 개방적이고 성숙한 방식으로 불안함과 흥분감이 아닌 깊이 있는 친밀감으로 관계를 맺어야 한다.

Q

구원자 콤플렉스는 매우 심각한 상황을 만들어낸다.

그녀들은 자신이 구원자 역할을 하기 위해서

위기 상황을 만들어낸다.

혼돈과 스트레스 혹은 절박한 상황이 아니면

자신이 필요하지 않다는 생각에 괴로워지기 때문이다.

왜 나는
버림받을까 봐
두려운 걸까?

: 애착에 대한 갈망

우리 당분간 각자 시간 좀 가지자.

뭐? 지금 헤어지자는 거야?

 그건 아니고 서로 힘드니까.

내가 뭐 잘못한 거라도 있어?
원하는 게 있으면 말을 해.

 원하는 거 없어.

말을 해야 고치든지 말든지 할 거 아냐.

 아냐...

내가 잘할 테니 헤어지자는 말만 하지 마.
우리 조금만 노력하면 더 잘 지낼 수 있어.

"왜 그렇게 사는지 몰라. 저렇게 살았으면 난 미쳐버렸을 거야."

"어떻게 불평 한 번 안 할 수 있지?"

"도대체 왜 그걸 다 참으면서 산다니?"

"그 남자 뭐가 좋은 걸까? 여자가 너무 아깝잖아?"

어떤 보상도 받지 못하는 상황에서도 어떻게든 헌신적으로 노력하는 그녀들. 이해할 수 없을 정도로 나쁜 남자들에게 모든 것을 바치는 이유는 바로 어린 시절에 있다.

대부분 어린 시절 가족 내에서 맡고 있던 역할을 성인이 되어서도 유지한다. 어린 시절 자기의 욕구를 억제하고 가족들의 욕구를 충족해온 사람들은 일찍부터 어른의 역할을 해왔다.

부모가 심신이 병약해 제 역할을 다하지 못할 경우, 이런 자녀들이 그 역할을 대신 떠맡는 경우가 많다. 부모 중 한 명이 죽었거나, 이혼해서 따로 사는 경우에도 자녀들은 그 빈자리를 메우려고 애쓰면서 남아 있는 한쪽 부모와 형제자매를 돌본다. 어머니가 생계를 위해 일하러 나가면 어린 딸이 어머니를 대신한다. 양친이 있더라도 어느 한쪽이 신경질적이거나 욕구불만이거나 기분이 상해 있을 때, 다른 한쪽이 동정심을 보이지 않고 무관심한 태도를 보이면 어린 자녀는 부모의 불평과 불만을 들어주는 역할을 한다.

아이는 부모의 이야기를 들어주지 않으면 사랑받지 못할지도 모른다는 불안감에 휩싸여 상담사의 역할을 해낸다. 이런 역할을 하느라 바쁜 아이는 스스로를 보호하지 못하는데, 부모도 이런 자녀를 보호해주지 않는다. 이런 자녀를 실제보다 훨씬 더 강하다고 생각하기 때문이다.

아직 어리고 책임을 질 만한 나이가 아닌 아이들이 부모를 보호하는 입장이 되면, 타인을 돌보는 법을 일찍부터 너무 능숙하게 익힌다. 하지만 정작 자신은 돌보지 않는다. 그리고 실제보다 강한 척 두려움을 내비치지 않으려 노력하고, 자기가 어른인 양 다른 사람의 도움은 필요 없다는 듯 행동한다. 그러나 사실 이 아이는 사랑과 관심을 원하고, 부모가 돌봐주기를 원한다.

그런 욕구가 충족되지 못하면 자신을 돌봐주기를 바라는 욕구를 부인하게 되고, 성인이 되면 자신이 잘할 수 있는 일만 찾는다. 자신의 두려움, 고통 혹은 충족되지 않는 욕구를 인식하지 못한 채 다른 사람이 바라는 것만 해주려고 애쓴다. 오랜 세월 동안 다른 사람에게 아무것도 요구하지 않으면서 오직 다른 사람의 만족을 위해 애써 왔기 때문에 자신에게 관심을 돌리기에는 너무 늦은 것처럼 보인다. 이런 여자들은 남들을 도와주고, 그러한 노력의 대가로 사랑받기를 바란다.

남자보다 여자가 훨씬 아까운 커플

멜라니는 어린 시절부터 과한 책임을 맡아왔다. 어머니의 부재로 인한 결핍 속에서 성장한 그녀는 성인이 되자 타인을 보호하고 돌봐줘야 한다는 강박증에 시달렸다.

내가 멜라니를 처음 만난 것은 간호학과 학생들을 대상으로 강연을 마친 직후였다. 그녀는 내게 잠시 시간을 내달라고 요청하면서 자신을 소개했다. 그리고 호리호리하고 연약해 보이는 몸에 어울리지 않게 꽤 단단하고 따뜻한 악수를 나눴다.

그녀는 얼핏 자신만만하게 보였다. 나는 그녀에게 잠시 밖에서 산책을 하자고 권했다. 내가 물건을 정리하는 동안 그녀는 붙임성 있게 옆에서 말을 걸었다. 그러나 교정으로 나서자 그녀는 입을 다물고 말았다.

길에는 오가는 사람도 없었고 낙엽 밟는 소리만 날 뿐이었다. 멜라니는 걸음을 멈추더니 낙엽 몇 장을 발로 그러모았다. 잎사귀 끝이 말린 낙엽은 불가사리처럼 보였다. 그녀는 조용히 입을 열었다.

"오늘 선생님의 강의를 듣고 나서 어머니도 알코올중독과 비슷한 증상이었다는 생각을 했어요. 어머니는 마음의 병을 잃으셨어요. 결국 그 병 때문에 돌아가셨죠. 어머니는 우울증 때문에 자주 병원 신세를 지셨고 장기 입원을 반복했어요. 어머니가 먹는 약은 병을 더욱 악화시켰죠. 사납게 날뛰는 대신 약에 취해 멍해졌으니까요. 하지만 어머니는 약에 취해서도 결국 자살에 성공했어요. 가족들은 어떻게 해서든 어머니를 혼자 두지 않으려고 애썼지만, 어느 날 아주 잠깐 눈을 뗀 사이에 차고에서 목을 매셨어요. 아버지가 어머니를 발견했고요."

그녀는 우울한 기억을 털어내듯 머리를 세차게 흔들고 말을 이었다.

"오늘 강의를 통해 많은 것을 알게 되었어요. 그런데 선생님께서는 알코올중독 가정이나 나처럼 다른 문제 가정에서 자란 아이들이 마약이나 알코올중독자인 남자를 선택하는 경우가 많다고 말씀하셨잖아요. 그런데 남편인 션은 다행히 술이나 마약에는 관심이 없어요. 하지만 우리에게는 다른 문제가 있죠."

고개를 든 그녀는 내 시선을 피했다.

"다른 건 거의 해결할 수 있었어요."

그러더니 고개를 숙였다.

"하지만 문제가 심각해졌어요."

말을 마치자마자 그녀는 곧바로 내 얼굴을 보고 미소를 지으며 어깨를 으쓱했다.

"먹을 것도, 돈도, 시간도 모두 바닥나 버렸어요. 그뿐이죠."

그녀는 농담이라도 하듯 가볍게 말했다.

"션이 또다시 집을 나갔어요. 우리에게는 세 명의 자녀가 있어요. 수지가 여섯 살, 지미가 네 살, 피터가 두 살. 나는 병원 원무과에서 파트타임으로 일하면서 간호학교를 다니고 있죠. 그래도 집안일에는 소홀하지 않으려고 애써요. 션은 미술학교에 다니고 있는데, 학교에 가지 않는 날은 아이들을 돌보거나 집을 나가요."

멜라니는 이런 생활을 조금도 고통스럽지 않다고 여기는 듯했다.

"션과는 7년 전에 결혼했어요. 그때 나는 열일곱 살이었고 막 고등학교를 졸업했죠. 스물네 살이었던 그는 연기를 하면서 학교에 다녔어요. 그는 당시 친구 세 명과 함께 아파트에서 살았어요. 나는 일요일마다 그의 집으로 가서 맛있는 음식을 만들어주었죠. 나는 그의 일요일 데이트 상대였어요. 금요일과 토요일에는 연극무대에 서거나 다른 여자를 만났으니까요. 아무튼 그의 친구들은 내가 집에 오는 걸 좋아했어요. 내가 해주는 음식이 한 주 동안 그들이 먹을 수 있는 최고의 만찬이었으니까요. 친구들은 션에게 우리 둘이 결혼해서 같이 사는 게 어떻겠냐고 말했어요. 션은 청혼했고 나는 당연히 받아들였어요. 너무 흥분됐어요. 그는 정말 잘생겼거든요. 이거 좀 보세요!"

그녀는 지갑을 열어 사진들을 보여줬다. 첫 번째 사진은 션이었다. 전반적으로 잘생긴 외모였다. 지갑에 넣고 다니기 좋은 크기의 사진이었는데 배우나 모델 지망용으로 찍은 듯했다. 내가 물어보자 멜라니는 그렇다고 말하면서 유명한 사진작가가 찍어줬다고 설명했다.

내가 "정말 배우처럼 잘생겼네요"라고 말하자 멜라니는 기쁜 듯 고개를 끄덕였다.

다른 사진은 세 자녀들이 기어 다니는 모습, 아장아장 걷는 모습, 생일 케이크 초를 끄는 모습 등이었다. 그러나 션의 다른 사진은 없었다.

"그는 항상 사진을 찍어주기만 해요. 연기나 미술만큼 사진에도 조예가 깊거든요."

"그럼 그는 어느 분야의 일을 하고 있나요?"

"……아무것도요. 시어머니가 때때로 돈을 보내주세요. 이번에도 어머님이 보내준 돈으로 뉴욕에 간 거예요. 혹시 배우가 될 기회를 잡을 수 있을까 해서요."

그녀의 목소리는 미세하게 줄어들었다. 나는 그녀에게 무엇이 문제인지를 물었다.

"문제는 시어머니예요. 아직도 아들에게 돈을 주고 있으니까요. 그가 이따금씩 일하면서 가정에 충실하려고 하면 어머님께서 돈을 부쳐주시죠. 그럼 션은 나가버려요. 당신 아들에게는 절대 거절하는 법이 없죠. 어머님이 돈만 보내주시지 않아도 우리는 아무 문제없을 거예요."

"그래도 계속 돈을 보내주신다면요?"

"그렇다면 션이 변해야겠죠. 우리가 얼마나 고통스러운 삶을 살고 있는지 그에게 보여줄 작정이에요."

그녀의 눈에 눈물이 맺혔다.

"어머님이 돈을 주시면 거절하게 해야죠."

"멜라니, 들어보니 그럴 가능성은 적어 보이는데요."

"어머님이 우리 가족을 망치려 들지는 않으시겠죠. 션은 변할 거예요."

잠시 후 나는 물었다.

"그 밖에 다른 고민이 있나요?"

"그는 뉴욕에 자주 가는데, 아무래도 거기서 따로 만나는 여자가 있는 것 같아요."

그녀는 조용하고 담담한 어조로 아무 일도 아니라는 듯 대답했다.

"여자요? 얼마나 됐는데요?"

"몇 년 됐어요."

멜라니는 별것 아니라는 듯 어깨를 으쓱하며 대답했다.

"내가 임신했을 때부터였으니까요. 그를 비난할 수는 없어요. 당시 나는 너무 아팠고 몰골도 말이 아니었어요. 그래서 그는 날 떠나 있었죠."

놀랍게도 멜라니는 션이 외도한 이유가 자신에게 있다고 생각했다. 그리고 그가 한 직장에 정착하지 못하고 떠도는 동안 그와 아이들을 부양하는 것 역시 자신의 몫이라고 생각했다. 나는 그녀에게 이혼을 생각해본 적은 없느냐고 물었다.

"사실 예전에 별거한 적이 있어요. 항상 별거와 다름없이 떨어져 살고 있긴 하죠. 내가 헤어지자고 말하면 그가 반성할 것 같아서요. 우리는 반년 정도 헤어져 있었어요. 하지만 나는 그가 돈이 필요하다고 전화를 할 때마다 돈을 보내줬어요. 그가 기회를 막 잡기 직전이라 도움이 필요하다고 했거든요. 하지만 그 외에는 정말 따로 떨어져 지냈어요. 나는 심지어 두 명의 남자와 사귀기도 했어요!"

멜라니는 다른 남자들이 자신에게 관심을 보인 것에 놀라워했다.

"두 사람 다 아이들에게 너무 잘해줬고 집안일도 적극적으로 도와줬어요. 고장 난 물건을 고쳐주기도 하고, 필요하다면 자질구레한 물건들까지 사다 줬어요. 그런 식으로 대접받는 건 처음이었어요. 기분 좋았죠. 하지만 그들은 내 마음까지 사로잡지는 못했어요. 션에게 느꼈던 두근거림을 그들에게는 느낄 수 없었어요. 그래서 결국 션에게 돌아갔죠."

이야기하는 동안 우리는 캠퍼스를 절반 정도 돌았다. 나는 그녀가 처한 상황을 이해하기 위해 성장 과정에 대해 물어봤다.

"어린 시절의 추억이라고 하면 무엇이 떠오르죠?"

그녀는 내 질문에 과거를 떠올리는 듯 미간을 찌푸렸다.

"앞치마를 두르고 가스레인지 옆에 있던 의자에 앉아서 냄비를 휘젓던 기억이 나요. 나는 다섯 명의 형제자매 중에서 가운데였는데 열네 살이 되던 해에 어머니가 돌아가셨어요. 하지만 내가 요리와 청소를 시작한 건 훨씬 전부터였어요. 어머니가 몸이 안 좋으셨거든요. 한번 방에 들어가면 한동안 방 밖으로 나오지 않았어요. 오빠 둘은 학교가 끝나면 일하러 갔어요. 그래서 나는 어린 여동생들을 돌보며 엄마 역할을 했어요. 자연스럽게 집안일은 전부 내 몫이 되었죠.

하지만 우린 그럭저럭 잘 지냈어요. 아버지는 일하시고 때때로 생활용품을 사 오셨고, 나는 요리와 청소를 했어요. 우리 가족은 각자 일을 맡아서 했어요. 생활비는 늘 부족했지만 그럭저럭 살림을 꾸려나갔어요. 아버지는 정말 열심히 일하셨고 두 가지 일을 동시에 하실 때도 많았어요. 그래서 집을 자주 비우셨죠. 내 생각에는 일도 바빴지만 어머니를 피하려고 했던 것 같아요. 가족들이 다 가능하면 어머니를 피했어요. 어머니는 버거운 존재였거든요. 아버지는 내가 고등학교 3학년 때 재혼하셨어요. 집안 사정이 갑자기 나아지더군요. 새엄마도 일을 하셨고, 아버지는 행복해 보였어요. 처음으로 풍족한 생활을 누릴 수 있었죠."

"어머니가 돌아가시고 당신은 어땠나요?"

멜라니는 고개를 숙였다.

"어머니는 돌아가시기 몇 년 전부터 이미 어머니가 아니었어요. 하루 종일 잠을 자거나 소리를 지르면서 소동을 부렸죠. 어머니가 어머니다웠던 기억은 희미해요. 어머니는 노래를 부르면서 일했어요. 아일랜드 출신이어서 노래는 구슬펐죠. 때로 우리와 놀아주기도 하셨어요. 어쨌든 어머니가 돌아가셨을 때 모두 해방감을 느꼈어요. 동시에 죄책감도 느꼈죠. 내가 어머니를 좀 더 잘 이해해드리고 돌봐드렸다면 병이 심해지지 않았을 거라는 생각이 들었거든요. 그러다가 어머니에 대해 생각하는 걸 멈췄어요."

나는 지금의 불행이 어디에서 비롯됐는지 깨닫게 해주고 싶었다.

"어린 시절의 삶과 지금의 삶 사이에 비슷한 점이 보이나요?"

그녀는 대답하기 거북한 듯 살짝 웃어 보였다.

"이야기를 나누다 보니 비슷한 점이 보이네요. 나는 늘 아버지가 집에 돌아오길 기다렸어요. 그리고 지금은 션이 돌아오길 기다리고 있죠. 그리고 션을 비난할 수 없었던 이유도 깨달았어요. 아마 우리를 부양하기 위해 일하러 나가서 돌아오지 않았던 아버지와

선을 동일시했던 것 같아요. 이제 다르다는 걸 알겠어요. 이 상황을 개선하기 위해 무언가를 해야 한다고 생각해요."

그녀는 마치 답을 구하려는 듯 잠시 말을 멈추고 눈을 가늘게 뜬 채 한곳을 응시했다.

"아, 그래요. 나는 여전히 갸륵한 꼬마 멜라니군요. 가족을 책임지려고 냄비를 휘저으면서 아이들을 돌보는 어린아이. 선생님 말씀이 맞아요. 문제 가정에서 자란 아이는 성장해서도 같은 문제를 가진 상대를 만나 어릴 적 가정에서 맡았던 역할을 계속한다는 말이요."

헤어질 때 멜라니는 나를 꼭 껴안고 말했다.

"감사합니다. 나는 이야기를 들어줄 누군가가 필요했던 것 같아요. 이제 내 상황을 충분히 이해할 수 있지만 당장 그와 헤어질 수는 없을 것 같아요. 적어도 당분간은요."

그녀의 얼굴은 고민을 털어낸 듯 가벼워 보였다.

"그리고 션은 어른이 되어야 하고요. 그는 분명 그렇게 될 거예요. 그렇죠?"

내가 대답할 틈도 없이 그녀는 발길을 돌려 낙엽을 밟으며 사라졌다.

왜 잘난 여자가 쓰레기를 만나는 걸까?

멜라니의 자기 통찰은 명확했다. 하지만 그녀는 어린 시절의 삶과 현재 삶의 유사점이 그 밖에도 많다는 것을 깨닫지 못했다. 왜 멜라니처럼 밝고 매력적이며 활기차고 능력 있는 젊은 여자가 션 같은 남자를 만나 고통스러운 삶을 살아가는 것일까? 그녀와 같이 문제 가정에서 자란 여자들은 어릴 적부터 끊임없이 정신적 압박을 받고 큰 책임을 떠맡으며 자랐기 때문에 기분 좋은 감정과 나쁜 감정을 구분하지 못하는 경향이 있다.

예를 들어 멜라니의 가족들은 어머니의 병에 대처하느라 자녀들이 부모의 관심을 받지 못했다. 멜라니는 딸로서가 아니라 '어머니' 역할로 아버지의 사랑을 받았다. 아버지가 그녀에게 심적으로 많은 부분을 의존한 것이다. 자신의 도움이 필요한 사람들이 있었기에 아이가 당연히 느끼는 불안이나 정신적 억압은 희미해져 갔다. 역할을 수행하지 못하는 어머니와 자신의 도움을 필요로 하는 아버지 사이에서 스스로를 강하게 포장한 것이다. 그녀는 이 기분에 도취했다. 곤란과 혼돈 속에서 구원자라는 정체성을 가지게 된 멜라니는 자신의 용기와 강인함 그리고 불굴의 의지로 주변 사람들을 구하려고 노력했다.

구원자 콤플렉스는 병이 아닌 것 같아 보이지만 실제로 매우 심각한 상황을 만들어낸다. 위기 상황에서 강인함을 주는 것은 괜찮지만 멜라니와 같은 가정환경에서 자란 여자들에게는 문제가 된다. 그녀들은 자신이 구원자 역할을 하기 위해서 위기 상황을 만들어내는 것이다. 혼돈과 스트레스 혹은 절박한 상황이 아니면 자신이 필요하지 않다는 생각에 괴로워지기 때문이다.

어린 시절의 멜라니는 부모님의 조력자이자 다른 형제들의 어머니 역할을 했다. 그녀 역시 부모의 사랑을 필요로 하는 어린아이였지만 그녀의 욕구는 채워지지 않았다. 어머니는 정신적으로 여유가 없었고, 아버지는 집에 계시지 않았다. 다른 자녀들에게는 어머니의 역할을 대신해줄 멜라니가 있었다. 그러나 정작 멜라니에게는 어머니의 역할을 해줄 사람이 없었다. 그래서 그녀는 어른처럼 생각하고 행동하는 법을 배워야 했다. 자신의 두려움을 표현할 장소도 시간도 감정적 배출구도 없었던 멜라니는 어른스럽게 굴면서 자신이 두려움에 떠는 어린아이라는 사실을 잊었다. 그러면서 멜라니는 혼란을 충분히 극복할 수 있었을 뿐 아니라 극복해야 할 혼란이 필요했다. 무거운 짐을 어깨에 짊어짐으로써 자신의 두려움과 고통을 달랬다. 그녀에게 지워진 무거운 짐이 안식을 가져다준 것이다.

멜라니는 과도한 책임을 지면서 자신의 존재 가치를 인식했다. 열심히 일하고 다른 형제들을 돌보고 자신의 욕구를 희생시키면서 가족들에게 인정받았다. 이러한 헌신은 인격의 일부가 되었고 구원자 콤플렉스와 서로 어울려 션처럼 문제 많은 남자에게만 끌렸다.

이쯤에서 아동 발달의 중요한 요소들을 간단하게 짚고 넘어가야 한다. 멜라니의 어린 시절은 특수했기 때문에 평범한 감정이나 반응들이 위험스러울 정도로 과장됐다.

핵가족 내에서 자란 아이들은 이성 부모를 독차지하기 위해서 동성 부모가 사라지길 바라는 마음을 갖는다. 남자아이는 어머니의 사랑과 관심을 독차지하기 위해 아버지가 사라지기를 바란다. 여자아이는 어머니 대신 아버지의 아내가 되길 꿈꾼다. 대부분의 부모는 이성 자녀에게 '청혼'을 받아본 적이 있다. 네 살짜리 남자아이가 엄마에게 "커서 엄마랑 결혼할 거야"라고 말하거나, 세 살짜리 여자아이가 아빠에게 "엄마 빼고 아빠랑 나만 살자"라고 말한다.

이러한 동경은 어린아이가 경험하는 가장 강렬한 감정 중 하나로 자연스러운 것이다. 그러나 질투의 대상이 실제로 상처를 입거나 사라지는 상황이 발생하면 아이의 감정에 파괴적인 영향을 미친다.

어머니가 심리적 또는 육체적으로 병을 앓고 있거나 알코올이나 마약 중독자라면 당연히 딸이 어머니의 부재를 메운다. 두 딸 중에서는 주로 장녀가 어머니 역할을 한다.

멜라니는 어린 여자아이가 그러한 '승진'을 겪게 되었을 때 어떤 영향을 미치는지 여실히 보여준다. 어머니의 정신적인 질병 때문에 멜라니는 주부의 자리를 이어받았다. 멜라니는 아버지의 딸이라기보다는 파트너였다. 집안일을 상담하거나 문제를 해결해나갈 때 부녀는 동지였다. 멜라니는 아버지를 독차지했다. 그녀와 아버지의 관계는 동료 같았다. 아픈 어머니를 대신하는 동안 멜라니는 또래보다 훨씬 더 강인해졌고 안정되었다. 멜라니는 아버지를 독차지하고 싶다는 어린 여자아이의 소망을 실현시켰다. 그러나 이는 어머니의 건강, 결국 생명까지 희생한 대가였다.

동성의 부모를 제거하고 이성의 부모를 독점하고 싶다는 어린아이의 소원이 이루어지면 어떤 일이 일어날까? 아이의 인격 형성에 강한 영향력을 미치는데, 당사자는 전혀 모르는 세 가지 결과가 나타난다.

첫 번째는 죄책감이다. 멜라니는 어머니의 자살을 막지 못했다는 죄책감을 느꼈다. 그런 비극을 겪은 가족이라면 죄책감을 가지는 것도 당연하다. 그런데 멜라니는 모든 가족 구성원의 행복을 지켜야 한다는 과도한 책임감으로 인해 죄책감이 악화됐다. 하지만 죄책감 외에도 그녀를 짓누르는 무거운 짐이 하나 더 있었다.

멜라니는 아버지를 독차지하고 싶다는 어린 시절의 소원이 실현됐다는 무의식적인 죄책감을 갖고 있다. 그리고 그것에 대한 죗값을 치르고자 기꺼이 고난을 겪는다. 희생자 역할에 익숙해져 있던 멜라니에게 이런 보상 욕구까지 더해져 자신을 학대하는 마조히즘에 가까운 경향이 생겼다. 션과의 관계에 따른 온갖 고통, 외로움 그리고 자신을 짓누르는 책임감을 겪으면서 즐거움은 아니더라도 일종의 편안함을 느꼈던 것은 사실이다.

두 번째는 무의식적인 불안감이다. 원하던 이성 부모를 독차지할 경우 성적인 암시로 인해 무의식적인 불편함을 겪는다. 보통은 어머니의 존재(요즘은 이혼 가정이 많기 때문에, 계모나 아버지의 여자친구)는 아버지와 딸에게 편안함을 준다. 성인 여자와 아버지가 관계를 맺으면, 딸은 마음껏 아버지의 관심과 사랑을 받을 수 있다.

멜라니와 아버지 사이에 근친상간은 일어나지 않았지만 그들이 처한 상황을 비춰볼 때 일어났다 해도 이상할 것이 없다. 어떤 이유에서든 가족 내에서 어머니가 남편의 파트너이자 부모의 역할을 하지 못하고 딸이 대신 그 역할을 맡았다면, 딸은 어머니의 책임을 짊어질 뿐 아니라 아버지의 성적 욕망의 대상이 되는 위험에 직면한다.

사실 이는 어머니의 책임이라고 볼 수 없다. 근친상간이 일어나는 것은 전적으로 아버지의 책임이다. 왜냐하면 그는 자신의 성적 욕구를 충족하기 전에 자신의 아이를 지켜야 할 의무가 있기 때문이다.

　아버지가 딸에게 성적으로 접근하지 않더라도 부부 사이에 사랑의 유대감이 떨어지고 딸이 어머니의 역할을 수행하고 있을 때, 부녀간의 성적인 이끌림이 강해진다. 그리고 딸은 아버지와 가까운 관계를 맺으면서 아버지가 자신에게 성적인 관심을 가지는 것은 아닐까 불안해한다. 혹은 아버지가 보통 이상으로 자신에게 관심을 보일 경우, 일반적인 가정환경에서 자란 아이에 비해 훨씬 더 아버지의 성적인 관심에 집중할 것이다.

　그리하여 근친상간이라는 금기를 범하지 않기 위해 이성에 대한 관심을 없애버리려고 노력한다. 이성의 부모에게 성적으로 끌리지 않기 위해 무의식적인 방어기제가 작용하는 것이다. 이러한 무의식적인 노력을 분석해서 방향을 바꾸기는 쉽지 않다. 결국 이런 방어기제가 작동한 여자들은 성적인 느낌을 불편하게 여긴다. 무의식적으로 금기 사항을 어겼기 때문이다. 그녀들은 보호하는 것만이 진정한 사랑이라고 생각하게 된다. 멜라니가 션을 보살펴줘야겠다고 생각한 것처럼 말이다.

멋진 남자로 만들 수 있다는 착각

열일곱 살이 됐을 때, 멜라니의 아버지는 새로운 아내를 얻었다. 그녀는 안도감을 느끼며 이 결혼을 환영했다. 그녀가 가족 내에서 역할을 잃어버리는 것에 쓸쓸함을 느끼지 않았던 것은 선과 그의 룸메이트들이 나타났기 때문이다. 그녀는 가족에게 해주었던 일들을 선과 그 친구들에게 해주었다. 선과 결혼하지 않았다면, 멜라니는 심각한 정체성의 혼란을 겪었을 것이다.

그녀는 임신하면서 다시 한 번 누군가를 돌보는 역할을 맡게 되었다. 선은 아버지처럼 집에 거의 머물지 않으면서 그녀가 구원자 역할을 하는 데 협조한 셈이었다.

멜라니는 별거 중에도 그에게 돈을 부쳐주면서 시어머니와 경쟁했다. 그를 가장 잘 돌봐주는 여자가 누구인지를 가리는 경쟁이다. 멜라니는 과거에 아버지를 사이에 두고 어머니와 경쟁해서 승리한 경험이 있다.

선과 별거 중에 만난 남자들은 멜라니의 돌봄이 필요 없었을 뿐 아니라 오히려 그녀에게 도움의 손길을 뻗었다. 하지만 멜라니는 그들과 관계를 맺을 수 없었다. 그녀는 자신이 돌보는 입장에 있을 때만 편안함을 느꼈기 때문이다.

멜라니와 선의 관계에서 그들을 강력하게 연결해주는 것은 성관계가 아니라, 그가 멜라니를 필요로 한다는 것이었다. 선의 불륜을 자연스럽게 받아들이는 멜라니의 모습은 어린 시절이 영향을 끼쳤다는 또 다른 증거이다.

멜라니의 어머니는 정신병이 진행되면서, 점점 희미하고 윤곽이 없는 '딴 여자'가 되었다. 그녀의 어머니는 멜라니로부터 정신적, 육체적으로 멀어져갔다. 멜라니는 어머니와 거리를 두고 어머니에 대해 생각하지 않았다. 마찬가지로 션이 다른 여자를 만났지만 멜라니에게는 멀리 떨어져 있는 막연한 존재일 뿐 그녀가 부부 사이에 실질적인 위협을 준다고 생각하지 않았다. 왜냐하면 션과의 관계는 어린 시절 아버지와 맺었던 관계처럼 성적인 부분이 없는 실용적인 파트너십이기 때문이다. 션의 행동이 전례 없던 것도 아니었다. 결혼하기 전부터 션은 멜라니의 보살핌을 받으면서 다른 여자들과 사귀었다. 멜라니는 이것을 알면서도 결혼했다.

결혼 후에 멜라니는 의지와 사랑의 힘으로 그를 변화시키려고 노력했다. 이것은 멜라니의 어린 시절 소원과 판타지가 실현되면서 생기는 세 번째 결과이다. 바로 자신이 전지전능하다는 믿음이다.

어린아이는 마법처럼 자신의 생각대로 이루어진다고 믿은 나머지 일상에서 일어나는 모든 사건을 자신 때문이라고 생각한다. 그러나 어린 여자아이가 아무리 아버지의 파트너가 되고 싶어 해도 현실적으로는 불가능하다. 좋든 싫든 아버지의 파트너는 어머니라는 사실을 받아들여야 한다. 그리고 여기서 자신이 원하는 것을 항상 얻을 수 없다는 귀중한 교훈을 얻는다. 이러한 교훈을 통해 자신의 전지전능함에 대한 믿음이 허물어지고 한계를 깨닫는다.

그러나 어린 멜라니는 가장 강력한 소원이 실현됐다. 어머니가 죽고 그 역할을 대신한 것이다. 자신의 소원과 의지로 아버지를 독차지했다. 결국 원하는 것을 실현시킨 자신의 의지력을 강력하게 믿으면서, 감정적으로 어렵고 힘든 상황으로 치달았다. 그리고 또 다시 자신의 의지력으로 무책임하고 미성숙한 남편을 떠맡고, 그도 모자라 혼자 세 아이를 키워야 하는 책임감과 더불어 심각한 자금 문제, 그리고 풀타임으로 일하면서 힘든 교육과정을 수행해야 하는 역할까지 불평 없이 맡았다.

멜라니가 강력한 의지력으로 변화시키고자 했던 션은 그녀에게 완벽한 실패를 안겨주었다. 그러나 동시에 션은 멜라니의 다른 욕구를 충족시켜 주었다. 어린 시절부터 거짓 어른 역할을 맡았던 멜라니는 자신의 보살핌을 필요로 하는 그와의 관계를 통해 고통을 참을 기회를 얻었으며, 누군가를 돌봐주면서 성적인 관계를 피할 수 있었다.

멜라니는 불행한 결혼생활로 인한 가련한 희생자가 아니다. 오히려 정반대라고 할 수 있다. 멜라니와 션은 서로의 가장 깊숙이 내재된 심리적 욕구를 충족시켜 주고 있다. 둘은 완벽하게 잘 맞는 커플인 셈이다. 물론 션의 어머니가 돈을 보내줘서 그가 가장의 역할을 하지 못한다는 사실은 결혼생활에 문제가 되겠지만, 둘 사이의 근본적인 문제는 아니다.

정말로 문제가 되는 것은 두 사람의 삶의 방식이나 인생을 바라보는 태도가 다른데도 너무나 잘 맞물려서 건강하지 않은 삶으로 서로를 이끌어주고 있다는 점이다.

션과 멜라니는 어린 시절 내내 그들이 보고 배운 대로 각자 독특한 심리적 흐름, 움직임, 몸짓을 갖게 되었다. 그러던 어느 날 둘이 만나 서로 다른 스텝을 밟고 있는데도 완벽한 호흡으로 멋진 듀엣을 이룬다.

션이 가장의 책임을 회피하면 멜라니가 대신 가장이 된다. 멜라니가 가족을 부양하는 짐을 끌어안으면 션은 집을 떠나 그녀가 가족을 보살필 장소를 제공한다. 그가 다른 파트너를 찾아 돌아다니는 동안, 멜라니는 안도의 한숨을 쉬며 정신을 분산시키기 위해 더욱 빠르게 춤을 춘다. 션이 아예 무대 밖으로 나가면 그녀는 멈추지 않고 완벽한 대기 스텝을 밟는다.

멜라니에게 이 무대는 가슴 두근거리기도 하지만 외롭다. 그리고 아주 가끔은 당황스럽고 피곤하다. 그러나 그녀는 그 춤을 멈추지 못한다. 춤추는 그녀의 몸짓 하나하나가 마음에 평온을 주기 때문에 그녀는 피 흘리며 쓰러져 가는 춤의 이름을 '사랑'이라 부른다.

Q

이 남자의 문제를 해결하고 싶다는 충동은

건강한 관계에서 느끼는 감정보다 훨씬 강렬하다.

그래서 사랑에 집착하는 여자들은

어린 시절 잘못됐던 문제들을 바로잡고,

잃어버렸던 사랑을 되찾고,

인정받을 기회가 다시 한 번 주어졌다고 생각한다.

왜 매번
비슷한 상대를
만날까?

: 반복 강박의 늪에
빠진 여자

왜 사람 말을 못 믿어?

믿게 해야 믿지.

 그럼 내가 거짓말했다는 거야?

그건 당신이 더 잘 알 거 아냐?
그동안 당신이
어떻게 했는지 생각해봐.

 됐다, 그만하자.

 무슨 말을 해도 안 믿는 걸 뭐.

그만하긴 뭘 그만해?

어린 시절 아버지에게 사랑과 관심을 받지 못한 여자들이 애인이나 남편에게도 그토록 원하던 사랑을 받지 못하는 이유는 무엇일까? 폭력 가정에서 자란 여자가 매 맞는 아내가 되는 이유는 무엇일까? 알코올중독자 부모를 둔 여자가 알코올중독자이거나 혹은 중독자가 될 가능성이 있는 남자와 사귀는 이유는 또 무엇일까? 어린 자녀에게 감정적으로 의존하던 어머니를 둔 여자는 왜 보살핌이 필요한 남자를 만날까?

그들은 건강하고 다른 사람의 보살핌이 필요 없는 성숙한 파트너를 만나면 어떻게 반응할까?

자신의 부모와 비슷한 상대와 결혼한다는 사실은 심리치료 분야에서 이미 잘 알려진 개념이다. 그러나 단순히 부모와 닮은 사람이 아니라 어린 시절과 같은 감정을 다시 한 번 느낄 수 있는 사람을 선택한다. 사람들은 과거에 경험했던 문제를 예전과 같은 방식으로 해결하면서 상대에게 친숙한 느낌을 가지게 되고 이를 사랑이라고 생각한다. 비록 문제가 해결되기는커녕 더욱 불안해지더라도 말이다.

어린 시절에 겪었던 고통과 무력감, 아무도 나를 사랑하거나 원하지 않는다고 느끼는 상황을 다시 한 번 겪으면서 이번에는 그 문제를 해결할 수 있으리라 생각하는 것이다. 어린 시절 겪었던 고통이 심할수록, 성인이 되어 같은 고통을 다시 재현해서 이를 극복하려는 욕구가 강해진다.

어린아이에게 정신적 충격이 가해졌을 때를 떠올려보자. 큰 수술을 받은 어린아이는 수술의 쇼크에서 벗어날 때까지 인형이나 장난감을 가지고 병원놀이를 할 것이다. 그때 아이는 의사나 환자 역할을 하는데, 수술로 생긴 쇼크가 완화되면 비로소 놀이는 끝난다. 사랑에 집착하는 경우도 마찬가지다. 불행한 관계를 재현하고 반복하면서 스스로 관계를 개선하기 위해 노력한다.

남자와 여자의 관계에서 우연이란 없다. 신중하지 못하고 어쩌다 보니 한 남자와 결혼했다고 말하는 여자는 왜 자신이 그와 결혼해서 아이까지 낳았는지 반드시 생각해봐야 한다. 결혼을 깊이 생각하기엔 너무 어렸다거나 제정신이 아니어서 책임 있는 선택을 할 수 없었다는 평계를 댄다면 더욱 깊이 자문해봐야 한다.

무의식적이든 의식적이든 그녀들은 그를 선택했다. 그것을 부정하는 것은 자기 인생에서 선택과 책임을 부정하는 것이다. 이런 현실 부정은 사랑의 상처를 아물지 못하게 한다.

그녀가 매력을 느낀 그 남자와 사이에서 일어난 강렬한 화학작용이란 무엇이며, 그것을 어떻게 설명해야 할까?

질문을 바꿔보자. 누군가 자신을 필요로 하길 바라는 여자와 누군가 자신을 책임져 주길 바라는 남자 사이에 어떤 신호가 깜박거리는 걸까? 과도하게 자신을 희생하는 여자와 이기적인 남자 사이에는 무엇이 존재하는가? 자신을 피해자라고 여기는 여자와 힘과 폭력을 통해 정체성을 찾는 남자 사이에는 무엇이 있는가?

사랑에 집착하는 여자들은 두 가지 충동에 사로잡힌다.

① 자신에게 익숙한 패턴에 딱 맞아떨어지는 상대를 원한다.
② 과거에 고통을 주었던 패턴을 재현해서 극복하고자 한다.

이제 사랑에 집착하는 여자와 그 파트너 사이에 어떻게 만남이 이루어지는지 살펴보자.

여자를 혐오하는 남자에게 끌리는 이유

나는 최악의 가정환경에서 자랐어요. 어린 시절에는 아버지가 어머니를 때린다는 사실을 아무도 모르길 빌었어요. 나 역시 아버지의 폭력에 시달렸는데, 잘못한 게 있으니 맞는 거라고 생각했어요.

하지만 어머니는 달랐어요. 맞을 이유가 전혀 없었죠. 그래서 '이비지가 어머니 대신 나를 때리면 좋을 텐데'라고 생각했어요. 나는 상관없지만 어머니는 견딜 수 없을 테니까요.

어머니는 아버지에게 사랑받지 못했어요. 우리 형제자매들은 모두 어머니가 아버지를 떠나길 바랐지만 어머니는 그러지 않았어요. 그래서 나는 언제나 어머니에게 많은 애정을 쏟았어요. 그렇게 하면 아버지를 떠날 수 있을 만큼 어머니가 강해질 거라고 생각했거든요. 하지만 어머니는 결코 집을 나가려고 하지 않았어요.

어머니는 5년 전에 암으로 돌아가셨어요. 나는 장례식 이후로 집에 가지도 않았고 아버지도 만나지 않았어요. 어머니를 죽음으로 몰아간 것은 암이 아니라 아버지라고 생각했거든요. 그래도 나는 할머니가 유산을 남겨준 덕분에 대학을 갈 수 있었어요.

그곳에서 로이를 만났어요. 우리는 한 학기 동안 미술 수업을 함께 들었지만 제대로 이야기를 나눈 적은 없었죠. 그러다 다음 학기가 시작되면서 지난 학기에 함께 수업을 들었던 사람들을 만났어요. 수업 첫날 남녀관계에 대한 격렬한 토론이 벌어졌죠. 로이는 미국 여자들이 제멋대로인 데다 모든 것을 자기 마음대로 하려고 들면서 남자를 이용한다고 말했어요. 독설을 내뱉는 그를 보면서 '여자한테 심하게 상처받았나 보네, 안됐다'란 생각이 들더군요.

나는 그에게 정말로 여자에 대해 그렇게 생각하냐고 물었어요. 속내는 여자들이 다 그런 것은 아니라고 말하고 싶었던 거죠. 더 정직하게 말하면 나는 그런 여자가 아니라는 걸 증명하려고 했어요. 내가 얼마나 혼자서 잘해내는지 좀 보라고요! 로이와 사귀면 그에게 어떤 요구도 할 수 없을 것이고, 나 자신에게 신경 쓸 겨를도 없을 게 뻔했죠. 여자를 혐오하는 그의 말이 옳다는 것을 증명할 생각이 아니라면 말이에요.

그날 로이는 "금방 돌아올게. 이 수업을 듣지는 않지만 너하고는 좀 더 이야기하고 싶어"라고 말했어요. 그 순간 느꼈던 강렬한 쾌감을 아직도 기억해요. 내가 그를 변화시킬 수 있다고 생각했거든요. 우린 급속도로 친해졌어요. 두 달도 채 지나지 않아 동거를 시작했고, 네 달 정도 지나자 나는 집세를 비롯해 식료품 비용까지 부담하게 되었죠.

그 후로 2년 동안 나는 내가 얼마나 괜찮은 여자인지, 그에게 상처를 준 여자들과 얼마나 다른지 보여주기 위해 애썼어요. 그러면서 심한 상처를 받았죠. 처음에는 정신적으로 입었던 상처가 육체로 옮겨 갔어요. 로이만큼 여자에게 적개심을 품고 난폭하게 다루는 남자는 없어요. 물론 다 내 잘못이긴 해요. 그와 헤어질 수 있었던 건 기적이었죠.

우연히 그의 이전 여자친구를 만났어요. 그녀는 "그가 때리지는 않던가요?"라고 묻더군요. 나는 그런 일은 없다고 말했어요. 그를 보호하기 위해서이기도 했지만 맞고 사는 바보 같은 여자로 보이기 싫었거든요. 하지만 내 거짓말을 그녀가 꿰뚫어보고 있었어요. 그녀 역시 나와 같은 경험을 했을 테니까요. 그녀의 질문을 받았을 때 당황했어요. 어릴 때와 마찬가지로 누구에게도 진짜 나를 알리고 싶지 않았어요. 그리고 그런 질문을 한 그녀가 무척 무례한 사람이라고 치부해버렸어요. 그렇지만 그녀가 날 이해한다는 눈빛으로 응시하자 거짓말은 곧 바닷가의 모래성처럼 무너져 내렸이요.

우리 둘은 오랜 시간 대화를 나눴어요. 그녀가 심리치료 모임에 관한 이야기를 해주더군요. 자신도 참석하고 있다면서 불건전한 관계에 끌려 다니는 비슷한 처지의 여자들이 함께 모여 심리치료를 하고 있다고 말해주었어요. 그리고 자신의 전화번호를 내게 주었죠. 내가 전화한 것은 두 달 후였어요. 그녀는 나와 함께 모임에 참석했고, 덕분에 나는 인생을 헛되이 버리지 않게 되었어요. 그곳의 여자들은 나와 똑같았죠. 대개 어린 시절부터 엄청난 고통을 견뎌내고 있었어요.

어쨌든 로이와 헤어지기까지 몇 달이 더 걸렸어요. 그룹의 도움을 받긴 했지만 정말 힘들더군요. 나에게는 그가 사랑해야 할 인간이라는 것을 증명하고 싶은 강한 욕구가 있었어요. 내가 충분히 사랑해주면 그도 바뀔 것이라고 말이죠. 천만다행으로 나는 이런 욕구를 떨쳐냈어요. 그러지 못했다면 아마 그에게 다시 돌아갔겠죠.

—

클로에한테 로이는 어머니와 아버지를 합쳐놓은 대상이었다. 여자에게 적개심과 분노를 갖고 있는 로이에게 사랑받는 것은 어린 시절 걸핏하면 화를 내고 때리던 아버지에게 사랑을 받는 것과 마찬가지였다. 그리고 사랑으로 그를 변화시키는 것은 어머니를 구하는 일과 같았다.

그녀에게 로이는 아픔을 겪는 환자였고, 그에게 충분한 사랑을 베풀면 치유될 것이라고 믿었다. 클로에도 그와의 싸움에서 이기고 싶었던 것이다. 그 때문에 로이와의 폭력적이고 불만족스러운 관계를 끊기가 그토록 힘들었다.

나보다 일을 더 사랑하는 남자

우리는 크리스마스 파티에서 만났어요. 나를 좋아하던 남자아이의 형이었죠. 피터는 정말 엘리트처럼 보이더군요. 잘생긴 외모에 우울해 보이는 분위기가 더욱 매력적이었어요. 깊은 상처를 입은 것 같다고 확신했던 난 그를 좀 더 알고 싶었어요. 무슨 일을 겪었는지 알고 싶었고, 그를 '이해해주고' 싶었어요. 그가 대화하기 힘든 상대인 건 알았지만, 내가 진심으로 대하면 이야기를 해줄 거라고 생각했어요.

그날 저녁 우린 많은 이야기를 나누었는데 그는 한 번도 제대로 나를 쳐다보지 않았어요. 약간 고개를 돌려 다른 것에 관심을 뒀고, 나는 그의 관심을 받기 위해 애썼죠. 그의 말 하나하나가 모두 매우 중요하고 귀중했어요. 왜냐하면 그는 언젠가는 뭔가를 이룰 사람으로 보였거든요.

내 아버지도 그랬어요. 어린 시절 아버지와 즐거운 시간을 보낸 적이 없어요. 집이 매우 가난해서 아버지는 늘 일하러 나가셨죠. 어머니도 마찬가지셨어요. 대부분 집에는 아이들만 남아 있었어요. 아버지는 집에서도 일만 했어요. 나는 늘 아버지가 냉장고나 라디오를 고치는 뒷모습만 보고 자랐죠. 하지만 나는 괜찮았어요. 아버지가 곁에 있는 것만으로도 좋았어요. 아버지 주위를 맴돌면서 관심을 끌기 위해 수많은 질문도 했고요.

피터와의 관계도 그와 다르지 않았어요. 물론 당시에는 그렇게 생각하지 못했지만요. 나는 그의 눈길을 한 번 받으려고 애썼어요. 하지만 피터는 파이프를 피워대면서 천장이나 벽을 바라봤죠. 먼 곳을 응시하는 그의 표정이나 이마에 깊이 팬 주름을 보면서 그가 매우 성숙한 남자라고 생각했어요. 나는 마치 자석처럼 그에게 끌렸어요.

—

사랑에 집착하는 여자들이 아버지에 대해 사랑과 미움이라는 상반된 감정을 품고 있는 것에 비하면 메리 제인의 감정은 그다지 모순적이지 않다. 그녀는 아버지를 사랑했고 존경했으며 사랑받고 싶었다. 그러나 현실은 그렇지 못했다. 아버지가 너무 바빴기 때문이다.

그녀보다 훨씬 연상에 일중독자인 피터는 아버지처럼 잡을 수 없는 존재였기에, 피터의 관심을 얻는 건 그녀의 인생에서 가장 중요한 일이었다. 그녀는 자신의 이야기를 들어주고 정신적으로 지지해주면서 애정을 표현하고 곁을 지켜주는 남자에게는 매력을 느끼지 못했다. 이런 남자들은 어릴 때부터 아버지에게 사랑받기를 갈망해왔던 그녀의 욕구를 끌어내지 못한다. 반면 일에만 집중하는 피터의 모습에서 아버지에게 느꼈던 감정을 똑같이 느끼게 된 메리 제인은 자신에게서 달아나려고 하는 남자에게 사랑받을 수 있는 또 다른 기회를 잡은 것이다.

친절하고 따뜻한 남자가 낯선 이유

나는 아버지를 모르고 자랐어요. 내가 태어나기도 전에 부모님이 이혼하셨거든요. 어머니는 일하러 나가셨고 주로 외할머니가 우리를 돌봐주셨어요. 당시만 해도 이혼 가정을 안 좋게 바라봤죠. 할머니는 엄한 분이셨어요. 매일 언니와 나를 앉혀두고 말로 상처를 주셨어요. 우리는 엄마에게 짐만 될 뿐이고 '아무짝에도 쓸모없는 애들'이라고 비난을 퍼부으셨죠. 할머니가 그렇게 말씀하실수록, 우리는 가치 있는 사람이 되려고 열심히 노력했어요.

어머니는 우리를 감싸주지 않으셨어요. 할머니가 안 계시면 우리를 돌봐줄 사람이 없을 테니까요. 할머니가 우리를 학대해도 어머니는 못 본 척 외면했어요. 나는 언제나 겁먹은 채 외롭게 생활했어요. 나 자신이 아무런 가치 없는 존재라는 생각이 들었어요. 쓸모 있는 사람이 되려고 집 안에서 고장 난 물건들을 고치곤 했어요.

나는 열여덟 살에 임신해서 결혼했어요. 결혼생활은 시작부터 끔찍했죠. 남편은 항상 나를 비난했어요. 처음에는 조롱하는 정도였지만 차츰 욕까지 퍼부었죠. 사실은 그를 사랑하지 않았지만 어쩔 수 없이 결혼했어요. 15년간 결혼생활을 유지했는데, 비참한 생활도 이혼 사유가 된다는 생각이 들기까지 그만큼의 시간이 걸렸죠. 이혼 후 나를 진심으로 사랑해줄 남자를 절박하게 찾았지만, 보잘것없고 인생의 실패자인 내가 좋은 남자를 만나긴 힘들 거라고 생각했어요.

처음으로 혼자 클럽에 춤추러 간 날, 베어드를 만났어요. 친구들과 쇼핑을 나갔는데 바지와 윗옷, 신발까지 풀세트로 산 친구가 새 옷을 입고 놀러 가자고 했죠. 그래서 우리는 유명한 클럽에 갔어요. 몇 명의 멋진 남자들이 우리에게 술을 사주었고 그들과 춤을 추었죠. 친절하고 괜찮은 남자들이었지만 별로 끌리지는 않더군요.

그러다 구석에 있는 한 남자에게 눈길이 갔죠. 키가 크고 날씬한 그는 옷까지 멋지게 입고 있었어요. 게다가 얼굴도 잘생겼고요. 하지만 매우 냉정한 분위기를 풍겼어요. 이렇게 세련되면서 거만해 보이는 남자는 본 적이 없다는 생각이 들었어요. 그러고는 내가 이 남자를 따뜻하게 감싸줄 수 있을 거라고 확신했죠.

첫 번째 남편을 처음 만난 날도 그랬어요. 우리는 같은 고등학교를 다녔는데 그는 수업은 듣지도 않고 빈둥거리며 지냈죠. 그를 보고 처음 든 생각은 '좀 거칠어 보이는 저 아이를 내가 고쳐줄 수 있을 거야'였죠. 나는 어린 시절처럼 늘 무언가를 고치려고 노력했죠.

어쨌든 나는 베어드에게 접근해서 춤추자고 했어요. 그는 깜짝 놀랐지만 싫지는 않은 것 같았어요. 잠시 춤을 추고 나서 베어드가 친구들과 다른 곳으로 옮길 건데 같이 가겠냐고 물었어요. 가고 싶었지만 그냥 거절했어요. 나는 그날 춤을 추러 클럽에 갔으니까요.

잠시 후에 베어드가 청해서 다시 춤을 췄어요. 그곳은 사람들로 몹시 붐볐어요. 잠시 후, 친구와 집에 가려고 하는데, 베어드가 손 짓으로 나를 부르더니 말했죠. "제 전화번호 가지고 계시죠?" 무슨 영문인지 몰라 어리둥절해하고 있는데 그가 손을 뻗어 내 코트 주머니에서 자신의 명함을 꺼냈어요. 두 번째로 춤출 때 옷 속에 몰래 넣어뒀던 모양이에요. 이렇게 멋진 남자가 로맨틱하기까지 하다니 너무 두근거렸어요. 그래서 나도 그에게 명함을 주었죠.

며칠 후 그에게서 전화가 왔고 우리는 점심 약속을 했어요. 차를 몰고 그를 만나러 갔을 때 그는 못마땅한 표정을 지었어요. 나는 금세 그 장소와 내 고물차가 어울리지 않는다는 것을 깨달았어요. 그와 내가 맞지 않는 것처럼요. 그래도 점심을 먹으러 가자고 권하는 그의 모습에 안도감을 느꼈죠.

베어드는 정말 차갑게 굴었는데 나는 마치 그게 내 탓인 것 같았어요. 그래서 그의 마음에 들기 위해 열심히 노력했어요. 그는 부모님과 사이가 좋지 않다고 말하면서 불평을 늘어놨어요. 제3자가 보기에는 사소하기 그지없는 것들이었죠. 하지만 난 그 이야기를 다 들어줬어요. 그날 점심 데이트를 끝내면서 그와 나는 닮은 점이 없다는 걸 알게 되었어요. 데이트도 전혀 즐겁지 않았고 불편했어요. 나는 그와 잘 안 맞는다고 느꼈어요. 하지만 이틀 후에 그에게 다시 전화가 왔고 또 만나자는 그의 말에 안심했어요. 그가 지난번 데이트를 마음에 들어했다고 생각하자 불안하고 초조했던 기분은 다 사라졌어요.

하지만 둘이 함께 있어도 조금도 즐겁지 않았어요. 항상 무언가 잘못됐고, 그럴 때마다 내가 문제를 해결하려고 애썼어요. 그와 함께 있으면 늘 긴장했어요. 어쩌다 긴장이 약간이라도 줄어들면 마치 좋은 시간을 보낸 듯한 기분이었어요. 긴장감이 살짝 해소된 것만으로도 행복했죠. 어찌 된 일인지 나는 그에게 강렬하게 끌렸어요.

정신 나간 소리 같지만 나는 그를 좋아하지도 않으면서 결혼했어요. 결혼하기 전까지 베어드는 우리 둘이 잘 맞지 않는다며 몇 번이나 나를 떠났어요. 그때마다 얼마나 비참한 기분이었는지 몰라요. 그가 떠나려 할 때마다 나는 어떻게 하면 그에게 맞출 수 있는지 말해달라고 애원했어요. 그러면 그는 무엇이 필요한지 이미 내가 알고 있다고 말했죠. 하지만 난 정말 몰랐고 그게 무엇인지 알아내려고 노력했어요. 우여곡절 끝에 우리는 결혼했지만 두 달 만에 이혼했어요. 그는 나 때문에 불행하다면서 떠났어요. 한번은 길에서 우연히 그를 마주쳤는데 나를 못 본 척하더군요.

그가 떠날 때마다 난 더욱 그에게 집착했어요. 그는 다시 돌아올 때마다 원하는 것을 말했고 내 감정은 엄청나게 동요했죠. 그를 안아주면 그는 자신이 바보였다며 울먹이곤 했어요. 하지만 그날 하루뿐, 다음 날이 되면 다시 예전처럼 삐걱거렸어요. 그리고 난 그를 행복하게 해주어서 다시는 날 떠나지 않게 하려고 미친 듯이 노력했어요.

그가 마침내 내 인생에서 완전히 사라졌을 때 내 삶은 완전히 망가졌어요. 일을 할 수도 없었고 그저 하루 종일 앉아서 흐느껴 울기만 했어요. 내가 죽어가고 있는 듯한 느낌이 들었어요. 같은 상황에 처하면 이번에는 정말 살아남지 못할지도 몰라요.

—

페기는 사랑받는다는 게 어떤 것인지 전혀 몰랐다. 아버지 없이 자란 그녀는 사실상 남자란 존재를 잘 모른다. 특히 친절하고 자신을 사랑해주는 남자는 더더욱 알지 못한다. 하지만 어린 시절 함께 지냈던 할머니 덕분에 누군가에게 거절당하고 무자비하게 비난당하는 것이 무엇인지는 너무나도 잘 알고 있다. 페기는 먹고사는 데

급급해 그녀를 사랑해주지 못한 어머니에게 사랑받으려고 애썼다.

임신해서 결혼한 첫 번째 남편은 그녀를 비난했고, 페기 역시 그에게 아무런 애정도 없었다. 그와의 섹스는 애정 표현이라기보다 그의 인정을 받기 위한 몸부림에 불과했다. 15년간의 결혼생활에서 자신이 아무런 가치 없는 존재라는 생각만 더 강해졌다.

애정 없는 가정에서 자란 페기는 그런 상황을 결혼생활에서 그대로 재현했다. 사랑을 줄 수 없는 사람에게 사랑받으려는 욕구가 너무나 강했기에, 냉정하고, 무관심하고, 쌀쌀맞은 남자에게 즉각 끌렸다. 사랑할 줄 모르는 사람에게 사랑받을 수 있는 기회를 찾는 것이다. 일단 둘이 사귀는 동안 자신을 사랑하게 만들려고 했던 노력의 결과를 그가 간간이 보여주기만 해도 그녀는 비록 황폐하지만 그와 관계를 지속하려고 했다. 그 남자와 그가 상징하는 그녀의 어머니, 할머니를 변화시키고자 하는 페기의 욕구는 그토록 강했던 것이다.

좋은 남자는 없다고 믿는 여자가 사랑하는 법

어머니는 어떤 남자와도 잘 지내지 못했어요. 아무도 이혼하지 않던 시대에 두 번이나 이혼하셨죠. 나보다 열 살 많은 언니가 있는데, 어머니는 줄곧 이렇게 말씀하셨어요.

"언니는 네 아빠 딸이라서 나만의 딸을 가지려고 널 낳았단다."

그게 내 존재의 의미였어요. 나는 어머니의 소유물이자 또 다른 자아였죠. 어머니는 우리가 분리된 존재라고 생각하지 않았어요.

나는 아버지가 너무 그리웠어요. 어머니는 아버지가 내 근처에 얼씬도 못 하게 하셨고, 아버지도 어머니와 싸우면서까지 나를 만날 생각은 하지 않았어요. 나는 어머니의 포로라는 생각을 하면서 동시에 어머니를 행복하게 해줘야 한다고 생각했어요. 어머니 때문에 질식할 것처럼 답답했지만 그런 어머니를 두고 떠나는 건 더 힘들었어요. 그러다 나는 집에서 멀리 떨어진 학교에 다니게 되면서 친척집에 머물렀어요. 어머니는 친척들이 나를 빼앗아갔다고 생각했는지 그들과 한마디도 하지 않았어요.

나는 학교를 졸업하고 대도시의 경찰서에서 사무직으로 일했어요. 어느 날 너무나 잘생긴 경찰이 내게 다가와 수돗가가 어디 있는지 물었고, 난 위치를 알려주었어요. 그리고 컵이 있는지 묻길래 내 컵을 빌려주었죠. 그는 아스피린을 먹고 나서 "휴! 어제저녁에 너무 심하게 술을 마셨나 봐"라고 말하더군요.

그때 나는 그가 가엾다고 생각했어요. 너무 외로워서 술을 마신 것이라고요. 그는 내가 원하는 남자였어요. 내가 보살필 수 있고 나를 필요로 하는 남자요. 나는 그를 행복하게 해주고 싶었어요. 그래서 두 달 후 우리는 결혼했고, 나는 4년 동안 그를 행복하게 해주기 위해 노력했어요.

남편이 집에 일찍 들어오게 하려고 나는 맛있는 요리를 만들었어요. 하지만 그는 항상 술을 마시느라 밤늦도록 돌아오지 않았죠. 그럴 때마다 우리는 싸웠고 나는 늘 울었어요. 다음 날 또다시 늦게까지 남편이 집에 들어오지 않으면 전날 화를 낸 나 자신을 탓했어요. 내가 그를 떠나기 전까지 상황은 점점 더 심각해졌어요. 지금은 그가 알코올중독자였다는 것을 깨달았어요. 그 전까지 전남편의 불행은 전부 내 탓이라고 생각했어요.

—

남자를 증오하는 어머니에게 세상에 좋은 남자는 없다는 말만 듣고 자라거나 아버지의 사랑이 없는 가정에서 자라다가 매력적인 남자를 만난다면, 남자가 당신을 떠날 것 같다는 두려움을 느낄 것이다. 그리고 당신의 도움과 이해를 필요로 하는 남자를 찾을 것이다. 그래야만 당신이 남자보다 우위에 있을 수 있기 때문이다.

엘레노어가 잘생긴 경찰에게 끌린 것도 같은 이유다. 자신에게 의지하는 남자를 만나야 버려질 일도 없다. 그런데 이 남자에게 문제가 있다는 게 문제다. 즉, 이 남자는 "좋은 남자는 없다"는 어머니의 말과 일치한다. 엘레노어는 (아버지가 그랬듯, 그리고 어떤 남자든 다 그렇다고 어머니가 말한 것처럼) 남자가 떠나지 않을 거라는 확신을 원했다. 그리고 그가 가진 문제들을 보고 그가 자신을 절대 떠나지 않으리라 확신했다. 그러나 바로 그 문제 때문에 그는 그녀 곁을 떠났다.

엘레노어가 버림받지 않을 것이라고 확신했던 상황이 오히려 버림받을 수밖에 없는 결과가 된 셈이다. 전남편이 매일 밤늦도록 집에 들어오지 않은 것은 엘레노어의 어머니가 남자에 대해 가졌던 생각을 '증명'해주었고, 그녀의 어머니처럼 엘레노어 역시 '좋을 게 하나 없는' 남자와 이혼하게 됐다.

나보다 약한 남자에게는 상처받지 않는다?

엘리스와 나는 같은 극단에서 연기를 했어요. 그는 나보다 일곱 살 연하로 외모는 그다지 매력적이지 않았죠. 특별한 관심도 없이 어느 날 함께 물건을 사러 갔다가 식사를 했어요. 그는 식사 내내 자기 인생이 엉망진창이라는 말만 했어요. 자기가 해결할 수 없는 문제들이 쌓여 있다고 했죠. 나는 당장 그의 문제를 해결해주고 싶은 충동을 느꼈어요.

그날 밤 그는 자신이 양성애자라고 고백했어요. 내 가치관과 맞지 않았지만 나 역시 성적으로 압박해오는 남자에게 농담 삼아 양성애자라고 한 적이 있었기 때문에 개의치 않았어요. 너무 공격적으로 접근하는 남자에게는 두려움을 느꼈죠. 전남편은 신체적으로 날 학대했기에, 그와는 다른 유형의 남자친구가 필요했는지도 몰라요. 그 점에서 엘리스는 안전해 보였어요. 내게 상처를 주지 않을 거란 확신이 들더군요.

머지않아 우리는 깊은 사이가 되었고 몇 달간 같이 살았어요. 그동안 나는 늘 겁을 먹고 지냈어요. 나는 그에게 모든 것을 바치고 폐인이 되었어요. 자존심도 찢겨졌죠. 엘리스는 늘 나보다 남자에게 끌렸어요. 내가 폐렴에 걸려 병원에 입원해 있던 밤에도 그는 다른 남자를 만나느라 병문안도 오지 않았어요. 퇴원하고 3주가 지나서야 나는 그와 관계를 끝냈어요. 여동생과 어머니, 상담치료사가 날 도와줬어요. 사실은 그와 헤어지고 싶지 않았어요. 그는 여전히 날 필요로 했고 내가 조금만 더 참으면 우리는 다시 행복해질 것이라고 생각했거든요.

어릴 때부터 난 늘 문제가 생기면 그것을 해결할 방법을 찾으려고 했어요. 어머니는 장녀인 나에게 많이 의존하셨죠. 어머니는 아버지를 행복하게 해주려고 늘 배려했지만, 아버지는 내가 아는 모든 남자 중에 최악이었어요. 어머니와 아버지는 10년 전에 이혼하셨어요. 아마도 부모님은 자식들이 모두 독립할 때까지 기다리셨겠지만 그런 가정에서 자라는 것이 더 끔찍했어요.

아버지는 우리는 물론 어머니에게까지 손찌검을 했어요. 특히 여동생은 신체적 폭력을 심하게 당했고 남동생은 언어폭력을 당했죠. 아버지는 다양한 방식으로 우리를 학대했어요. 나는 상황을 나아지게 해줄 무언가를 찾아 헤맸어요. 하지만 알아내지 못했죠.

이런 이야기를 어머니에게 했지만 아무 소용 없었어요. 너무 소극적인 분이라 아버지에게 맞서는 일은 도저히 무리였죠. 그래서 나는 동생들에게 아버지의 신경을 건드리지 말라고 했어요. 아버지가 화나는 일이 없도록 집 안을 살피며 매일매일 두려움에 떨었어요.

—

아린은 자신이 엘리스보다 강하고 성숙해서 보다 노련하게 현실에 대처한다고 생각했다. 그보다 우위에 있으니 상처받을 일도 없을 것이라고 생각했다. 그녀가 엘리스에게 끌린 이유가 바로 그것이었다.

엘리스가 아린에게 호감을 표시했을 때 이러한 희망은 둘의 관계를 맺어준 가장 중요한 요인이었다. 아린은 어린 시절 아버지에게 학대받았고, 아버지를 두려워하고 싫어했다. 최소힌 엘리스는 폭력을 행사할 가능성은 없어 보였다. 그는 이상적인 남자처럼 보였다. 그러나 함께 산 지 몇 달 만에 아린은 엘리스에게도 상처받았다.

동성애자인 남자의 인생을 바꾸려는 시도는 아린이 어린 시절부터 경험했던 치열한 몸부림과는 차원이 다른 것이었다. 엘리스와의 관계에서 받은 정신적 고통도 그녀에게는 익숙한 것이었다. 그녀의 후원자이고 그녀를 사랑해주어야 할 사람이 오히려 상처를 주고 공격을 퍼붓는 고통 말이다. 아린은 엘리스를 자신의 이상형으로 만들려는 욕구가 강했기에 그와 헤어지기 힘들었다.

사랑보다 격려가 필요했던 남자

샌프란시스코에서 3일간 세미나에 참석했을 때 잘생긴 남자를 한 명 봤어요. 내 옆을 지나치는 그에게 나는 미소를 건넸어요. 그러고 나서 밖으로 나오자 그가 다가와 카페테리아에 같이 가지 않겠냐고 묻더군요. 물론 나는 좋다고 대답했죠. 카페테리아에서 그는 조금 머뭇거리더니 "제가 사드릴까요?"라고 물었어요.

하지만 그에게 그런 여유가 있어 보이지 않았어요. 나는 거절하고 직접 주스를 하나 샀죠. 강의실로 돌아온 우리는 쉬는 시간 내내 이야기를 나누었어요. 서로 어디 출신이고 어디서 일하는지를 이야기했죠. 그는 그날 밤 함께 식사하고 싶다고 말했어요. 그래서 우리는 한 식당에서 만나기로 했어요.

저녁에 약속 장소로 나갔는데 그의 안색이 안 좋아 보였어요. 오늘 저녁을 로맨틱하게 보낼지 실용적으로 보낼지 고민 중이라고 말하더군요. 돈이 충분치 않아서 유람선을 타거나 저녁을 먹으러 가거나 둘 중 하나만 선택해야 한다면서요. 나는 곧바로 이렇게 말했어요. "유람선 타러 가요. 저녁은 내가 살게요." 그리고 우리는 유람선을 타고 저녁을 먹었어요. 순간 내가 무척 빈틈없고 현명한 사람이 된 것 같았어요. 그가 원하던 두 가지를 모두 다 해냈으니까요.

그는 누군가와 가까워지는 게 너무 두렵다고 말하면서, 몇 년간 교제해온 여자친구가 있긴 한데 자기와 잘 맞지 않는 것 같다고 했어요. 하지만 그녀의 여섯 살짜리 아들을 너무 좋아하는데, 그 아이가 엄마 밑에서만 자라게 하고 싶지 않다고 했어요. 그는 얼핏 그 여자와 성관계에도 문제가 있다는 듯이 말했어요. 그녀와는 섹스하고 싶지 않다고요.

이렇게 근사한 남자가 아직 자기에게 어울리는 여자를 못 만났다니 믿을 수 없었죠. 그는 정말 애정 깊고 성실한 사람 같았어요. 그의 나이가 조금 많다는 것도, 괜찮은 여자들과 사귀었을 가능성이 많다는 것도 신경 쓰이지 않았어요. 그에게 무슨 문제가 있는지도 모른다는 생각이 들었지만 개의치 않았죠.

그는 자신의 단점들을 늘어놓았어요. 누군가와 가까워지는 걸 두려워하고, 경제적인 능력도 없다고 했죠. 그의 행동을 보면 무척 소극적인 것 같았어요. 하지만 이미 자신의 단점을 말하고 있는 그를 내가 바꿀 수 있다고 생각하자 가슴이 두근거리기 시작했어요.

우리는 저녁을 먹으러 갔고 돈은 당연히 내가 냈어요. 그는 빚진 기분이라며 반대했지만, 나는 나중에 갚으면 된다고 밝게 말했어요. 원래 학교 교사였던 그는 여러 가지 일을 하다가 알코올중독자 상담 병원에서 카운슬러로 일하고 있었죠. 나는 이전에 알코올중독자와 사귀어본 적이 있는데 무척 힘들었어요. 하지만 이 남자는 알코올중독자들을 상담하고 있으니 알코올중독에 걸릴 일은 없다고 생각했어요.

그때 그는 웨이트리스를 보더니 알코올중독자였던 어머니가 떠오른다며 신경질을 냈어요. 나는 부모가 알코올중독자인 자녀들이 성장해서 알코올중독자가 될 가능성이 높다는 것을 알고 있었죠. 하지만 그날 저녁 그는 술을 한 모금도 마시지 않았고 미네랄 워터만 주문했어요. 나는 이 사람이야말로 내 짝이라고 생각했어요. 그가 직업을 계속 바꾸는 것이나 그의 경력이 점점 하강곡선을 그리고 있다는 사실은 전혀 문제되지 않았어요. 그는 지금까지 운이 없었을 뿐이라고 생각했어요. 그에게는 불운이 따라다니고 있다고 느꼈죠. 아마 동정이었겠죠.

그는 내가 너무 매력적이어서 함께 있으면 기분이 좋다고 말했어요. 그리고 자신이 얼마나 편안한지 한참 이야기했죠. 나도 그와 똑같은 기분이었어요. 우리는 잘 어울리는 한 쌍이었어요. 그는 완벽한 신사였고, 나는 아주 다정하게 작별의 키스를 하고 헤어졌죠. 편안한 기분이었어요. 그는 섹스도 강요하지 않았죠. 그에게 성적인 문제가 있을 거라고는 생각지도 못했어요. 그에게 문제가 있다 하더라도 내가 해결할 수 있다고 확신했어요.

다음 날 세미나가 끝나자마자 그는 내가 사는 곳으로 오겠다고 말했어요. 시험 일주일 전에 미리 와서 우리 집에 머물며 공부하겠다고요. 나는 마침 며칠간 휴가를 얻을 수 있어서 함께 관광을 다니면 좋겠다고 생각했어요.

하지만 곧 그의 시험이 더 중요하다는 생각이 들어서 그가 바라는 대로 해주어야겠다고 생각했어요. 한편으로는 그가 오지 않을까 봐 두려웠어요. 일하러 나가 있는 동안 누군가가 내 집에서 공부하고 있다는 것은 그다지 즐겁지 않았지만요. 그렇지만 그가 시험에 떨어진다면 나는 죄책감을 느낄 게 뻔했어요. 나는 그와의 관계에 목숨을 걸었어요. 그의 관심을 끌기 위해서라면 무슨 일이든 할 수 있다고 생각했죠.

나는 이런 문제를 해결하기 위해 노력했지만 결론이 나지 않은 채 우리는 또 헤어져 있어야 했어요. 몹시 우울했죠. 아마 모든 것이 완벽하지 않은 상태에서 그를 행복하게 해주지 못해서 우울했던 것 같아요.

다음 날 오후 그에게 전화가 오고 나서야 기분이 가벼워졌죠. 다음 날 저녁 10시 30분에 그는 다시 전화를 걸어 왔어요. 자기 여자친구를 어떻게 해야 할지 모르겠다며 상담하는 거예요. 나는 할 말이 없었어요. 그와의 통화가 점점 불편해지기 시작했어요. 늘 문제를 해결하려고 애썼는데 해결할 수 없는 문제에 부딪힌 거죠. 잘 모르겠다는 내 대답에 그는 소리를 지르더니 전화를 끊어버렸어요.

너무 충격적이었어요. 다 내 탓이라고 생각했죠. 그를 충분히 도와주지 않았으니까요. 그에게 다시 전화를 걸어 화나게 해서 미안하다고 말하고 싶었지만 참았어요.

몇 분 후에 그는 다시 전화를 했고 그냥 끊어버려서 미안하다고 사과했어요. 그리고 다시 같은 질문을 했지만 여전히 나는 할 말이 없었어요. 그는 다시 소리를 지르더니 전화를 끊더군요. 그제야 그가 술을 마시고 있다는 걸 알았는데, 그에게 전화해서 모든 것을 바로잡고 싶다는 강한 충동을 느꼈어요. 그날 저녁 통화를 했다면, 그를 책임지겠다고 말했을 테고 지금 함께 살고 있겠죠. 그러면 어땠을지는 생각만 해도 몸서리가 쳐져요. 며칠 후 그에게 편지를 한 통 받았는데 아직 누군가와 다시 시작할 준비가 되어 있지 않다는 내용이었어요. 소리 지른 것이나 전화를 끊어버린 건 언급하지 않았죠. 그것으로 끝이었어요.

이 일이 1년 전에 일어났다면 아마 나는 같은 연애 패턴을 반복했을 거예요. 그는 내가 저항할 수 없는 유형의 남자였거든요. 잘생기고 매력적이면서 누군가의 도움을 필요로 하는 데다 자신의 매력을 충분히 살리지 못한 채 살고 있는 남자 말이에요.

자조모임에서 한 여자가 현실의 모습이 아니라 그가 가진 가능성에 매력을 느낀다고 이야기했을 때 우리는 모두 한바탕 웃었어요. 우리 모두가 그랬으니까요. 우리는 자신의 도움과 격려가 있을 때 재능이 극대화된다고 확신하는 남자에게 매력을 느끼는 종족이죠. 나는 남자와 사귈 때 관계를 유지하는 데 필요한 모든 책임을 떠맡는 데 익숙해요. 어머니나 전남편에게도 그렇게 해왔으니까요.

나는 어릴 때부터 어머니와 사이가 좋지 않았어요. 어머니는 남자관계가 복잡했고 새로운 남자를 만날 때마다 나를 기숙사 학교로 보내셨죠. 그러다 남자가 떠나면 항상 나를 불러 울면서 헤어진 남자의 이야기를 들려줬어요. 나는 늘 어머니를 위로해주고 진정시켜 줘야 했어요. 하지만 어머니의 고통이 완전히 사라지지 않았죠. 그럴 때면 어머니는 늘 화를 냈어요. 그러다 다른 남자를 만나면 또다시 내 존재를 완전히 잊어버렸죠.

　나는 사람들을 돕는 직업을 선택했어요. 어릴 때부터 누군가를 돕는 일에서 존재 가치를 느꼈거든요. 남을 더 잘 도와주고 싶다는 욕구는 커져만 갔죠. 그러다 내가 도움을 줘야만 하는 남자를 쫓아다니는 충동을 극복했어요.

—

　수잔나가 사회복지사라는 직업을 택한 것은 그녀가 위안과 격려가 필요한 남자에게 끌린 것과 마찬가지로 필연적인 것이었다.

　그녀는 샌프란시스코에서 만난 남자에게 경제적인 문제가 있다는 것을 처음부터 알고 있었다. 그녀가 자신의 음료값을 지불했을 때 두 사람은 중요한 정보를 주고받았다. 그는 금전적인 도움이 필요하다는 것을 그녀에게 알렸고, 그녀는 돈을 지불하면서 그의 자존심이 상처받지 않도록 도와주었다. 그는 궁색하고 그녀는 금전적으로 여유롭다는 점을 알리는 과정은 저녁식사 비용을 그녀가 지불하면서 다시 반복되었다.

　사실 수잔나는 돈이 없고, 성적으로 문제가 있으며, 누군가와 가까워지지 못한다는 그의 신호를 경고로 받아들였어야 했다. 이미 그녀는 여러 번 의존적인 남자들과 관계를 맺은 경험이 있었다. 그러나 이런 경고 신호들을 자신이 누군가를 보살펴주고 돌봐줄 수 있는 기회로 보았기 때문에 이 남자에게 강하게 끌린 것이다.

강력한 '매력'으로 느껴지는 이 신호를 그녀가 무시하기란 매우 힘들었을 것이다. 자신이 도움과 관심을 주면 특별한 사람으로 변할 것 같은 남자가 매력적이기 때문이다. 수잔나는 처음에 '그와의 관계가 나에게 어떤 의미일까?'라는 질문을 던질 수 없었다. 그러나 사랑 중독에서 회복하고 있던 그녀는 드디어 현실적으로 볼 수 있었다. 처음으로 그녀는 남자를 어떻게 도울까가 아니라 자신이 무엇을 얻을 수 있는지에 집중했다.

남자들의 무엇이 그녀들을 끌어당겼는가?

이들은 모두 어린 시절부터 익숙한 문제들을 가진 남자에게서 편안함을 느낀다고 말했다. 그러나 중요한 것은 알지 못했다. 남자들의 무엇이 그녀들을 끌어당겼냐 하는 것이다. 이런 인식이 뒷받침되었다면 보다 신중하게 생각했을 것이다.

보통 우리는 부모와 반대되는 이성에게 끌린다고 믿는다. 예를 들어 아린은 자신보다 훨씬 어린 양성애자에게 끌렸다. 공격성은 보이지 않아서 아버지에게 당했던 폭력을 겪지 않을 것이라는 확신이 들었다. 그러나 그녀는 그를 다른 사람으로 바꾸려는 투쟁 속에서 사랑과 안정감이 충족되지는 않으리라는 것을 무의식적으로 알고 있었다. 바로 그 때문에 그녀가 그와 관계를 맺었고, 같은 이유로 관계를 끝내기가 힘들었다.

미대생이었던 클로에와 여자를 싫어했던 폭력적인 남자친구의 관계는 흔히 있는 일이지만 더욱 복잡하다. 그가 어떤 사람이고, 어떻게 느끼는지에 대한 단서가 첫 만남에서 모두 드러났지만, 도전해보고 싶은 그녀의 욕구가 너무 컸다. 그가 위험스러울 정도로 화를 잘 내고 공격적이라는 점은 무시하고, 오로지 그를 세상에서 버려진 무기력한 희생자라고만 여겼다. 이 남자와 사귀었던 대부분의 여자들은 그의 태도를 보고 피했을 텐데, 클로에의 시선은 왜곡되어 있었다. 이 남자와 그의 문제를 해결해주고 싶다는 욕구가 너무나 강렬했기 때문이다.

다시 한 번 질문해보겠다. 너무나 파괴적이고 고통스러운 파트너에게 끌려 다니는 이유는 무엇일까? 왜 멈추지 못할까?

여기에 규칙이 있다. 어린 시절 당신이 문제를 해결하려고 노력한 만큼 최악의 관계를 끝내기 힘들다. 지나칠 정도로 사랑에 집착한다면 어린 시절 느꼈던 두려움, 분노, 좌절, 고통을 극복하기 위해 노력하고 있다는 뜻이다. 따라서 그 남자를 포기한다는 것은, 다시 한 번 안도감을 찾고 이전에 성공하지 못했던 방식을 고쳐볼 귀중한 기회를 포기하는 것과 같다. 이런 무의식적인 심리작용은 자신에게 고통을 줄 것이 뻔한 남자 곁에 있고 싶다는 충동을 느끼게 한다.

이런 종류의 관계가 시작되면 여자들은 과할 정도로 감정적인 책임을 느낀다. 그래서 남자와 헤어지려 할 때 온 신경을 타고 엄청난 강도의 고통이 온몸 구석구석으로 퍼져 나가는 듯하다. 오래전 느꼈던 공허함이 다시 한 번 그녀를 강타할 것이다. 어린 시절 혼자 지내면서 느꼈던 공포가 마음속 어딘가에 여전히 자리 잡고 있기에 그녀는 또다시 고통을 겪게 될 것이라고 확신한다.

이런 종류의 두려움이나 강력한 화학작용으로 인해 어떤 남자의 문제를 해결하고 싶다는 충동은 건강하고 만족감을 주는 관계에서 느끼는 감정보다 훨씬 강렬하다. 건강한 관계를 맺는 여자들은 어린 시절 겪었던 문제를 성인이 되어 바로잡을 필요 없다. 사랑에 집착하는 여자들은 사랑에 빠졌다고 생각할 때, 어린 시절 잘못됐던 문제들을 바로잡고, 잃어버렸던 사랑을 되찾고, 인정받을 수 있는 기회가 다시 한 번 주어졌다고 생각한다.

따라서 이들은 자신의 행복과 만족에 관심을 보이는 남자, 건강한 관계를 맺을 수 있는 남자가 다가와도 아무런 매력을 느끼지 못한다. 이런 남자들이 늘 우리 앞에 나타난다는 것을 잊지 말자. 상담을 받으러 온 여자들 대부분이 인생에서 적어도 한 명 혹은 여러 명 정말 괜찮고, 친절하고, 자신에게 관심을 기울이는 남자를 만났다고 회상했다.

그러고 나서 예의 그 아이러니한 미소를 지으며 이렇게 말한다. "도대체 왜 그를 사귀지 않았을까요?" "어찌 된 일인지 그에게서는 아무런 느낌이 들지 않았어요. 너무 괜찮아서 그랬나 봐요."

더욱 적절한 답은 괜찮은 상대의 행동과 그녀들의 반응, 괜찮은 상대의 수단과 그녀들의 대항 수단이 맞물리지 않았기 때문이다. 함께 있으면 유쾌하고, 편안하고, 재미있고, 긍정적이라고 해도 좀 더 진지한 사이로 발전할 만큼 중요하고 가치 있다고 생각하지 않는다. 대신 재빨리 차버리거나 무시하거나, 아니면 '단순한 친구'라고 못 박는다. 그런 남자들은 심장이 마구 뛰지도 않고 위가 쪼그라

드는 느낌도 없다. 그녀들이 사랑이라 부르는 감정을 느끼게 해주지 못한다.

이런 착한 남자들은 몇 년간 '친구'로 곁에 있어주면서 가끔 술친구를 해준다. 그녀들의 남자친구가 배신했다거나 헤어졌다거나, 그들에게 굴욕적인 일을 당했다는 이야기를 들어주고 위로해줄 뿐이다. 그녀들을 이해해주고 동정해주는 남자는 활력을 주지 못하고 극적인 사건이나 고통 혹은 긴장감을 주지 않는다. 그녀들은 기분이 나쁜 것에 익숙하고, 기분이 좋은 건 어색하고 의심스러운 데다 불편하기까지 하다. 오랜 기간 문제 있는 관계를 맺으면서 고통을 선호하게 된 것이다. 건강한 관계를 맺을 줄 알고 사랑할 줄 아는 남자는 그녀들이 계속 그런 고통을 겪고 싶은 충동에서 벗어나게 해주지 못한다.

건강한 가정에서 자란 여자라면 다른 반응을 보인다. 싸우거나 고통받는 데 익숙하지 않고, 인생에서 겪어보지 못한 일이기 때문에 불편함을 느낀다. 만나면 불편하고, 실망스럽거나 화가 나고, 기분이 나쁘면 더 이상 관계를 유지하지 않는다. 그리고 자신에게 관심을 가지고, 편안함을 느끼게 해주면서 늘 곁에 있어주는 남자를 선호할 것이다. 그런 관계에서 행복을 느끼기 때문이다.

안타까운 점은, 서로에게 건강한 반응을 보여주고 알맞은 보상을 해주는 관계를 이어나갈 수 있는 남자와 여자 사이의 끌림은, 사랑에 집착하는 여자와 문제 있는 남자 사이의 끌림만큼 강렬하지 않다는 것이다.

Q

삶이 뜻대로 되지 않더라도
내 삶의 책임은 나에게 있음을 알아야 한다.
상대방에게 계속 도움을 받다 보면
그의 힘과 우월함에 자신도 모르게 분노하게 된다.

그는 왜
집착하는
여자를 만날까?

: 의존적 남자와
구원자적 여자

회의한다더니 좋은 데 갔더라?

 아, 머리 식힐 겸 잠깐 가자고 해서.

근데 왜 말 안 했어?

 잠깐 간 거야.
그런 것까지 일일이 말해야 해?
그리고 그건 어떻게 안 거야?
내 동기 인스타 봤어?

우연히 본 거야.

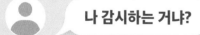 나 감시하는 거냐?

그렇다면 남자들은 사랑에 집착하는 그녀를 왜 사귈까? 처음 만났을 때 그들에게 어떤 화학작용이 일어나는 것일까? 그녀와 관계를 지속하는 동안 그는 어떤 감정의 변화를 느낄까? 특히 남자가 건강한 생활방식으로 변했거나 반대로 상황이 악화되었을 경우에는 어떤 일이 일어날까?

인터뷰에 참여했던 남자들 중 몇몇은 자기 인식이 상당히 높았다. 아내나 여자친구의 패턴도 어느 정도 인지했다. 중독증에서 벗어난 남자들의 경우, 알코올중독 상태일 때 곁에 있어주었던 여자가 자신에게 매력을 느낀 이유도 이해했다. 또한 '중독'에 빠지지 않았어도 좀 더 전통적인 심리치료에 참여하면서 파트너와 관계를 이해했다.

저마다 세부 사항들은 다르지만 모두 자기 인생의 부족한 점을 채워줄 강한 여성에게 매력을 느꼈다.

자신을 돌봐줄 여자를 찾는 남자

클럽에서 엘레인을 처음 만났죠. 우리는 둘 다 20대 초반이었고 데이트 상대도 있었어요. 당시 나는 이미 술 때문에 문제를 겪고 있었어요. 스무 살에 음주운전으로 체포됐었고, 2년 후에는 음주운전으로 심각한 교통사고까지 냈어요. 그래도 술 때문에 내가 다칠 거라고는 생각하지 않았어요. 나는 그저 재미있게 놀 줄 아는 남자아이였을 뿐이죠.

엘레인은 당시 내 데이트 상대가 소개해주었어요. 그녀는 너무나 매력적이어서 춤추다가 '파트너 체인지'를 할 때는 무척 기뻤죠. 그날 나는 꽤 술에 취해 대담해졌어요. 나는 그녀에게 멋있게 보이려고 열심히 춤을 추다 다른 커플 쪽으로 치우쳐 상대 여자를 넘어뜨렸어요. 너무 당황해서 미안하다는 말도 못 꺼내고 있는데, 엘레인이 침착하게 쓰러진 여자의 팔을 잡고 사과하더니 자리까지 함께 걸어가 주더군요. 너무 상냥해서 그 여자의 남자친구는 오히려 좋았을 거예요. 엘레인은 나에게 다가와 괜찮냐고 물어봤어요. 다른 여자 같으면 화를 냈을 텐데 말이죠. 그래서 그녀를 놓쳐서는 안 되겠다고 생각했어요.

엘레인의 아버지와는 의기투합했어요. 그녀의 아버지도 알코올 중독자였죠. 우리 엄마도 엘레인을 좋아했어요. 엄마는 늘 엘레인처럼 나를 돌봐줄 누군가가 필요하다고 말씀하셨죠.

오랫동안 엘레인은 나를 돌봐주었어요. 그러다 마침내 그녀는 자조모임에 다니기 시작했고 내게 알코올 금지령을 선포했죠. 나는 그녀가 더 이상 날 사랑하지 않는다고 생각해서 다른 여자와 사랑의 도피 행각을 벌였어요. 이후로 내 인생은 바닥으로 떨어졌죠. 다시 집으로 돌아와 6개월 후에 처음으로 알코올중독자 회복을 위한 자조모임에 참석했고, 그 뒤로 술을 완전히 끊었어요.

술을 끊고 1년 후에 엘레인을 다시 만났어요. 여러 가지 문제가 있었지만 우리 사이에는 여전히 사랑이 남아 있었거든요. 처음 만나 결혼했던 때와는 완전히 다른 사람이 됐지만, 그때보다 자신과 서로를 더욱 좋아하게 됐고, 서로에게 정직해지려고 노력하고 있습니다.

—

톰과 엘레인 사이에서 일어난 사랑의 화학작용은 알코올의존증 환자와 옹호자가 처음 만났을 때 흔히 보이는 모습이다. 그가 문제에 빠지면 그녀가 해결 방안을 고민했다. 그는 그녀의 모습에서 안정감을 느꼈고, 거부할 수 없는 매력으로 다가왔다.

엘레인이 알코올중독자 가족의 회복을 위한 자조모임에 참여해 알코올을 끊게 하려고 하자, 톰도 다른 중독자들과 같은 반응을 보였다. 가능한 가장 극적으로 복수한 것이다. 남자 알코올중독자들 주위에는 알코올중독 여자들이 넘쳐난다. 그래서 그는 재빨리 엘레인을 대체할 여자를 찾아내 엘레인이 거부한 문제 해결을 다른 여자에게 인계시킨 것이다. 그러다 그의 상태는 훨씬 심해졌고 삶의 기로에 놓이고서야 변화의 의지를 갖게 되었다.

그녀는 왜 유부남을 좋아할까?

아내 헬렌이 죽은 지 2년이 다 되어가는데 요즘에야 마음의 정리가 되는 듯한 기분이 듭니다. 아내가 죽고 나서 너무 화가 나더군요. 두려울 정도로 말이에요. 그래서 심리치료를 받기로 결정했어요.

나는 헬렌을 죽이고 싶다는 생각을 멈출 수 없었어요. 아내를 때리는 꿈을 꾸고 그녀에게 소리를 지르면서 잠이 깨곤 했죠. 아침이면 미쳐가고 있다는 생각이 들었어요. 결국 용기를 끌어모아 주치의에게 말하자 상담을 받아보라고 하더군요. 자존심 따위 접고 그대로 따랐죠. 호스피스 측에 연락했더니 전문 상담치료사를 연결해주더군요. 우리는 분노로 표출되고 있는 슬픔을 해결하기 위해 노력했어요. 상담치료사의 도움을 받아 원인을 찾기 시작했어요.

헬렌은 두 번째 아내였어요. 첫 번째 아내였던 자넷은 새 남편과 이 지역에 살고 있어요. 헬렌을 만난 건 토목기사로 일할 때였어요. 그녀는 기획부서에서 사무를 보고 있었죠. 이따금 회사에서 보거나 시내의 작은 커피숍에서 우연히 마주치곤 했어요. 아름답고 세련된 헬렌은 약간 내성적이긴 했지만 친절했죠. 그녀가 시선이나 미소로 나에게 관심을 표할 때마다 나는 살짝 들떠 있었죠. 그녀는 이혼해서 두 자녀와 살고 있었어요. 나는 혼자 아이들을 키우는 그녀를 안타깝게 생각했어요.

어느 날 우리는 커피를 마시며 잠시 이야기를 나눴어요. 나는 결혼생활의 불만에 대해 이야기했어요. 헬렌은 나같이 멋진 남자가 불행한 결혼생활을 한다는 건 있을 수 없는 일이라고 말했어요. 커피숍을 나설 때 나는 마치 키가 한 뼘은 더 큰 듯한 느낌이 들었고 그녀를 다시 만나고 싶더군요. 그녀를 만났을 때의 강렬한 느낌을 다시 한 번 느끼고 싶었죠. 그녀에게 남자가 없어서 그랬는지는 몰라도 그 짧은 시간 동안 강렬하고 특별한 무언가를 느꼈어요.

하지만 바람을 피우려고 했던 건 아니었어요. 그 전까지 단 한 번도 바람을 피운 적이 없었어요. 자넷은 군대에 있던 나를 기다려줬고 우리는 전쟁이 끝나자마자 결혼했어요. 특별히 행복하지는 않았지만 불행하지도 않았어요. 한 번도 그녀를 떠나야겠다고 생각한 적도 없었고요.

헬렌은 두 번 결혼해서 둘 다 실패했어요. 두 남자 모두 아이를 한 명씩 남기고 그녀를 떠났어요. 그녀는 양육비도 못 받은 채 혼자 두 아이를 키우고 있었어요.

나는 그녀에게 연민을 느끼긴 했지만 아무것도 해줄 수 없었어요. 당시만 해도 이혼이 쉽지 않았던 데다 가족 외에 또 다른 가족을 부양할 만큼 잘 벌지도 못했어요. 무엇보다 내가 이혼을 원하지 않았어요. 아내를 미친 듯이 사랑하는 건 아니었지만 아이들을 사랑했고 가족과 함께하는 것을 좋아했어요.

하지만 헬렌을 만나면서 모든 게 변했어요. 가족과 헬렌, 둘 다

버릴 수 없었거든요. 헬렌은 외로웠고 조금이라도 나를 소유하고 싶다고 말했어요.

그러나 헬렌을 만나기 시작하면서 누군가에게는 끔찍한 상처를 입히게 되었죠. 난 스스로를 자책했어요. 아내와 헬렌 둘 다 나에게 의존하고 있는데 둘 다 실망시키고 있었으니까요. 1년이 지나 자넷에게 우리 관계를 들켰고, 그녀는 헬렌과 헤어지지 않을 거면 자신과 헤어지자고 말했어요. 헬렌과 헤어지려 했지만 그럴 수 없었고, 그렇게 지지부진한 나날들이 이어지다 보니 자넷과의 관계도 예전 같지 않았죠.

결론적으로 나는 헬렌과 9년간 바람을 피웠고, 아내는 어떻게 해서든 나를 붙잡으려 애쓰다가 결국 응징하기 시작했죠. 헬렌과 동거를 반복하다 보니 결국 아내도 진력나서 이혼에 동의했어요.

내 자존심은 그때 완전히 망가졌어요. 나 자신은 물론 내 아이들과 헬렌의 아이들, 자넷에게도 부끄러웠어요. 특히 자넷에게요. 그녀는 그런 불행을 겪을 이유가 없었거든요.

마침내 자넷이 모든 것을 포기하고 이혼해줬고, 나는 헬렌과 결혼했어요. 그러나 결혼하고 나서 오히려 우리 사이는 변하기 시작했어요. 바람을 피우는 동안 헬렌은 너무나 따뜻하고 애정이 깊고 섹시한 여자였어요. 그녀는 내가 세상에서 가장 멋있는 남자라고 느끼게 해줬어요. 물론 재혼하기 전에도 싸우기는 했지만, 항상 만족스러운 섹스로 끝났어요. 헬렌과 함께하려면 어떤 대가든 치를 가치가 있다고 생각했죠.

하지만 내가 이혼하고 정식으로 결혼하자마자 헬렌의 열정은 식어버렸어요. 일하러 갈 때는 여전히 멋지게 차려입었지만, 집에서는 외모에 신경 쓰지 않았어요. 그게 싫지는 않았지만 어쨌든 눈에 보이긴 했던 거죠. 섹스 횟수도 점점 줄어들다가 어느 날 헬렌은 더 이상 섹스에 관심이 없었어요. 마침내 죄책감을 느끼지 않으면서 함께 있게 됐는데 오히려 한 발짝 뒤로 물러서고 있었죠.

우리는 결혼한 지 2년도 안 돼서 각방을 썼어요. 우리 관계는 식어갔고 그녀는 점점 멀어져 갔죠. 한 번도 그녀를 떠나겠다는 생각은 안 했어요. 함께 있으려고 그 많은 대가를 치렀는데 어떻게 그러겠어요?

불륜관계였을 때 헬렌은 나보다 훨씬 힘들었을 거예요. 그때는 내가 자넷을 떠날지 자신을 떠날지 알지 못했을 테니까요. 헬렌은 자주 울었고 자살하겠다는 말도 여러 번 했어요. 그녀는 세컨드로 사는 걸 극도로 싫어했어요. 하지만 결혼하기 전에 함께 보냈던 날들은 결혼 후보다 훨씬 더 많은 애정과 관심, 흥분과 특별함이 있었어요. 결혼 후에 오히려 상당한 좌절감을 느꼈어요. 모든 문제를 해결했는데도 그녀를 행복하게 해주지 못했으니까요.

나는 심리치료를 통해 나 자신과 헬렌을 이해할 수 있었어요. 그녀는 불륜관계가 주는 긴장감과 압박감을 사랑했던 거예요. 그래서 정상적인 부부생활이 시작되자마자 사랑이 식어버렸죠.

상황을 똑바로 직시하면서 헬렌이 죽은 후 그녀에게 느꼈던 끔찍한 분노를 극복하기 시작했어요. 나는 헬렌과 함께하기 위해 너무 많은 것을 희생했거든요. 자넷과의 결혼생활, 아이들의 존경, 친구들을 잃으면서까지 그녀를 택했으니까요. 아마 속았다는 기분이

들었던 것 같아요.

—

너무나 아름답고 유혹적이었던 헬렌은 찰스에게 성적인 기쁨을
주었다. 그녀는 그에게 헌신했으며 숭배에 가까운 사랑을 바쳤다.
그렇다고 해도 안정적이고 꽤 만족스러운 결혼생활을 하던 그가 헬
렌에게 강하게 끌린 이유를 정당화할 수는 없다. 오랜 세월 관계를
유지하면서 찰스는 그녀를 더 사랑했고 결국 전 부인과 이혼했다.

그렇다면 헬렌이 보인 갑작스러운 무관심은 뭘까? 그토록 오랫
동안 기다려왔고 고통의 원인이었던 남자와 드디어 함께 살게 되
었는데 말이다. 헬렌은 유부남인 찰스는 그토록 사랑하더니, 정식
으로 남편이 된 그를 왜 사랑하지 않은 것일까?

헬렌은 가질 수 없는 것을 원했기 때문이다. 그녀는 찰스가 유부
남이라는 압박감과 자기 것으로 만들지 못한다는 현실 때문에 그
에게 헌신할 수 있었다. 반면 찰스가 유부남이라는 압박감이 사라
진 상태에서 그와 정식 부부로 사는 것을 편하게 받아들일 수 없었
다. 헬렌은 가질 수 없는 상대를 사랑할 때 생기는 흥분, 긴장, 감정
적 고통을 원했다. 찰스를 얻기 위해 싸울 필요가 없이 편하게 지내
는 것은 그녀에게 불가능한 일이었다. 그래서 찰스를 얻게 되자 멀
어졌던 것이다.

그녀는 사랑하지만 가질 수 없는 남자를 갈망하면서 흐느껴 울
고 비통함에 잠겼다. 찰스는 그녀 인생의 중심이자 삶을 살아가는
원동력이었다. 적어도 그녀가 찰스를 완전히 갖기 전까지는 그랬
다. 불륜이란 달콤쌉싸름한 로맨스가 끝나자 9년간 즐겨왔던 열정

적인 스릴도 사라졌다.

마침내 결혼해서 서로에게 충실할 수 있게 된 순간 둘 사이에서 무엇인가 빠져나갔다. 그것은 흥분감이었다. 그리고 이들의 사랑도 끝이 났다. 이 부부가 서로를 즐겁게 해주려고 노력하지 않은 것은 아니다.

더 이상 사랑의 감정을 키우지 않아도 된다는 안심이 들면 자신을 보호하기 위해 감정적으로 후퇴하는 경우가 종종 있다. 헬렌과 찰스도 이런 경우다. 찰스는 헬렌이 보내는 감정적 결핍 신호를 무시했다. 그녀에게 관심을 받아 우쭐한 기분을 느꼈기 때문이다. 찰스는 헬렌에게 조종된 수동적인 희생자가 아니었다. 찰스는 자신의 관점에 맞지 않는 헬렌의 성격 중 일부를 외면했다.

사실 이 관점은 그녀가 만들어주었고 그 자신도 믿고 싶어 하던 것이다. 자신이 너무나도 사랑스럽고 성적으로 저항하기 힘든 매력을 지닌 존재라는 것이었다. 그는 몇 년간 헬렌과 함께 만들어간 판타지 속에 살면서 환상을 끝내기 싫었다.

헬렌이 죽은 후 찰스가 느꼈던 분노의 대부분은 자신을 향한 것이었다. 그는 뒤늦게 인정했다. 소모적인 사랑의 환상을 만드는 데 자신이 일조했으며 그로 인해 메마른 결혼생활을 하게 되었다는 사실을.

완벽한 파트너이자 이상적인 아내의 실체

내 사무실에 오는 아이들은 왼팔에 새겨진 문신에서 시선을 떼지 못하죠. 내가 어떤 일을 해온 사람인지 쉽게 알 수 있으니까요. 나는 열일곱 살 때 문신을 새겼는데 그 이유가 가관이었죠. 길거리에 쓰러져 죽으면 다른 사람들이 내가 누군지 알아야 했으니까요. 어쩔 도리 없는 불량학생이었던 거죠. 그때까지는 어머니와 함께 살았어요. 그러다 어머니가 재혼했고 양부와 맞지 않았죠. 여러 번 가출을 시도하다 감옥에 갔어요. 지금은 상상하기 힘든 일이지만 그때는 그랬죠.

처음에는 소년원, 위탁가정, 청소년 캠프, 청년관리소까지 들락날락했어요. 성인이 돼서 구치소를 여러 번 오가다 결국 감옥까지 갔어요.

당시는 사회에 있는 시간보다 감옥에 갇혀 있는 시간이 더 많았어요. 그러던 중 모니카를 만났죠. 어느 날 청년관리소에서 만난 친구와 훔친 차를 타고 산호세에서 여자를 꼬시고 있었어요. 햄버거를 사려고 드라이브인으로 들어가 여자아이 둘이 탄 차 옆에서 시시덕거렸어요. 그러다 자연스럽게 여자아이 차의 뒷좌석으로 자리를 옮겼죠.

같이 있던 친구는 잘생긴 데다 매너도 좋아서 여자들이 좋아하는 스타일이었어요. 여자들이 말을 걸어오면 그 녀석은 마음에 드는 여자를 약삭빠르게 골라서 어디론가 데려갔죠. 그러면 나는 남은 여자와 데이트를 즐겼어요. 그래도 아무 불만은 없었어요. 그 녀석 덕분에 내 주위에도 늘 여자들이 넘쳐났으니까요. 그날 저녁도 마찬가지였어요. 모니카와 나만 남았죠. 열다섯 살의 모니카는 정말 예쁘고 상냥했어요. 그녀는 처음 만난 날부터 나를 보살펴주고 싶어 했어요.

여자들을 만나다 보면 스타일이 둘로 나뉜다는 걸 알 수 있어요. 능력 없고 전과가 있어 보이는 남자들은 절대 만나지 않는 여자들이 있는가 하면 그런 남자들에게 오히려 관심을 보이는 여자들이 있죠. 무능력하고 비뚤어진 남자를 매력적으로 여기고 그들을 유혹해서 길들이고 싶어 하는 심리가 작용하는 거 같아요. 아니면 상처 입은 한 마리 야수에게 연민을 느껴서 도와주고 싶은 심리죠. 모니카는 성심성의껏 나를 도와주고 싶어 했죠.

나는 달빛 아래서 모니카와 산책하며 이야기를 나누었죠. 그녀는 내 모든 것을 알고 싶어 했어요. 하지만 나는 내 이야기를 들으면 그녀가 달아날까 봐 두려웠어요. 그래서 슬픈 이야기를 주로 해 줬죠. 양부가 날 얼마나 싫어했는지 그리고 위탁가정에서 구박받고 자란 이야기 등이요. 모니카는 눈물을 글썽거리며 내 손을 꽉 잡고 어루만져 주었어요.

그날 밤 헤어질 때 나는 이미 사랑에 빠졌어요. 머릿속에는 모니카만 가득했거든요. 다음 날 모니카에게 전화를 걸기 위해 시내로 나가다가 경찰에 붙잡혔어요. 당연한 일이었죠. 훔친 차를 타고 가고 있었거든요. 손목에 수갑을 차면서도 머릿속은 모니카 생각으로 가득했어요. 이제 우리는 끝이라고 생각했어요. 모니카에게는 이제 나쁜 일은 하지 않고 열심히 살려고 애쓰는 중이라고 거짓말했으니까요.

감옥으로 다시 들어가서도 그녀 생각이 머리에서 떠나지 않았어요. 나는 마음을 굳게 먹고 그녀에게 편지를 써서 다시 보호시설에 간혔다고 말했어요. 다만 이번에는 하지도 않은 일 내문에 잡혔다고 거짓말했죠. 전과가 있는 데다 경찰들이 날 싫어해서 체포했다고 말이죠. 모니카는 바로 답장을 보냈고 우리는 2년 동안 거의 매일 편지를 주고받았어요. 편지 내용은 우리가 서로를 얼마나 사랑하고 그리워하는지, 그리고 내가 나가면 함께 무엇을 할지에 관한 것들이었죠.

감옥에서 나왔을 때 그녀의 어머니가 나를 반대했지만 그녀를 만나러 산호세로 갔어요. 그녀가 더 이상 날 원하지 않을까 봐 두려워서 그녀를 바로 만나러 가지 않고 오랜 친구 녀석들을 찾아 다녔죠. 망나니처럼 굴면서 돌아다니다가 친구들이 모니카의 집으로 데려다주었을 때는 이미 나흘이 지났어요. 약의 힘을 빌린 상태라서 제정신이 아니었죠. 모니카가 그냥 떠나라고 말할까 봐 너무 두려웠어요.

천만다행히도 그녀의 어머니는 일하러 나가고 집에 없었죠. 모니카는 미소를 지으며 나를 반겨주었어요. 내가 어느 정도 약기운에서 깨어나자마자 우리는 다시 한 번 처음 만난 그날처럼 산책을 했어요. 돈도 차도 없던 나는 그녀를 데리고 아무 데도 갈 수 없었지만 그녀는 전혀 신경 쓰지 않았어요.

모니카가 보기에 내가 잘못한 건 하나도 없었죠. 그녀는 내가 하는 일이나 하지 않은 일에 대해 구실을 만들어주었어요. 몇 년간 계속 감옥을 들락거린 나와 결혼도 해주었고요. 그녀의 아버지는 그녀가 어릴 때 가정을 버리고 떠났어요. 그녀의 어머니는 그 때문에 비통해하셨고 나를 탐탁지 않게 여기셨어요. 사실 어머니의 반대

덕에 우리는 결혼할 수 있었어요.

　한번은 내가 위조수표를 만든 혐의로 체포됐다 보석금으로 풀려났는데 모니카의 어머니가 그 사실을 알고 우리 둘을 만나지 못하게 하셨어요. 그래서 우리는 몰래 도망쳐서 결혼했어요. 당시 모니카는 열여덟 살이었어요.

　우린 재판이 열릴 때까지 호텔에서 지냈어요. 모니카는 근처에서 웨이트리스로 일하면서 매일같이 법정으로 왔죠. 나는 당연히 다시 감옥에 들어갔고 모니카는 어머니에게 돌아갔어요. 하지만 그녀는 어머니와 심하게 싸우고 집을 나와 감옥 근처에 살면서 다시 웨이트리스 일을 했어요.

　그곳은 대학가이기도 해서 나는 모니카에게 대학에 가라고 권했어요. 모니카는 아주 똑똑하고 공부를 좋아했으니까요. 하지만 그녀는 대학에 가는 것보다 나를 기다렸죠. 우리는 계속 편지를 주고받았고 모니카는 시간이 날 때마다 면회를 왔어요. 내가 변하길 바라는 마음에서 자기계발 책도 보내주고 교도소 목사에게 가서 기도도 드렸어요.

　그동안 내 안에서 무엇인가가 움직였어요. 나는 갱생을 도와주는 프로그램에 참여했어요. 감옥에 있는 동안 고등학교를 다니고 대학도 졸업했어요. 감옥에서 나와 불법적인 일에 얽히지 않았을 뿐만 아니라 사회복지학 석사학위도 땄죠. 하지만 그러는 동안 난 아내를 잃었어요.

　내가 제대로 살려고 노력하는 동안에 부부 사이는 정말 좋았어요. 그런데 생활이 정상 궤도에 오르고 그토록 원하던 것을 하나둘씩 얻기 시작하자 모니카는 변해갔어요. 오히려 온갖 고난을 겪었던 때보다 훨씬 더 신경질적으로 화도 자주 냈어요. 가장 행복하다고 느껴야 할 때 모니카는 날 떠났어요.

지금은 그녀가 어디 있는지도 모르겠어요. 장모님도 말씀을 안 해주시고요. 모니카는 감옥에 있던 날 사랑했다기보다는 나를 사랑한다는 생각을 사랑했던 게 아닐까 싶어요. 거의 만나지 못하고 편지만 주고받거나 면회를 와야만 볼 수 있고, 언젠가 우리가 할 수 있는 일을 꿈꾸는 게 전부였을 때 우리는 정말 서로를 사랑했어요. 하지만 그토록 원하던 것을 이뤘을 때 우리는 헤어졌죠. 중산층으로 점점 여유롭게 살게 될수록 모니카는 날 싫어했어요. 아마 더 이상 내게 동정심을 가질 필요가 없었기 때문일 거예요.

—

러셀은 어린 시절의 경험으로 인해 누군가와 정신적으로, 그리고 육체적으로 관계를 맺을 준비가 되어 있지 않았다. 그는 인생의 대부분을 탈선행위로 소모했다. 긴장을 유발하고 다른 곳에 신경 쓸 여유가 없는 일을 하면서 마음속 절망감을 잊으려고 한 것이다. 그는 어머니에게서 정신적으로 버려진 데 따른 고통과 무기력함을 느끼지 않기 위해 탈선을 일삼았다.

그런 그에게 모니카는 부드러운 외모와 온화한 태도로 매력을 발산했다. '나쁜' 남자라고 밀어내지 않고 그의 문제에 관심과 깊은 연민을 보였다. 러셀이 자기 곁에 있어줄지를 떠보자 그녀는 기꺼이 그러겠다는 신호를 보냈다. 그가 갑자기 사라졌을 때도 모니카는 참을성 있게 그를 기다렸다. 모니카는 그가 어떤 짓을 하든 충분한 사랑과 안정감 그리고 인내심을 보였다.

그러나 모니카가 엄청난 인내심으로 러셀을 참아내는 것처럼 보이지만 사실은 정반대였다. 그녀는 러셀이 자기 곁에 없는 동안에만 그를 지켜주었다. 문제는 러셀이나 모니카 둘 다 이 사실을 인식하지 못한 것이다. 러셀이 감옥에 있는 동안 모니카는 완벽한 파트너이자 이상적인 아내였다. 자신의 인생을 희생해서 러셀이 바뀌고 둘이 함께할 수 있기를 희망하며 기다렸다.

모니카처럼 감옥에 간 남편을 기다리는 아내들이 사랑에 집착하는 여자들의 전형이다. 그녀들은 어떤 남자와도 친밀하고 깊은 관계를 맺을 수 없다. 그래서 지금은 곁에 없지만 언젠가는 이들이 변해서 곁에 있어줄 것이고 자신들을 사랑해줄 것이라는 환상과 꿈을 꾸며 산다. 이런 여자들은 오직 환상 속에서만 남자와 친밀한 관계를 맺을 수 있다.

러셀이 정상적인 삶을 살기 시작하자 모니카는 떠나버렸다. 그녀 인생에 그가 들어와서 위협적일 정도의 친밀함을 요구했기 때문이다. 러셀은 감옥에 들어가 있을 때보다 훨씬 모니카를 불편하게 만들었다. 그리고 러셀과 함께 지내는 삶은 그녀가 꿈꾸던 이상적인 사랑이 아니었다. 감옥에 수감된 죄수들은 종종 자신의 캐딜락이 밖에서 기다리고 있다고 말한다. 이들은 바깥세상으로 나갔을 때 이상적인 삶을 맞이하게 되리라고 꿈꾼다.

모니카와 같이 감옥에 간 남편을 기다리는 여자들이 꿈꾸는 것은 돈이나 권력을 상징하는 캐딜락이 아니라 로맨틱한 사랑이다. 이런 여자들은 어떻게 사랑하고 사랑받을지를 꿈꾼다. 죄수 남편을 둔 아내는 현실 세계에서 꿈을 실현하기 위해 애쓰기보다는 그냥 계속 꿈만 꾸며 사는 것이 더 쉽다고 여긴다.

여기서 러셀은 겉보기에 깊이 사랑할 수 없는 사람으로 보이고, 인내심과 동정심을 보인 모니카는 사랑할 줄 아는 사람으로 보인다. 그러나 사실상 둘 다 제대로 사랑할 줄 모른다. 그래서 둘이 함께할 수 없는 상황에서도 파트너가 될 수 있었고, 동시에 함께할 수 있을 때 둘의 관계가 끝났다.

남자를 관리하고 싶은 여자

낸시와 헤어지기 전에 난 늘 사람들에게 이런 농담을 했죠.

"그녀를 처음 봤을 때 심장이 너무 뛰어서 숨도 쉴 수 없었어."

낸시는 회사의 의무실 간호사였고 나는 심전도검사를 하기 위해 러닝머신 위를 뛰고 있었거든요. 그녀는 호흡계를 체크하기 위해 내 옆에 왔어요. 그러니 심장이 마구 뛰고 숨도 쉴 수 없었다는 말이 사실이기는 했죠. 당시 나는 갑자기 살이 찌면서 가슴에 통증을 느끼기 시작했고, 어느 날 괴로워하는 나를 본 상사가 검사를 받아보라며 의무실로 보냈어요.

당시 나는 형편없었어요. 1년 반 전에 아내가 바람이 나서 떠나버렸는데 밤마다 술집을 전전하는 남자들과 달리 나는 집에서 꼼짝도 하지 않고 뭔가를 먹으면서 텔레비전을 봤어요.

원래 먹는 걸 좋아하긴 했어요. 전처와 난 테니스를 많이 쳤죠.

아마 그래서 결혼생활 동안 체중 조절이 됐던 것 같아요. 그녀가 떠난 후에 테니스를 치면 한없이 우울해졌어요. 사실 모든 게 우울했죠. 건강검진을 받으면서 1년 반 만에 30킬로그램이 넘게 쪘다는 걸 알았어요. 살찌는 건 별로 상관하지 않았죠. 옷 사이즈가 점점 커지긴 했지만 신경 안 썼어요.

처음에 낸시는 체중 증가가 얼마나 심각한지 이야기해주면서 살을 빼야 한다고 사무적으로 말하더군요. 하지만 당시 난 이미 늙었다는 기분이 들어서 별로 변하고 싶지 않았어요.

그녀는 나를 안쓰럽게 여겼던 것 같아요. 전처조차 만날 때마다 "어쩜 이렇게 자신을 방치할 수 있어?"라고 꾸짖었어요. 사실 반쯤은 그녀가 돌아오길 기대했지만 그러지 않더군요.

낸시는 체중 증가의 원인이 무엇인지 아느냐고 묻더군요. 이혼 이야기를 해주었더니 동정한다는 듯 손을 두드려줬어요. 그때 느꼈던 짜릿한 흥분이 아직 기억나요. 오랫동안 느껴본 적이 없으니까요.

낸시는 식단을 조언해주면서 팸플릿과 차트를 건네주었죠. 그리고 2주에 한 번씩 들러서 경과를 보여달라고 했어요. 2주가 지났지만 식단을 따르지 않았기 때문에 몸무게가 전혀 줄지 않았어요. 그녀는 날 동정하는 듯했어요. 그녀는 다른 사람들이 제안했던 것들을 똑같이 권유했어요. 뭔가를 배우고, 헬스를 하고, 친구들과 여행을 다니고, 새로운 관심사를 키워보라고요. 그러겠다고 말만 하고 2주간 아무것도 안 하면서 그녀를 만나기만을 학수고대했어요.

세 번째 검사하러 갔을 때 그녀에게 데이트를 신청했죠. 뚱뚱하고 끔찍한 외모를 가진 내가 어디서 그런 용기가 났는지 모르겠어요. 그녀는 데이트 신청을 받아들였죠. 토요일에 그녀를 데리러 갔더니 다이어트, 심장, 운동 그리고 슬픔에 관한 기사와 팸플릿들을 준비해놓았더군요. 나는 오랫동안 그런 관심을 받아본 적이 없었어요.

우리는 곧 깊은 사이가 됐고, 나는 그녀의 집에 들어가 살았어요. 낸시는 칼로리가 낮은 음식을 만들어주었어요. 점심 도시락까지 싸줄 정도였죠. 혼자 텔레비전을 보면서 먹던 음식들은 손도 대지 않았지만, 살이 빠지지는 않았어요. 더 찌지도 않은 채 몸무게는 변함이 없더군요.

사실 나보다 낸시가 더 많이 애를 썼어요. 내 몸무게를 줄이는 게 그녀 인생에서 중요한 프로젝트이고 책임인 것 같았어요. 효율적으로 칼로리를 연소하려면 격렬한 운동이 필요했지만 당시 난 운동을 거의 하지 않았어요. 낸시가 골프를 치러 갈 때 몇 번 따라다녔지만 곧 그만두었죠.

그녀와 여덟 달 정도 함께 지내다 고향인 에번스턴으로 출장을 갔어요. 그곳에서 우연히 고등학교 동창들을 만났죠. 엉망진창인 내 모습을 아무에게도 보이고 싶지 않았지만, 다들 어린 시절 친구들이라 할 이야기가 많았어요. 모두 내 이혼 소식에 놀라더군요. 아내도 같은 지역 출신이거든요. 아무튼 친구들이 같이 테니스를 치자고 했어요. 한 게임이나 칠 수 있을지 모르겠다고 했지만 계속 치자고 고집하더군요.

다시 테니스를 치면서 기분이 좋아졌어요. 살이 쪄서 속도가 느려 매번 졌지만요. 내년에 다시 돌아와 코를 납작하게 해줄 거라고 호언장담했어요.

집에 돌아가니 낸시가 새로운 식단을 권했어요. 나는 싫다고 말하고 한동안 내 방식대로 다이어트를 해보겠다고 말했죠. 그때까지 낸시와 싸운 적이 없었어요. 잔소리만 들었을 뿐이죠. 하지만 테니스를 치기 시작하자마자 우리는 말다툼을 시작했어요. 주로 점심시간에 테니스를 쳐서 함께 있는 시간이 줄어든 것도 아닌데 말이에요.

낸시는 나보다 여덟 살이나 어려요. 살이 빠져서 예전 몸매를 되찾으면 나를 자랑스럽게 여기고 우리 관계가 나아질 거라고 생각했죠. 그런데 살을 뺐는데도 그녀는 내가 변했다며 불평하더니 결국 나보고 집에서 나가라고 하더군요. 그녀를 떠나는 건 정말 힘든 일이었어요. 결혼까지 생각했으니까요. 내가 살이 빠지자마자 우리 사이는 예전과 같지 않았죠.

—

타일러는 분명히 의존적인 경향이 있었고 그것이 이혼을 겪으면서 강화되었다. 그는 의식적으로 몸무게를 늘려가면서 아내의 동정심과 걱정을 불러일으키려 했지만 실패했다. 그 대신 사랑에 집착하는 여자의 관심을 끄는 데 성공했다. 낸시는 다른 사람을 행복하게 해주는 것을 인생의 목적으로 삼고 있었다. 타일러의 무기력함과 고통이 낸시의 돕고 싶다는 열망과 맞물려 두 사람은 서로에게 이끌렸다.

이혼하고 불행에 빠져 있던 타일러는 낸시를 여자라기보다 간호

사이자 치료사로 여겼다. 낸시가 자신의 고통을 없애줄 것이라는 기대감을 가지고 있었다. 그때까지 무턱대고 먹어대면서 텅 빈 마음을 달래던 그는 배려와 동정을 베풀 상대를 찾던 낸시를 만나 마음의 안정을 얻고 상처받은 자존감을 치료하려 했다.

그러나 시간이 흘러 자기 집착과 연민이 자기주장으로 바뀌면서 한때는 위로였던 낸시의 과보호가 싫증 나기 시작했다. 타일러의 과도한 의존이 일시적이었던 반면 누군가에게 도움을 주고 싶은 낸시의 욕구는 그녀의 핵심 특징이며 다른 사람과 관계를 맺는 유일한 틀이었다.

일터에서나 집에서 그녀는 항상 '간호사'였다. 이혼의 충격에서 회복됐다 해도 타일러는 여전히 의존적인 파트너였을 것이다. 그러나 돌봄을 받고 싶어 하는 그의 욕구는 다른 이의 삶을 관리하고 조종하고자 하는 낸시의 욕구를 따라가기 힘들었다. 낸시가 끊임없이 보살펴주던 타일러의 건강이 나아지면서 둘의 관계가 끝난 것이 그 증거다.

알코올중독 남자와 사랑 중독 여자가 만났을 때

이혼한 지 1년이 지났을 즈음 가볍게 여러 여자들과 즐기다 리타를 만났어요. 우린 처음 만난 순간 서로에게 강렬히 끌렸어요. 경제적으로 풍족했던 시기라서 꽤 즐거운 시간을 보냈죠. 그러나 리타는 애초부터 히피는 아니었어요. 책임감이 너무 강해서 다른 많은 것들을 포기할 수 없었거든요. 나와 사귀고 마리화나를 조금 피우기는 했지만 보스턴의 좋은 집안 출신답게 보수적이었어요. 그녀의 아파트는 늘 깔끔했고 함께 있으면 늘 편안했어요. 나는 그녀와 있는 한 완전히 나락으로 떨어지진 않을 것 같았죠.

데이트 첫날 그녀의 아파트로 갔어요. 나는 술을 너무 많이 마셔서 정신을 잃었던 것 같아요. 아무튼 정신을 차려보니 부드러운 퀼트 천으로 만든 소파에 누워 있더군요. 머리맡에는 향긋한 냄새가 나는 베개가 놓여 있었어요. 집에 온 것 같은 편안한 기분이었어요. 안전한 항구 같은 느낌이랄까.

리타는 알코올중독자들을 어떻게 돌보는지 잘 알고 있었어요. 은행원이었던 그녀의 아버지도 알코올중독으로 돌아가셨거든요. 그러고 나서 몇 주 후 나는 그녀의 집으로 들어갔어요. 그다음 몇 년간은 수완 좋은 사업가로 지냈어요. 내가 모든 것을 잃을 때까지는요.

처음 몇 달이 지나자 리타는 마리화나를 끊더군요. 내가 정신을 못 차리니까 자신이라도 정신을 차려야겠다고 생각한 것 같아요. 그 와중에 우리는 결혼했어요. 난 정말 두려웠죠. 누군가와 관계를 맺는 데 서툴렀으니까요. 엎친 데 덮친 격으로 결혼한 직후 재정적으로 파산 상태가 되었어요. 정신 못 차릴 정도로 매일 술을 마셔댔어요. 사실 리타는 내가 그 정도로 심각한지 몰랐어요. 아침마다 회의하러 나간다고 말하고서 벤츠를 몰고 나가 해안가에 주차해놓고 술을 마셨으니까요. 이윽고 여기저기 빚을 지게 되었죠.

그러다 교통사고로 위장해 자살할 생각으로 여행을 떠났어요.

하지만 리타가 쫓아와 초라한 호텔방에 미물던 나를 집으로 데리고 돌아갔어요. 무일푼인 나를 그녀는 알코올중독 치료 병원에 입원시켰어요. 고맙기는커녕 오히려 화가 났고 혼란스러운 데다 두렵기까지 했어요. 술을 마시지 않고 지낸 1년간은 그녀와 성관계도 하지 못했어요. 자신은 없지만 시간이 흐르면서 상황은 조금씩 호전되어 가고 있어요.

—

처음 둘이 데이트한 날 바트가 술에 취해 정신을 잃었을 때, 그는 자기 파괴를 향해 돌진하는 자신을 리타가 잡아줄 수 있을 것 같다는 느낌을 받았다. 잠깐이긴 했지만 그녀라면 그를 알코올중독에서 구해줄 것 같았다. 그러나 그를 위로해주고 보호해주던 리타가 사실은 그의 알코올중독을 도왔던 셈이다.

중독자들은 회복을 도와줄 사람이 아니라 편안하게 중독을 유지해줄 파트너를 찾기 마련이다. 그런 면에서 잠시 동안 리타는 바트에게 완벽한 파트너였다. 그러나 바트의 중독 증세가 악화되자 리타가 어떻게 할 수 없는 통제 불능 상태가 되었다.

리타가 바트를 찾아내 알코올중독 치료 프로그램에 참여시키면서 그는 술을 끊기 시작했다. 그러나 리타는 그와 술 사이에 가로놓인 존재가 되었다. 그녀는 더 이상 예전처럼 그를 위로해주거나 모든 상황을 제대로 돌려놓으려고 노력하지 않았다. 바트에게는 그것이 명백한 배신처럼 보였다. 너무나 무기력한 자신에 비해 너무 강한 리타에게 분노를 느낀 것이다.

삶이 뜻대로 되지 않는다 해도 자신의 삶에 대한 책임은 자신에게 있다는 점을 알아야 한다. 누군가에게 도움을 받으면 그 사람의 힘과 우월함에 분노를 느끼게 된다. 게다가 남자는 여자에게 성적인 매력을 확인받기 위해 대개는 여자보다 우위에 있으려고 한다. 리타가 바트를 입원시키자 바트는 자신이 얼마나 병들었는지 확인했고, 그녀에게 아무런 성적 매력을 느끼지 못하게 되었다.

심리적 요인 외에 신체적 요인도 이유가 된다. 술과 마약 중독자가 이를 끊으면 몸이 제 기능을 하기까지 1년 이상이 필요하다. 정상적으로 성적 반응이 일어나는 데 상당한 시간이 걸린다는 뜻이다. 이 기간 동안 성관계를 제대로 맺을 수 없다는 사실을 받아들이기란 힘든 일이다.

그 반대의 경우도 있다. 술을 끊고 나서 비정상적일 정도로 강렬한 성적 충동이 일어날 수 있다. 이는 호르몬의 불균형 때문이거나 정신적인 이유 때문이다. 젊은 남자는 몇 주간 술이나 마약을 멀리하면서 '섹스만이 내가 황홀감을 느낄 수 있는 유일한 것'이라고 생각한다. 처음 술을 끊으면서 생기는 초조함과 긴장감을 해소하기 위해 약 대신 섹스를 하는 것이다.

커플들이 중독에서 회복하려면 복잡하고 세심한 과정을 거쳐야 한다. 바트와 리타는 알코올중독자와 알코올중독 옹호자로 서로에게 이끌린 것이다. 중독에서 벗어난 이후에도 서로 관계를 계속 유지하려면, 한동안 개별적인 회복에만 집중하고 각자의 길을 가야 한다. 자기 자신을 바라보고 받아들이는 시간이 필요하다.

버림받지 않을 상대를 찾아서

알레나와는 공원에서 처음 만났어요. 토요일 오후 정오쯤이었는데 무척 덥고 주변은 조용했죠. 그녀는 신문을 읽고 있었고 나는 멍하니 의자에 앉아 있었어요.

당시 스물두 살이었던 나는 대학교 1학년 때 낙제하고는 다시 학교에 들어가겠다고 소란을 피워댔죠. 그래야 부모님에게 용돈을 받을 수 있으니까요. 부모님은 내가 학교를 졸업하고 번듯한 직업을 갖게 되리라는 꿈을 버리지 못하고 돈을 송금해주셨죠.

알레나는 꽤 뚱뚱한 편이었어요. 보통 체중보다 20~30킬로그램이 더 나갔거든요. 그래서 오히려 그녀에게 말을 걸기가 더 쉬웠어요. 거절당해도 별로 상처받지 않을 것 같았거든요. 그녀가 읽고 있던 신문이 이야기 소재가 되었어요. 그녀는 잘 웃어주었죠.

그녀는 미시시피와 앨라배마에서 마틴 루터 킹과 함께 시위했던 일, 세상을 변화시키려고 애쓰는 사람들과 함께 일했던 경험에 대해 이야기해줬어요.

당시 나는 알레나와 좋은 시간을 보내는 것 외에는 관심이 없었어요. 약기운에 취해 황홀감을 느끼는 것만이 내 삶의 목표였죠. 알레나는 무척 열정적인 여자였어요. 그녀는 다른 사람들은 고통받고 있는데 자신이 이렇게 편하게 지내도 좋은지 모르겠다며 고뇌하더군요.

그날 오후 우리는 공원 벤치에 앉아 두세 시간 동안 이야기하다가 함께 대마초를 피우러 집에 갔어요. 우리는 웃고 또 웃었어요.

서로의 '중독' 상태를 여실히 드러낸 날이었던 것 같아요. 아무런 변명을 할 필요도 없이 우리가 하고 싶은 대로 했어요. 나는 약을, 그녀는 과식을. 그런 행동을 해도 아무런 말을 하지 않을 사람들이 서로 만난 거죠. 드러내놓고 말은 안 했지만 서로 함께 있어야겠다고 느꼈어요. 이후로 우리는 잘 지내긴 했지만, 첫 만남만큼 홀가분하고 무방비할 수는 없었어요. 중독자들은 꽤 방어적이거든요.

나는 약에 취하지 않고는 그녀와 잘 수 없을 것 같았어요. 그녀와 그 문제로 자주 다퉜죠. 그녀는 자신이 뚱뚱해서 섹스를 할 수 없는 거냐며 물었어요. 내가 섹스하기 전에 약을 하는 이유가 자신의 혐오스러운 모습 때문이라고 생각하는 것 같았죠. 사실 그렇지는 않았어요. 나는 약의 힘을 빌리지 않으면 누구와도 섹스를 할 수 없었거든요.

우리는 둘 다 자존감이 상당히 낮았죠. 내가 아무렇게나 대책 없이 살아가고 있다는 사실은 그녀의 거대한 몸에 비해 겉으로 드러나지 않았어요. 결국 우리의 말다툼은 뚱뚱한 그녀를 사랑할 수 있는지의 여부로 시작되었어요. 나에게 중요한 것은 그녀의 겉모습이 아니라 내면이라고 말해야 평화로워졌죠.

그녀는 불행하기 때문에 먹는다고 했어요. 그러면 나는 그녀를 행복하게 해주지 못해서 마약을 한다고 대답했죠. 그렇게 병적인 방식으로 우리는 서로에게 완벽한 받침대 역할을 해줬어요. 우리가 하는 행동의 구실을 서로에게 만들어주었죠.

그런 말다툼 빼고 우린 아무 문제 없다는 듯이 굴었어요. 뚱뚱한 사람들이나 마약을 하는 사람들은 얼마든지 많으니까요. 우리는 모든 것을 무시했어요.

　그러던 중에 나는 마약 소지 혐의로 체포되었죠. 열흘이나 구치소에 있었는데 부모님이 고용한 변호사가 감옥에 가는 대신 카운슬링을 받도록 조치해주었어요. 알레나는 그 열흘 사이에 집을 나가버렸어요. 사실 그 당시 우리는 자주 싸웠고 나는 환각 증상이 나타나기 시작했어요. 알레나는 그런 내 모습을 보며 자기 탓이라고 여겼어요. 자기가 살을 빼면 나도 마약을 끊고 자기와 잘 지낼 거라고 생각했어요. 그녀를 피하기 위해 마약을 한다고 생각한 거죠. 터무니없는 오해였어요. 나는 나 자신을 피하고 있었을 뿐이에요.

　마약 중독자 회복을 위한 자조모임에 참석한 다른 사람들은 정상적인 삶을 살기 시작했는데, 난 매일같이 하루 종일 약에 취해 지냈어요. 번번이 거짓말하고 모임을 빠지다가 한 남자에게 날 도와줄 수 있는지 물었어요. 그는 내 후원자가 되어줬고 하루 두 번 아침과 저녁에 통화를 했어요. 이는 지금껏 해왔던 생활방식을 바꿔야 한다는 의미였죠. 친구와 파티를 전부 다 끊어야 했어요. 상담도 받았고요. 덕분에 마약과 술을 멀리할 수 있었어요.

　알레나가 다시 돌아왔을 때쯤 나는 네 달간 술과 마약을 끊은 상태였어요. 그러나 우리 둘은 만나자 다시 예전 생활이 반복됐어요. 이전에 함께 했던 게임을 계속했던 거죠. 상담치료사에 따르면 '짜고 치는 게임'이라고 하더군요. 자신에 대해 자부심이나 연민을 느끼기 위해, 중독을 계속 이어나가기 위해 서로를 이용한다고요. 그녀와 같이 살면 또다시 마약에 손댈 거란 걸 깨달았어요. 더 이상 친구로 지내지도 못해요. 함께 병들어 있지 않는 한 우리 관계는 계속될 수 없으니까요.

—

 그렉과 알레나는 처음 만난 순간부터 강력한 유대감을 느꼈다. 둘은 삶을 지배하는 무언가에 중독되어 있었고, 처음 만난 순간부터 상대방의 중독 증세를 없애는 데 집중하면서 상대적으로 자신의 문제는 가볍게 여길 수 있었기 때문이다. 이들은 서로의 상태에 저항하면서 동시에 서로가 중독을 유지해도 된다고 미묘하게 허락해주었다. 커플이 동시에 뭔가에 중독되어 있을 때 나타나는 패턴이다. 상대방의 행동이나 문제에 신경 쓰면서 자신의 문제는 회피하는 것이다. 그러면 자신이 황폐해질수록 자신보다 더 병든 파트너를 찾는다.

 그렉에게 알레나는 동정심 많고 자신을 위해 기꺼이 고통을 감수할 만한 여자로 보였다. 이것은 중독자를 강하게 끌어당기는 마법의 자석과 같다. 기꺼이 고통을 겪겠다는 자세는 중독자와 관계를 맺기 위한 필수 조건이다. 상황이 심각해지더라도 버림받지 않을 거라고 보장해주기 때문이다. 몇 달 동안 심하게 싸울 때도 그의 곁을 지키던 알레나가 그렉이 구치소에 갇혀 있는 동안 일시적이나마 떠나 있었다. 그러나 그녀는 그렉 곁으로 돌아왔고, 다시 한번 중독 커플이 되었다.

 그렉과 알레나는 함께 병드는 방법을 알고 있다. 알레나의 음식 중독은 여전히 통제 불능이었지만, 약에 중독된 그렉보다 자신이 강하고 건강하다고 느꼈다.

 반면 그렉은 그녀가 엄청나게 먹고 과도하게 살이 찌는 모습을 보면서 상대적으로 자신은 마약을 통제할 수 있다고 생각했다. 그렉이 중독에서 벗어나 알레나의 회복을 불가능한 것으로 보면서 둘은 더 이상 예전과 같은 관계로 돌아가지 못했다. 알레나는 이전 관계로 되돌리기 위해 그렉이 마약 중독에서 벗어나는 것을 방해해야 했다.

여자는 원하지만 혼자 있고 싶은 남자

수와 만난 것은 이혼하고 1년 반쯤 지난 무렵이었어요. 나는 풋볼 팀 코치를 맡고 있던 대학 교수의 집들이에 초대받았죠. 일요일 오후 다들 거실에서 파티를 즐기는 동안 나는 혼자 구석방에서 텔레비전으로 풋볼 경기를 보고 있었어요.

그때 코트를 옷장에 걸어두려고 들어온 수와 인사를 나누었어요. 방을 나갔던 그녀는 30분쯤 후에 되돌아와 내가 아직 그곳에 있는지 확인하더군요. 혼자 뒷방에서 텔레비전이나 보고 있는 나를 놀리더니 광고가 나오는 동안 대화를 나누었어요. 그러고 나서 방을 나갔다가 음식을 가지고 다시 왔어요. 그때 처음으로 그녀를 제대로 바라보았어요.

경기가 끝나고 거실에 갔는데 그녀는 떠나고 없었죠. 그녀가 영문학과 강사라는 것을 알아낸 나는 월요일에 그녀의 사무실에 들러 파티 때 음식을 가져다준 데 대한 보답으로 식사를 대접하고 싶다고 했어요. 수가 텔레비전이 없는 곳으로 간다면 그러겠다고 대답해서 우리 둘 다 웃음을 터뜨렸어요. 하지만 사실 그건 농담이 아니었어요. 수를 만나기까지 스포츠는 내 인생의 전부였거든요.

스포츠에 온 신경을 집중하다 보면 다른 문제들은 머릿속에서 사라졌어요. 나는 매일 달렸어요. 마라톤 연습을 하면서 풋볼 선수들을 훈련시켰고, 그들과 함께 경기를 하러 다녔어요. 나는 운동을 하지 못할 때면 텔레비전으로 경기를 시청했죠.

나는 너무 외로웠고 수는 매력적인 여자였어요. 그녀는 내가 가장 원하던 관심을 보여주었고, 내가 하고 싶은 일을 막지도 않았고요. 그녀에게는 여섯 살짜리 아들 팀이 있었는데, 나는 팀을 무척 좋아했어요. 그녀의 전남편은 멀리 떨어져 살고 있어서 아들을 보러 오지 않았고, 덕분에 나는 팀과 쉽게 친구가 되었어요. 팀에게는 남자 어른이 필요했으니까요.

수와 만난 지 1년 만에 결혼했지만 곧 우리 사이는 삐그덕거렸어요. 수는 내가 그녀와 팀은 안중에도 없고 항상 집을 비우는 데다 집에 있을 때는 텔레비전만 본다고 잔소리를 해댔어요. 그러면 나는 잔소리밖에 할 일이 없냐며 투덜거렸어요. 처음 만났을 때부터 알고 있지 않았냐고, "그러면서 왜 결혼한 거야?"라고 물었죠. 결혼 생활 내내 수에게는 화가 났지만 팀에게는 화를 낼 수 없었어요. 수와 싸우면 팀이 상처받으니까요. 그때는 인정하지 않았지만 수의 말이 사실이었어요. 나는 그녀와 팀을 피하고 있었던 거예요.

스포츠는 나에게 할 일을 선사했고, 사람들과 편하게 대화를 나눌 소재를 제공했어요. 어릴 때부터 아버지와 이야기를 나누는 유일한 주제가 스포츠였으니까요. 그것이 아버지의 관심을 얻을 수 있는 유일한 방법이었고, 남자가 되는 것에 대해 내가 아는 전부였어요.

수와 나는 이혼 직전까지 갈 정도로 정말 치열하게 싸웠어요. 그녀가 날 압박할수록 그녀를 밀어내기 위해 달리기를 하거나 풋볼 경기를 봤어요. 어느 날 일요일 오후 한창 경기를 보고 있는데 전화벨이 울렸죠. 수는 팀과 나가고 없었어요. 짜증을 내며 전화를 받았는데 동생이 아버지가 심장마비로 돌아가셨다고 말했어요.

나는 혼자 장례식장에 갔어요. 혼자 갔다는 이유로 또 엄청나게 싸웠지만 지금은 혼자 간 걸 다행으로 여겨요. 장례식에 갔다 온 후 내 삶은 완전히 바뀌었으니까요. 아버지의 장례식장에서 나는 아버지와 제대로 대화를 나눈 적도 없고, 지금의 아내와도 제대로 관계를 맺지 못해 두 번째 이혼 직전에 있는 내 모습을 깨달았어요.

모든 것을 잃기 직전이라는 생각이 들자 암담한 심정이었죠. 나는 괜찮은 남자였고 열심히 일했고 누구를 해친 적도 없는데 말이에요. 완전히 혼자란 느낌이 들더군요.

막냇동생과 함께 차를 타고 장례식장에서 집으로 향했어요. 동생은 울음을 멈추지 못했죠. 그는 너무 늦었다면서 이제는 아버지와 가까워질 기회조차 없다고 말했어요. 집에 도착하자 다들 아버지에 대해 이야기하더군요. 아버지와 스포츠에 대한 농담을 하면서 아버지가 얼마나 스포츠를 사랑하셨는지, 어떻게 항상 스포츠를 보셨는지 이야기했죠. 처남은 사람들에게 웃음을 주려고 말했어요. "내가 이 집에 오고 처음으로 텔레비전이 꺼져 있고 아버님이 경기를 보고 계시지 않네요."

그 말을 들은 동생은 다시 울기 시작했어요. 아버지가 평생을 해 왔던 것을 나 자신이 하고 있다는 것을 깨달았어요. 나는 아버지와 완전히 똑같은 방식으로 사람이 가까이 오지 못하게 하고 이야기도 제대로 하지 않으면서 살았어요. 텔레비전을 갑옷 대신 삼고 말이에요.

　나는 동생을 따라 밖으로 나가 차를 몰고 호숫가로 갔죠. 오랫동안 우리는 호숫가에 앉아 있었어요. 동생이 얼마나 오랫동안 아버지가 자신을 알아봐 주길 기다렸는지 이야기했어요. 처음으로 나 자신이 얼마나 아버지와 닮았는지 깨달았어요. 아들 팀은 항상 내 관심을 기다리면서 작은 강아지처럼 날 기다리곤 했죠. 하지만 나는 어떻게 해서든 바쁜 일을 만들어 아들과 아내와 시간을 보내지 않으려고 했어요.

　비행기를 타고 집으로 향하면서 내가 죽으면 사람들이 어떤 이야기를 해주길 바라는지 계속 생각했어요. 그리고 내가 무얼 해야 할지 알게 됐어요. 집으로 돌아와 아내와 솔직한 대화를 나눴어요. 아마 살아오는 동안 그렇게 터놓고 누군가에게 얘기한 건 처음이었을 거예요. 팀까지 불러서 다 같이 모여 이야기를 나눴고 다 같이 울음을 터트렸어요.

　그 후로 한동안 모든 것이 완벽했어요. 모든 일을 함께 했어요. 팀과 자전거를 타고 소풍도 갔어요. 늘 함께 지내면서 친구가 되어 갔죠. 내 삶에서 스포츠를 빼버리는 건 힘든 일이었지만 정상적인 삶을 살 때까지는 다 그만둬야 했어요. 우선 사랑하는 사람들과 친밀한 관계를 맺는 것부터 해야 했으니까요. 난 아버지처럼 쓸쓸히

죽고 싶지 않았거든요.

하지만 이런 변화를 아내는 받아들이기 힘들어했던 것 같아요. 그렇게 몇 달이 지나자 주말마다 파트타임 일을 하겠다고 말하더군요. 믿을 수가 없었어요. 주말은 함께 시간을 보내기로 약속했는데 말이에요. 이제 상황이 역전된 거예요. 아내가 도망치기 시작한 거죠.

상담을 받으면서 우리가 어떻게 해야 예전처럼 다시 가까워질 수 있을지 모르겠다고 했어요. 이런 친밀한 관계를 어떻게 받아들여야 할지 모르겠다고요. 내 무심함을 탓했던 아내가 이제 관심을 받게 되자 불편해진 거예요. 그런 친밀함이나 관심에 익숙지 않았으니까요. 어린 시절에 그녀는 나보다 더 관심을 받지 못하고 자랐어요. 선장이었던 아버지는 집에 계신 날이 드물었고, 어머니는 그걸 좋아하셨대요. 아내는 자라면서 외로움에 길들여진 나머지 누군가와 가까워지길 원하면서도 방법을 몰랐어요.

팀과 내가 가까워질수록 아내는 내가 아들을 가르치지 못하게 막았어요. 자신이 팀에 대한 통제력을 잃었다고 느꼈나 봐요. 팀과 가까워지는 데도 어느 정도 한계를 둬야 한다는 것을 알게 됐어요.

나는 재혼 가족을 위한 모임에서 많은 것을 배웠어요. 나와 비슷한 처지의 남자들이 감정을 표현하는 데 문제가 있음을 공유했고, 덕분에 내 문제를 아내에게 솔직히 털어놓을 수 있었어요.

—

스스로를 고립시키며 외롭게 지내던 에릭은 사랑과 관심을 갈구했다. 단, 친밀한 관계를 유지하는 것은 거부했다. 수와 처음 만났던 날, 에릭은 회피 수단인 스포츠에 대한 자신의 집착을 그녀가 받아들일지 은근히 떠보았다.

에릭은 자신을 돌봐주는 동시에 홀로 내버려둘 여자를 이상형으로 삼았다. 수는 첫 번째 데이트 신청에서 텔레비전이 없는 곳으로 가자고 농담 삼아 이야기하면서 막연하게나마 그가 자신에게 관심을 온전히 쏟지 않는 것에 대해 불평을 드러냈다. 하지만 에릭은 거리를 두고 관계를 맺어도 참을 거라고 생각했다. 그렇지 않았다면 처음부터 그를 만나지 않았을 테니까.

사교성이 부족하고 타인과 감정적인 관계를 맺지 못하는 에릭의 모습을 수는 오히려 매력적으로 여겼다. 사람을 사귀는 데 서툰 모습을 사랑하게 되었다. 특히 다른 여자들에게 다가가지 못할 거라고 확신했다. 이런 확신은 수에게 중요했다. 수는 버려지는 것에 대한 두려움이 있었다. 욕구를 충족시켜 주지는 못하지만 배신을 염려할 필요 없는 남자, 다른 여자에게 갈 위험이 없는 남자가 이상형이었다.

사회적으로 고립된 에릭과 함께 있으면 수는 할 일이 생겼다. 그와 다른 사람들을 이어주는 다리 역할을 맡은 것이다. 에릭의 성향을 자기 멋대로 해석해서 그가 사람들과 관계를 맺지 못하는 것을 무관심 때문이 아니라 내성적인 성격 탓으로 돌렸다. 결국 수는 어린 시절에 겪었던 최악의 상황 속으로 다시 자신을 내몰았다. 어린 수는 사랑받고 관심을 얻길 바라면서 외로움과 기다림, 깊은 실망, 분노에 찬 절망감을 경험했다. 에릭을 변화시키려고 할수록 에릭은 관계에 대한 두려움으로 더욱 뒤로 물러났다.

하지만 에릭은 극적인 변화를 겪었다. 그리고 기꺼이 다른 이늘과 친밀한 관계를 맺는 데 적극적으로 나섰다. 차갑고 가까이할 수 없었던 자신의 아버지처럼 되지 않기 위해서였다. 외롭고 어린 팀에게서 자신의 어린 시절 모습을 본 것이 결정적인 동기였다.

그의 변화는 가족들의 변화를 요구했다. 수는 자신을 무시하고 피해 다니던 에릭이 갑자기 관심을 기울이고 사랑을 주자 불편함을 느꼈다. 수와 에릭은 이쯤에서 변화를 멈추고, 역할을 바꿔서 쫓던 사람이 도망치고, 도망치던 사람이 쫓는 사람이 되었다. 그것이 훨씬 더 쉽기 때문이다. 역할을 맞바꾸면 이전의 거리를 계속 유지할 수 있고 다시 편안함을 얻을 수 있다. 하지만 수와 에릭은 좀 더 나아갈 용기를 가지고, 서로 가까워지는 데 따른 위험을 기꺼이 감수하고, 팀과 하나의 가족을 이루고자 노력했다.

남자와 여자를 선택하는 각자의 기준

누구에게나 첫인상은 중요하다. 특히 상담치료사로서 새로운 의뢰인을 만날 때 받은 인상은 중요한 정보를 내포하고 있다. 말하는 내용, 자세, 헤어스타일, 표정, 버릇, 몸짓, 목소리 톤, 눈 마주치는 방식, 태도, 옷차림 등을 통해 특히 스트레스를 받는 상황에서 어떻게 행동하는지를 알 수 있다.

나는 상담치료사로서 처음 만난 의뢰인이 삶에 어떻게 접근하고 있는지 평가하려고 의식적으로 노력한다. 남자와 여자가 처음 만났을 때도 그보다는 덜 의식적이긴 하지만 유사한 평가를 한다. 둘은 처음 만났을 때 자동으로 신호를 주고받고, 그 정보에 기초해 질문하고 대답한다.

"당신은 나와 비슷한 사람인가요?"

"당신과 관계를 발전시키면 어떤 이득을 얻을까요?"

"당신과 함께 있으면 즐거울까요?"

남자와 여자에 따라, 그리고 원하는 것에 따라 다른 질문을 하기도 한다. 사랑에 집착하는 여자가 좀 더 강력한 질문을 던진다.

"당신은 날 필요로 하나요?"

사랑에 집착하는 여자가 암묵적으로 던지는 비밀스러운 질문이다.

"날 돌봐주고 내 문제를 풀어줄 건가요?"

사랑에 집착하는 여자를 파트너로 삼은 남자가 침묵 속에 던지는 질문이다.

Q Story 7

사랑에 집착하는 여자들은
통제하고 싶은 욕구 때문에 남자를 선택한다.
상대방을 통제하고 싶은 욕구는
두려움, 분노, 긴장감, 죄책감 등에서 비롯된다.

미녀는 왜 야수를 사랑할까?

: 있는 그대로 받아들이기

왜 매번 그런 식이야?

 또 왜?

몰라서 물어?

 내가 또 뭘 잘못했다고 그러는 거야?

결혼하고 애도 낳았으면
좀 달라져야지.
정말 변한 게 없어, 하나도.

 나도 할 만큼 했어!
정말 지긋지긋하다!

앞에서 소개한 여자들은 모두 사귀고 있는 남자들을 돕고 싶다는 욕구가 강했다. 그녀들은 문제가 있는 남자를 도와줄 기회에서 가장 큰 매력을 느꼈다.

남자들은 자신을 도와주고 관리해주면서 안정감을 주거나 자신들을 구해줄 상대를 찾는다. 어느 남자 상담자의 말을 빌리자면 '백의의 천사'를 찾는 것이다.

여자들이 사랑의 힘으로 남자들을 포용하고 구제하는 이야기는 새로운 것이 아니다. 여러 세기 동안 전해져 내려온 동화 속에서도 흔히 볼 수 있다. 동화는 사회가 가장 중요하다고 여기는 교훈을 구체화한 이야기다. 이를 가장 잘 구현한 것이 〈미녀와 야수〉다.

〈미녀와 야수〉는 아름답고 순결한 처녀가 혐오스럽고 흉물스러운 야수를 만나 벌어지는 이야기다. 야수의 분노로부터 가족을 구하기 위해 처녀는 그와 결혼한다. 그러던 중 야수에 대해 점차 알게 되면서 혐오감을 극복하고 그를 사랑하게 된다. 물론 그 사랑으로 인해 기적이 일어나 야수의 마법이 풀리면서 인간 왕자의 모습으로 되돌아온다.

〈미녀와 야수〉의 경우, 순결하고 아름답고 어린 여성이 혐오스럽고 흉물스러운 괴물을 만난다. 마법이 풀린 왕자는 아름다운 그녀에게 어울리는 훌륭한 청년이다. 야수를 있는 그대로 포용하면서 곁을 지킨 덕분에 그녀는 행복한 삶을 살게 된다.

많은 동화가 그렇듯이 〈미녀와 야수〉도 수 세기 동안 전해 내려오면서 절대적인 진리를 구체화하고 있다. 하지만 절대적인 진리는 현재의 가치관에 반하는 경우가 많다. 그릇된 해석이 문화에 뿌리를 내리면서 옛날이야기의 깊은 의미가 간과되기 쉽다.

먼저 문화적 편견으로 본 이 동화의 주제, '여자가 남자를 깊이 사랑하면 남자를 바꿀 수 있다'라는 해석에 초점을 맞춰보자.

너무나 강력하고, 널리 퍼져 있는 이러한 믿음은 개인과 사회 속에 침투해 있다. 우리가 매일 하는 말과 행동에도 암묵적인 문화적 가정이 존재한다. 바로 사랑의 힘으로 누군가를 더 나은 사람으로 바꿀 수 있으며, 그렇게 하는 것이 여자의 의무라는 것이다.

사랑하는 사람이 자기 생각대로 행동하지 않을 때 그 사람의 행동이나 생각을 바꾸기 위해 여러 가지 방법을 사용할 것이다. 주위 사람들도 그런 당신의 모습을 보고 응원이나 충고를 해준다. 그들이 제안하는 수많은 방식은 서로 모순될 때도 있지만 그들은 당신의 노력에 반대하지는 않는다.

모두의 관심은 오로지 여자가 남자를 어떻게 돕는가에 있다. 매스컴까지 거들어 이 '신앙'을 보급시키고 남자를 바꾸는 일은 여자가 할 일이라고 규정한다. 예를 들어 여성 잡지는 '당신의 힘으로 남자를 ○○하게 만드는 방법'에 대한 기사를 매달 싣고 있다. 그에 반해 남성 잡지에 '여자를 ○○하게 만드는 방법'에 관한 기사는 없다. 여자들은 이런 잡지를 사서 읽으며 충고를 따르려고 애쓴다. 그리고 남자가 자신의 취향과 바람대로 바뀌길 희망한다.

불행한 남자, 불건전한 남자, 감당하기 힘든 남자를 완벽한 파트너로 변화시키겠다는 생각이 많은 여자들의 마음을 움직이는 이유가 무엇일까? 이 생각이 오래도록 지속되는 것은 무엇 때문인가?

유대교나 기독교는 자기보다 불행한 자를 도와야 한다고 가르치고 있다. 누군가에게 문제가 생기면 동정과 자비를 베푸는 것이 당연하다고 배워왔다. 비판하지 말고 구원의 손길을 뻗는 것이 도덕적 의무라고. 그러나 잔인하고, 무관심하며, 정서가 불안정하고 의존증이 있으며, 여자를 학대하는 나쁜 남자에게 여자들이 그토록 매력을 느끼는 이유는 도덕적 동기만으로 설명되지 않는다.

사랑에 집착하는 여자들은 통제하고 싶은 욕구 때문에 그런 남자를 선택한다. 다른 이들을 통제하고 싶은 욕구는 어린 시절부터 생겨났다. 어릴 때부터 두려움, 분노, 참을 수 없는 긴장감, 죄책감, 부끄러움, 다른 사람과 자신에 대한 연민과 같은 강렬한 감정을 자주 느꼈다. 자신을 보호할 수 있는 방법을 찾지 못했다면 그런 환경

속에서 제대로 살아남지 못했을 것이다.

사랑으로 야수를 미남 왕자로 바꿀 수 있을까?

자기 보호를 위한 수단으로는 강력한 방어기제인 '부인'과 강력한 잠재의식에서 일어나는 '통제'가 있다. 우리 모두는 무의식적으로 부인을 방어기제로 사용한다. 가끔은 사소한 문제 혹은 중요한 문제들과 사건들에 대해 부인한다. 그러지 않으면 우리가 누구이며 무엇을 생각하고 느끼는지와 직면해야 하는데, 우리가 이상화한 자신과 주변 환경의 이미지에 들어맞지 않는다. 따라서 부인이라는 방어기제는 다루고 싶지 않은 정보를 무시할 때 매우 유용하다.

예를 들어 한 아이의 성장 과정을 제대로 인식하지 않으면(부인) 가출하는 아이가 느끼는 감정을 피할 수 있다. 혹은 거울을 안 보고, 몸에 딱 붙는 옷을 입지 않으면서(부인) 좋아하는 음식을 계속해서 탐닉할 수 있다.

이처럼 부인은 실제로 일어나고 있는 사건과 그것에 대한 감정, 이 두 가지 현상에 대한 인식을 거부하는 것이다. 이제 부인이 사랑에 집착하는 여성의 성장에 얼마나 큰 영향을 주는지 살펴보자.

예를 들어 소녀의 부모 중 한 명이 바람을 피우느라 집에 거의 들어오지 않는다고 가정해보자. 가족들은 아버지가 일 때문에 바빠서 집에 오지 못한다고 말할 것이다. 소녀는 이런 말을 통해 부모님 사이에 어떤 문제가 있다는 것을 부인한다. 이러한 부인을 통해 그녀는 가족의 안정이나 자신의 행복을 위협하는 것에 둔감해진다.

한편 아버지는 열심히 일하고 있다고 믿으며 바람을 피우는 아버지에 대한 분노와 수치심 대신 동정심을 가진다. 그녀는 현실 자체와 현실에 대한 감정을 모두 부인하면서 보다 받아들이기 쉬운 환상을 만들어낸다. 이런 방식을 반복하면서 그녀는 고통에서 보호받는 법을 배운다. 동시에 선택하는 능력은 사라지는데, 무의식 중에 현실에 대한 감정을 부인하기 때문이다.

문제 가정의 가족들은 모두 현실을 부인한다. 문제가 얼마나 심각하든 상관없다. 가족들이 계속 문제를 부인하는 한 가정은 유지되기 때문이다. 가족 중 한 명이라도 가족이 처한 상황을 정확하게 묘사한다면, 나머지 가족들은 강력하게 저항할 것이다. 폭로한 가족 구성원을 웃음거리로 만들어 상황을 원래대로 돌리려 하고 그럴 수 없을 때는 가족의 테두리에서 배척한다.

부인이란 방어기제를 사용하는 사람은 의식적으로 현실을 받아들이지 않거나, 일부러 다른 이들의 말이나 행동을 보지 않는 것이 아니다. 그리고 감정을 느끼지 않겠다고 의도적으로 결심한 것도 아니다. 자기방어를 위한 부인은 저절로 일어난다. 어린 시절 자신을 압도했던 싸움, 짐, 두려움으로부터 자신을 보호하려다 보니 자아가 미리 문제가 될 만한 정보를 차단하는 것이다.

부모의 다툼이 끊이지 않는 가정에서 자란 소녀가 어느 날 친구를 집으로 초대해 같이 자기로 한다. 밤늦도록 이야기를 나누던 친구는 소녀의 부모가 큰 소리로 싸우는 소리를 듣는다. 친구가 속삭인다. "부모님 정말 큰 소리로 싸우시네. 항상 저렇게 소리치시니?"

부모가 싸울 때마다 잠 못 이루고 깨어 있었던 소녀는 당황해서 막연하게 대답한다. "나도 몰라." 부모가 계속 싸우는 소리를 들으면서 자아는 고통을 느낀다. 이 소녀의 친구는 이후부터 소녀가 자신을 왜 피하는지 영문을 모른다.

소녀가 친구를 피하는 이유는 단 하나다. 가족의 비밀을 봐버린 친구 때문에 자신이 부인하고자 했던 것이 상기되었기 때문이다. 친구가 집에 왔을 때 부모가 싸우자 소녀는 진실을 부인하는 것이 훨씬 더 편했다. 그래서 고통을 막아주는 방어기제를 허무는 사람은 누구든 계속 피하려고 한다.

소녀는 창피함, 두려움, 분노, 무기력, 공포, 절망, 연민, 혐오감을 느끼려고 하지 않는다. 강렬하고 고통스러운 감정들에 직면하느니 아예 아무런 감정도 느끼지 않으려고 한다. 그리고 이 때문에 주변 사람이나 사건을 통제하고 싶어 한다. 상황을 통제하면 스스로 안전하다고 느끼며 충격, 놀라움, 공포 따위는 없앨 수 있기 때문이다.

불안정한 상황에 있으면 누구나 그 상황을 어느 정도 통제하려고 애쓴다. 이러한 자연스러운 반응이 문제 가정에서 자란 사람에게는 극대화되어 나타난다. 가정에서 많은 고통을 겪어봤기 때문이다. Story 3에서 살펴본 리사의 경우를 다시 떠올려보자.

그녀의 부모는 리사에게 학교 성적을 올리라고 압박을 가했다. 학교 성적을 올리는 것은 현실적으로 가능한 일이지만 어머니가 술을 끊을 가능성은 희박하다. 그래서 가족들은 어머니의 알코올 중독을 해결할 수 없다는 사실을 회피하면서 리사의 성적이 올라가면 집안이 평온해질 것이라고 믿었다.

리사 역시 착한 아이가 되는 것으로 그 상황을 개선하려고 애썼다. 착한 딸 역할은 가족에 대한 애정과 삶에 대한 즐거움에서 비롯된 것이 아니다. 집안일을 자처하면서 리사는 가족의 문제를 개선하기 위해 힘썼다.

가족 전체에 영향을 미치는 심각한 문제가 발생하면 아이들은 죄의식을 느끼고 스스로를 비난한다. 어릴 때는 자신이 무엇이든 할 수 있다고 믿기 때문에 가족이 처한 불행은 자기 때문이고 이러한 상황을 바꿀 사람도 자기뿐이라고 생각한다. 리사처럼 불행한 어린 시절을 보낸 아이들은 자신들이 통제할 수 없는 문제로 인해 부모나 다른 가족들에게 비난을 받는다. 다른 이들이 직접적으로 비난하지 않더라도 가족에게 문제가 생기면 그 책임을 자기 탓으로 돌린다.

버릇없는 행동을 억제해서 '착한 아이'가 되거나 타인을 도우려고 노력하는 것은 사실상 그들을 돕기 위함이 아니라 통제하고 싶은 욕구에서 나온다.

스트레스가 많은 남자와 관계를 맺은 여자가 그를 도우려고 노력하는 것도 이러한 통제 욕구에서 비롯될 수 있다. 상대방이 스스로 할 수 있는 일을 대신 해줄 때, 누군가의 미래 혹은 일상적인 활동을 계획해줄 때, 어린아이가 아닌 누군가를 재촉하고, 충고하고, 상기시키고, 경고하고, 격려할 때, 누군가의 잘못된 행동이나 결과를 바꾸려고 할 때, 이 모든 행동들은 통제하는 것이다. 우리는 상대방을 통제하면서 자신의 감정을 통제할 수 있다는 희망을 품는다. 통제하려고 열심히 노력할수록 통제할 수 없는데도 우리는 멈출 수 없다.

습관적으로 부인하고 통제하는 여자는 자연히 그러한 상황으로 끌려간다. 현실을 직시하지 않는 심리가 문제를 수반하는 관계로 이끈다. 그리고 자신의 통제 능력을 이용해 현실을 견딜 수 있는 상황으로 만들려고 노력한다. 현실이 얼마나 심각한지 끊임없이 부인하면서 말이다. 부인은 통제 욕구를 지속시키고 통제의 실패는 부인 욕구를 지속시킨다.

이러한 심리 과정은 다음의 사례를 통해 확인할 수 있다. 그녀들은 상담치료에 참여하면서 자신의 행동을 매우 통찰력 있게 보았다. 그들은 남편이나 애인을 돕고자 했던 행동을 정확히 인식하고 무의식적으로 남자와의 관계를 통해 자신의 고통을 부인하고자 했다는 것을 깨달았다. 남편이나 애인을 돕고자 하는 생각은 선택이 아닌 욕구에 가까운 것이다.

문제를 외면하면 문제가 사라질까?

상담치료에 참여하기 전만 해도 부모님이 무엇 때문에 그토록 싸우셨는지 기억나지 않았어요. 기억나는 건 끊임없이 싸웠다는 것 뿐이었죠. 매일 거의 매 순간 싸웠어요. 서로를 비판하고 반박하면서 욕을 퍼부었죠. 나와 동생이 보고 있는데도 아랑곳하지 않았어요. 아버지는 대개 일하러 나가시면 집에 안 들어오셨어요. 가끔 집에 오시면 항상 부부싸움이 시작됐고요. 그러면 나는 아무 일도 일어나지 않은 척 부모님을 즐겁게 해드리고 주의를 분산시키는 역할을 했어요.

나는 부모님의 관심을 얻으려고 온갖 우스운 행동들을 했어요. 속으로는 무서웠지만 우스꽝스러운 행동으로 두려움을 숨겼죠. 그렇게 실없이 농담하고 귀여운 척하는 아이가 되었어요. 그러다 보니 밖에 나가서도 똑같이 행동하는 거예요. 항상 감정을 솔직히 표현하지 못하고 과장된 행동을 했죠. 일이 잘못되어 가도 무시하려고 했어요. 결혼생활도 마찬가지였죠.

아파트 수영장에서 케네스를 만난 것은 스무 살 때였어요. 그는 서핑을 즐기는 잘생긴 청년이었어요. 우리는 만난 지 얼마 지나지 않아 같이 살게 되었죠. 그도 나처럼 명랑해서 우리 둘이 잘 맞는 커플이라고 생각했어요.

케네스는 장차 무슨 일을 해야 할지 몰라서 고민했어요. 나는 그를 많이 격려해줬어요. 그가 성공하는 데 도움을 아끼지 않았어요. 우리 둘 사이에서 필요한 모든 결정들은 다 내가 내렸어요. 처음 사귈 때부터 그랬어요. 그는 자기가 하고 싶은 대로만 했어요. 나는 강해진 듯한 기분이 들었고, 그는 나에게 의지하면서 자유를 느꼈죠.

동거한 지 3~4개월이 지났을 때쯤 그의 직장 동료라는 여자에게 전화가 걸려 왔어요. 그녀는 내가 케네스와 살고 있다는 사실에 무척 놀라는 것 같았죠. 회사에서도 만나는 여자가 있다는 이야기를 한 적이 없다면서요. 나는 화가 나서 케네스에게 다그쳤어요. 그러자 그는 굳이 우리 사이를 이야기할 필요가 없어서 그랬다는 거예요. 그 말을 듣고 나자 두려움과 고통이 밀려들었어요. 하지만 그것도 잠시뿐이었죠. 나는 그런 감정들은 무시하고 보다 현명하게 처신하기로 했죠.

내게는 두 가지 선택권이 있었어요. 그 문제로 그와 싸우거나 그 냥 없던 일로 하거나. 나는 후자를 선택했고, 모든 것을 농담으로 얼버무렸어요. 나는 부모님처럼 싸우지 않겠다고 다짐했거든요. 사실 화를 낸다는 생각만으로도 불쾌했어요.

어릴 때부터 모든 사람들을 즐겁게 해주느라 정신이 없어서 화 낼 겨를이 없었어요. 그런 감정은 두려웠고 마음의 균형을 잃게 되니까요. 게다가 원만하게 넘기고 싶어서 케네스의 말을 믿었어요. 그러나 마음 한편에는 케네스가 우리의 관계를 얼마나 진지하게 생각하고 있는지 의심이 싹트고 있었죠. 일단 그 의심을 가슴속에 묻고 몇 달 후에 우리는 결혼했어요.

순식간에 12년이란 세월이 흘렀어요. 그러던 어느 날 직장 동료의 권유로 상담치료사의 사무실을 찾아갔어요. 그때까지 나는 내 인생을 완벽하게 통제하고 있다고 생각했는데, 동료는 나를 걱정하며 심리치료를 한번 받아보라고 권하더군요.

케네스와 나는 그 무렵 별거 중이었어요. 내가 먼저 잠시 헤어져 있는 것이 좋겠다고 제안했죠. 상담치료사가 무엇이 잘못되었는지 자세히 물어보더군요. 나는 모든 것을 이야기했어요. 이야기의 중심은 케네스였죠. 그는 언젠가부터 저녁에 집을 나가더니 밤새 들어오지 않았어요. 처음에는 일주일에 한두 번이었는데 횟수가 점점 늘어 최근 5년 동안은 거의 집에 있지 않았죠. 그래서 나는 그에게 집이 아닌 다른 곳이 더 편한 것 같으니 나가 살라고 말했어요.

상담치료사는 그가 어디에 가는지 아느냐고 물었고, 나는 모른다고 대답했어요. 한 번도 그에게 어딜 가느냐고 물어본 적이 없거든요. 상담치료사는 정말 놀라더군요.

"그토록 오랜 기간 동안 한 번도 어디를 가느냐고 묻지 않았단 말이에요?"

"네, 단 한 번도요. 결혼한 부부라도 서로에게 숨 쉴 틈을 줘야 한다고 생각했거든요."

그렇지만 아들 테드와 좀 더 시간을 보내달라는 이야기는 했어요. 그는 항상 그러겠다고 대답은 하면서도 저녁마다 집을 나갔어요. 일요일이나 되어야 가끔씩 아이와 함께 있어주었죠. 그는 내가 잔소리하지 않으면 좋은 아빠가 될 수 없는 사람이었어요.

그러나 끝없는 잔소리와 보살핌에도 그는 자기가 원하는 대로 살았어요. 나는 그를 변화시키기에 부족한 사람이라는 걸 인정하지 않았죠. 내가 완벽하게 행동할수록 상황은 점점 안 좋아졌어요. 처음에 상담치료사는 그가 밤에 나가서 무엇을 하고 있을 거라고 생각하는지 묻더군요. 난처했어요. 생각하고 싶지 않았으니까요. 생각하지 않는 한 상처받을 일도 없잖아요.

지금은 케네스가 한 여자에게 정착할 수 없는 남자라는 것을 알아요. 지속적인 관계가 주는 안정감을 원하면서도 말이에요. 생각해보니 그가 그런 남자였다는 증거는 결혼 전이나 후에도 아주 많았어요. 회사 야유회 도중에 몇 시간이나 사라진 적도 있고, 파티에서 다른 여자와 이야기를 나누다가 사라지기도 했으니까요. 그런 일이 생길 때마다 나는 사람들의 주의를 돌리려고 더 웃고 떠들었어요. 내가 사랑스러운 사람이라는 사실을 주위 사람들에게 각인시키고 싶었죠. 남편이나 연인이 도망치고 싶은 여자가 아니라는 걸요.

심리치료를 받으면서 부모님이 싸운 원인이 여자 문제였다는 사실이 떠올랐어요. 아버지가 집에 들어오지 않으면서 싸움이 시작되었어요. 어머니는 직접적으로 말하지는 않았지만 은연중에 가족을 버리고 다른 여자에게 한눈파는 아버지를 비난했어요.

나는 아버지가 바람을 피우는 건 다 어머니 때문이라고 생각했어요. 그래서 어머니 같은 여자가 되지 말자고 다짐했죠. 나는 결혼 생활 내내 그것을 지켰어요. 어떤 일에도 나는 항상 미소를 잃지 않았어요. 심지어 아홉 살 난 아들이 자살을 시도한 다음 날에도 미소를 지었죠. 그 때문에 심리치료를 받기로 한 거예요. 그 사실을 동료에게 말했더니 무척 놀라더군요. 나만 처신을 잘하고 화내지 않으면 모든 것이 괜찮아질 거라고 생각했어요.

케네스를 현명하지 못한 남자로 보는 것도 일조했어요. 난 끊임없이 설교를 늘어놓으면서 그의 삶을 정리해주려고 애썼어요. 케네스는 자신이 원하는 대로 살아도 아무런 추궁도 하지 않고 요리랑 청소까지 해주니 내 잔소리쯤은 들어줘야겠다고 생각했을지 모르죠.

나는 아무 문제 없다는 식으로 현실을 부인하는 정도가 너무 심해서 누군가의 도움이 필요했어요. 아들이 끔찍할 정도로 불행했는데도 난 그렇지 않다고 생각했어요. 아들이 불행하다는 말을 할 상황을 만들지 않으면서 그냥 농담으로 일관했어요. 덕분에 아들은 더욱 불행했고요.

난 다른 사람들이 우리 가족에게 문제가 있다고 여기는 게 싫었어요. 케네스가 6개월 동안이나 집에 들어오지 않았지만 별거 중이란 사실을 아무에게도 말하지 않았고 아들은 그것 때문에 더욱 힘들어했어요. 아들도 그 비밀을 지켜야 했으니까요. 게다가 부모의 이혼으로 받은 상처도 숨겨야 했죠.

나는 아무에게도 이혼 이야기를 하고 싶지 않았고, 아들에게도 말하지 말라고 했어요. 아들이 얼마나 절박하게 그 비밀을 털어놓고 싶어 했는지 몰랐어요. 상담치료사는 결혼생활이 끝났다는 사실을 사람들에게 말해야 한다고 하더군요. 하지만 그것을 인정하기란 정말 죽을 만큼 힘들었어요. 아들 테드는 자살을 시도함으로써 '여러분! 저희 가족에게는 문제가 있어요!'라고 자기 식대로 말한 것 같아요.

지금 테드와 나는 잘 지내고 있어요. 함께 혹은 각자 따로 심리치료를 받으면서 서로에게 이야기하는 법과 어떤 감정을 느끼는 법을 배우고 있어요. 심리치료를 받는 동안 한 가지 규칙을 정했는데, 상담하는 동안은 어떤 농담도 하지 않는 것이었죠. 특정 행동에 대해 느끼는 감정을 그대로 받아들이기는 정말 힘든 일이었어요.

지금은 점점 나아지고 있어요. 이런저런 남자를 만나면서 가끔씩 '도와주고 싶은' 병적 욕구가 솟구칠 때가 있지만요. 문제를 덮으려고 억지로 웃는 것이 아니라, 예전의 내 행동이 얼마나 병들어 있었는지를 생각하며 웃으니 기분이 더 좋아졌어요.

—

코니는 유머러스하게 굴면서 자신이나 부모가 '문제 있다'는 현실을 외면하고 주의를 분산시켰다. 온갖 매력과 위트를 발산하면서 부모님이 잠시나마 싸움을 하지 않게 만들었다. 이런 상황이 되풀이될 때마다 코니는 부모를 이어주는 다리 역할을 하면서 모든 책임을 받아들였다. 결국 코니는 안정감을 느끼기 위해 상대방을 통제하려는 욕구가 생겨났다. 그녀는 유머를 이용해 주의를 분산시키면서 통제 욕구를 충족했다. 어린 시절부터 주변인들이 분노를 드러낼 것 같다 싶으면 유머나 상대방을 무장해제시키는 미소로 이를 막았다.

코니가 감정을 부인한 이유는 두 가지다. 첫째, 부모가 헤어질지 모른다는 두려움 때문이었다. 둘째, 감정은 자신의 연기에 방해되기 때문이다. 코니는 자기감정을 부인하면서 주변 사람을 통제하려고 했다. 이런 쾌활함은 케네스처럼 피상적인 관계를 원하는 남자에게는 매력적으로 작용했다.

남편이 몇 년 동안 매일같이 저녁에 집을 비우는데도 어디로 무엇을 하러 가는지 묻지 않았다는 사실은 코니가 현실을 부인하고자 하는 마음이 강하다는 뜻이다. 그만큼 두려움도 상당했을 것이다. 코니는 문제를 알고 싶지 않았고, 싸우거나 대면하고 싶지도 않았다. 무엇보다 싸움이 일어나 자신의 세계가 와해되는 공포를 느끼고 싶지 않았던 것이다.

코니가 심리치료 과정에서 농담을 하지 않기는 힘들었을 것이다. 그녀에게는 공기를 포기하라는 말과 같으니 말이다. 그녀는 유머가 없으면 살 수 없다고 확신했다. 고통스러운 현실을 받아들여야 한다는 아들의 절박한 부탁도 코니의 거대한 방어기제를 무너뜨리지 못했다. 그녀는 여전히 현실을 인식하지 못했고, 상담치료를 받는 동안에도 아들의 문제만 이야기하면서 자신에게 문제가 있다는 것을 부인했다. 항상 '강한 사람'이었기에 싸워보지도 않고 포기할 수 없었던 것이다.

하지만 코니는 점점 농담에 의존하지 않으면서도 편안함을 느끼기 시작했다. 훨씬 건강한 방법이 있음을 깨달았다. 자신에 대한 질문을 스스로에게 던지고, 자신이 원하는 것을 알게 되었다. 마침내 자신의 감정과 현실을 정직하게 받아들이는 법을 배웠다.

나 말고는 누구도 원하지 않을 남자

나는 불행한 가정에서 유년 시절을 보냈어요. 아버지는 내가 태어나기도 전에 어머니를 버리고 떠났어요. 어머니는 '미혼모'가 되었죠. 내가 어릴 때만 해도 부모님이 이혼한 친구는 거의 없었어요. 중산층 동네에서 우리는 이상한 가족이었죠.

나는 꽤 예쁜 아이였던 데다 열심히 공부해서 선생님들에게 사랑받았어요. 학교 성적은 모든 과목에서 A를 받았어요. 그러다 중학교에 들어가서는 스트레스 때문인지 집중력이 떨어졌고 성적도 바닥을 쳤어요. 그렇다고 해서 불량한 행동을 하지는 않았어요. 어머니를 실망시키기는 싫었거든요.

어머니는 비서로 일하셨는데 늘 피곤해하셨어요. 자존심이 무척 강한 분이어서 자신이 버림받았다는 사실을 부끄러워했죠. 그래서 내 친구들이 집에 놀러 오는 걸 무척 불편해하셨어요. 어머니는 우리가 가난하다는 것을 다른 사람들에게 보여주고 싶지 않았던 것 같아요. 우리 집에 사람들이 오지 않는 한 잘사는 것처럼 보이기는 쉬웠죠. 우리 집에는 손님이 오지 않았어요. 그래서 친구가 나를 자기 집으로 초대하면 어머니는 늘 이렇게 말씀하셨죠.

"모두가 사실은 네가 오는 걸 원하지 않을 거야."

내가 친구 집에 가면 보답으로 그 친구를 우리 집에 초대해야 하니까 사전에 막으려는 것이죠. 하지만 어린 나는 그 이유를 알지 못했어요. 어머니의 말을 곧이곧대로 믿고 사람들이 날 싫어한다고 생각했어요. 나에게 문제가 많다고 믿었죠. 정확히 무엇이 문제인지는 몰라도 그 때문에 사람들에게 사랑받지 못한다고 생각했어요.

어머니와 나 사이에 사랑은 없고 의무만 있었어요. 가장 최악이었던 것은 거짓으로 덧칠한 일상생활이었죠. 다른 사람들에게는 실제보다 더 나아 보이기 위해 더 행복하고 더 부유하고 더 당당한 척 행동했어요. 정신적 압박은 심했지만 그런 이야기를 입 밖으로 내지 못했어요.

나는 늘 다른 아이들보다 부족한 점이 드러나지 않을까 전전긍긍했어요. 옷을 잘 차려입고 모범생처럼 행동했지만 스스로를 사기꾼이라고 생각했죠. 어쨌든 나 자신의 결점을 누구보다 잘 알고 있었으니까요. 나를 좋아하는 사람들은 나에게 속은 것이라고 생각했어요. 진짜 내 모습을 알면 모두 떠날 것이라고 확신했죠.

아마도 아버지의 부재가 원인이었던 것 같아요. 나는 어린 시절부터 남자와 대화나 감정을 주고받으면서 관계를 맺는 법을 배우지 못했어요. 나에게 남자는 다가가고 싶지만 무서워서 그러지 못하는 매력적인 동물이었어요. 어머니는 아버지에 대해 한마디도 꺼내지 않았어요. 그래서 아버지가 별로 자랑스러워할 만한 사람이 아닐 거라고 생각했어요. 나도 아버지에 대해 아무것도 묻지 않았죠. 진실을 알기가 두려웠던 거예요.

어머니는 남자는 위험하고 이기적이며 못 믿을 존재라고 말했어요. 그런데도 나는 유치원에 갔을 때부터 남자아이에게 흥미를 가졌어요. 내 인생에서 결핍되어 있는 것을 진지하게 찾았지만 그게 무엇인지는 알 수 없었어요. 그래서 누군가와 애정을 주고받으려고 애썼던 것 같아요. 남자와 여자, 남편과 아내는 서로 사랑하는 사이라고 생각했는데, 어머니는 남자는 여자를 비참하게 만들 뿐이라고 말했어요. 나를 버리고 내 친구와 눈이 맞아 도망가거나 아니면 다른 방식으로 나를 배신할 것이라고요.

어른이 될 때까지 어머니는 늘 이런 이야기를 했어요. 그래서 나는 아주 어릴 때부터 절대 도망치지 않고 도망칠 수도 없는 남자, 나 말고는 아무도 원치 않을 남자를 찾아야겠다고 결심했어요. 나는 나를 필요로 하는 남자를 사귀었죠. 내가 그를 도와주면 그는 나에게 고마움을 느끼며 떠나지 않을 테니까요.

그렇게 생각하면 첫 번째 남자친구가 장애인이었다는 사실은 크게 놀랍지 않아요. 그는 교통사고로 척추를 다쳐서 다리에 보철기구를 부착하고 철로 된 목발을 짚고 걸었어요. 나는 매일 밤 신에게 그 대신 내가 아프게 해달라고 기도했어요. 나는 그와 함께 댄스파티에 가서 계속 그의 곁에 앉아 있었어요. 획실히 그는 멋진 남자였고 함께 있는 것만으로도 즐거웠어요. 그렇지만 나에게는 또 다른 이유가 있었죠. 그와 함께 있으면 안심이 되었어요. 적어도 자기를 도와주고 있는 나를 배신하거나 상처 줄 리 없을 테니까요. 고통에 대비해 미리 보험을 든 것과 같았죠.

내가 그를 선택한 것은 그에게 문제가 있기 때문이었어요. 그를 위해 아파하고 동정하면서 나는 편안함을 느꼈어요. 그렇지만 내가 사귄 남자친구 중에서 그는 아주 건강한 편이었죠. 이후로 사귄 남자친구들은 비행 청소년이나 범죄 전과가 있거나 학습 부진아들이었어요.

그러다 열일곱 살에 첫 남편을 만났어요. 그는 학교에서 문제를 일으키고 퇴학당한 상태였죠. 그의 부모님은 이혼하고서도 여전히 싸우고 있었고요. 나는 그와 비교하면서 안도감을 느꼈고 내 상황이 그다지 창피하지 않았어요. 그가 안됐다는 생각도 들었죠. 아무도 그를 이해해주지 않기 때문에 반항하는 거라고 생각했어요. 나는 남편보다 지능지수가 20이나 높았어요. 그 정도면 남편이 날 떠나지 않을 것이라고 믿었죠.

그와 12년간 부부로 살면서 나는 그의 실제 모습을 받아들이지 않고, 내가 원하는 남자로 만들려고 애썼어요. 아이의 양육법부터 사업을 경영하는 방법, 부모형제와 교류하는 방법까지 내가 하라는 대로 하면 그도 행복할 거라고 확신했어요.

나는 대학을 다니면서 심리학을 전공했어요. 나에게는 필연적이었지만 생각해보면 이상한 일이었죠. 내 삶조차 통제할 수 없으면서 다른 이들을 돌보는 법을 배우고 있었던 거예요. 어떻게 하면 행복해질 수 있는지 열심히 답을 찾았어요. 아무리 생각해도 남편이 변해야 내가 행복해질 것 같았어요. 그는 분명 나의 도움을 필요로 하고 있었죠. 세금이나 청구서도 제대로 처리할 줄 몰랐으니까요.

나는 그의 실제 모습을 보고 나서 그와 헤어질 수 있었어요. 마지막 3개월간은 그에게 아무런 잔소리를 하지 않고 조용히 지켜보기만 했어요. 그제야 비로소 이 남자와 살 수 없다는 것을 깨달았죠. 그때까지는 내 도움으로 멋지게 변할 날들을 기다렸어요. 나를 위해 남편이 변할 것이라는 희망만이 결혼생활을 유지하는 원동력이었죠.

그 이후로도 내가 도움이 필요한 남자만 선택하고 있다는 사실을 깨닫지 못했어요. 대마초 중독자, 게이, 성불능자, 불행한 결혼생활을 하고 있는 유부남 등을 계속 만나면서, 내가 남자 운이 없는 것이 아니라 나에게 문제가 있다는 사실을 깨달았어요.

당시 나는 심리학 관련 자격증을 가지고 다른 사람들을 돕고 있었죠. 이 일을 하는 사람들 중에는 나 같은 사람이 의외로 많아요. 일터에서 하루 종일 남을 돕다 보니 집에서도 가족 중의 누군가를 도우려고 하는 거죠.

아들과의 관계도 마찬가지였어요. 늘 아이를 격려하고 주의를 촉구하고 걱정했어요. 사람들을 도와주고 걱정해주는 것만이 내가 유일하게 아는 사랑의 방식이었죠. 사람을 있는 그대로 받아들이는 법을 몰랐던 거예요. 나 자신조차 있는 그대로 받아들인 적이 없었어요.

그러다 갑자기 모든 것이 무너져버렸어요. 유부남과 관계가 끝났을 때 아들 둘이 법적으로 곤란한 상황에 놓인 데다 내 건강도 안좋아졌어요. 나는 더 이상 다른 사람들을 돌볼 수 없었죠. 나에게 자신부터 돌보라고 말해준 사람이 바로 아들의 보호관찰관이었어요. 오랜 기간 동안 심리학 관련 일을 해왔지만 나를 이해해준 것은 그가 처음이었어요. 나는 스스로를 있는 그대로 바라보면서 자기혐오가 얼마나 깊은지 알기 위해 내 안의 소리에 귀 기울여야 했어요.

어머니가 나를 원하지 않았다는 사실을 인정하는 게 가장 힘들었어요. 지금은 아이를 기르는 것이 얼마나 힘든지 잘 알고 있어요. 어린 시절 "모두가 너를 원하지 않아"라고 했던 어머니의 말은 사실 어머니 자신이 나를 원하지 않는다는 의미였어요. 그때도 어렴풋이 알고 있었지만 인정할 수는 없었어요. 그래서 어머니의 말을 무시했죠. 그러다 보니 많은 것들을 무시하게 되더군요. 어머니의 끊임없는 잔소리나 화내는 것에도 신경 쓰지 않았어요. 하지만 어머니에게 비난받지 않으려고 '착한 아이'가 되기로 마음먹었죠. 그래서 다른 이들을 돕는 데 모든 에너지를 쏟아부었어요. 그러는 동안에는 나에게 집중할 필요도 없고 고통을 겪을 겨를도 없으니까요.

심리학자로서 자존심은 상했지만, 나와 유사한 문제를 겪고 있는 여자들로 구성된 자조모임에 들어갔어요. 내가 이끌었던 심리치료 그룹에 참여자로 들어간 거예요. 그 모임을 통해 나에게 다른 사람들을 관리하고 통제하고 싶은 욕구가 있다는 것을 알았어요. 그리고 그런 욕구를 내려놓는 법을 배웠어요.

모든 사람들을 돕는 대신 나 자신을 돌보기 시작했어요. 일단 내

주변 사람들을 고쳐주려는 습관부터 버려야 했어요. 내가 얼마나 사람들을 통제하고 내 맘대로 하려 했는지 깨닫고 꽤 충격을 받았어요.

내가 행동을 바꾸자 일터에서부터 변화가 일어나더군요. 상담 의뢰인들이 스스로 문제를 해결하도록 이끌고 지지해주었어요. 이전에는 이들을 치료해주어야 한다고 생각했어요. 지금은 이해해주는 것이 더 중요하다는 것을 알게 됐어요.

얼마 뒤에 멋있는 남자가 나타났어요. 그는 나를 필요로 하는 남자가 아니었죠. 아무 문제 없는 사람이었어요. 처음에는 불편함을 느꼈어요. 그를 완벽하게 바꾸려고 노력하는 대신 그저 함께 지내는 법을 배워야 했으니까요. 그래도 있는 그대로의 나에게 충실하는 법을 배우고 실천해나갔어요. 그러자 내 인생이 제대로 돌아가기 시작하더군요. 가끔씩 내 안의 모든 것이 다시 예전으로 돌아가고 싶다고 아우성을 칠 때가 있지만 더 이상 휘둘리지 않으려고 노력해요.

—

팸의 사례에서 '부인'과 '통제'의 관계는 어떠한가? 팸은 자신에 대한 어머니의 분노나 증오를 부인했다. 자신이 어머니에게 환영받지 못하는 자식이란 사실을 외면하려 한 것이다. 결국 팸은 상처받지 않기 위해 자신의 감정을 느끼지 않으려고 했다. 자신의 감정을 인식하지 못했기에 팸은 심각한 문제가 있는 남자들을 사귀었다. 부인하는 능력이 지나치게 발달했기 때문에 감정적 경고 시스템이 제대로 작동하지 않았다. 아무런 감정을 느끼지 못했던 팸에게 문제가 있는 남자들은 자신의 이해와 도움이 필요한 존재들이었다.

상대 남자를 이해하고 격려하면서 개선시키고자 하는 패턴은 사랑에 집착하는 여자들이 공통적으로 가지는 특성이다. 이런 관계는 원하는 것과 정확히 정반대의 결과를 초래한다. 남자친구나 남편들은 이런 여자들의 노력에 감사하며 충실히 역할을 수행하기는 커녕 반항하고 비난하며 화를 낸다. 이들에게 자유와 자기 존중 욕구가 생겨나면 그녀를 문제의 해결책이 아니라 문제의 원인으로 생각해버린다.

관계가 삐걱거리면 그녀들은 실패와 절망에 빠진다. 자신의 도움이 필요한 남자도 자신을 사랑하게 만들지 못하는데 어떻게 건강하고 좋은 남자의 사랑을 받을 수 있겠는가? 따라서 이전보다 더욱 심각한 문제가 있는 남자를 사귀게 된다. 실패를 거듭할수록 여자는 자신을 점점 더 보잘것없는 존재로 느끼기 때문이다.

여자들이 자신이 가진 기본적인 욕구를 제대로 이해하지 못하는 한, 이런 패턴을 끊어버리기란 정말 힘든 일이다. 팸은 다른 이를 돕는 직업을 통해 연약한 자존감을 높였다. 의뢰인, 아이들, 남편 그리고 애인에게 문제가 있어야만 관계를 맺을 수 있었다. 팸은 평생 자신이 부족하고 열등하다는 느낌을 피하기 위한 방법을 찾았다. 자조모임 동료들에게 이해와 인정을 받고 나서야 비로소 팸은 자존감을 되찾았고, 다른 사람들과 건강한 관계를 맺을 수 있게 되었다.

100명의 남자를 만나고 얻은 것

나는 100명이 넘는 남자와 관계를 맺었어요. 지금 돌이켜보면 다들 나보다 너무 어리거나 술이나 마약 중독자, 게이 혹은 정신과 치료를 받는 남자들이었어요. 백이면 백 모두! 어떻게 그런 남자만 사귀었는지 모르겠어요.

아버지는 군목(軍牧)이셨어요. 밖에서는 언제나 친절하고 자비로운 얼굴이었지만, 일단 집에 들어오면 엄격하고 비판적이고 이기적인 분이셨어요. 부모님은 두 분 다 우리가 목사의 자제들답게 행동해야 한다고 말씀하셨어요. 공부도 잘하면서 사교적이어야 하고 절대 문제를 일으키지 않는 완벽한 아이들이 되어야 했죠.

하지만 불가능한 일이었어요. 아버지가 계시면 언제나 집 안에는 팽팽한 긴장감이 감돌았어요. 부모님의 사이가 좋지 않았거든요. 어머니는 늘 아버지에게 화를 냈어요. 언성을 높이며 다투지는 않았지만 짜증스럽고 굳은 표정이었죠. 어머니가 아버지에게 어떤 일을 해달라고 요청하면 아버지는 일부러 그 일을 망쳐놓으셨어요. 한번은 앞문이 잘 열리지 않아서 아버지가 손을 보았는데 아예 고장이 나버린 적이 있었어요. 그 뒤로 우리는 아버지를 그냥 내버려뒀어요.

아버지는 은퇴 후 늘 전용 의자에 말없이 앉아 계셨어요. 원체 말수가 적은 분이셨지만 그곳에 앉아 있다는 이유만으로도 우리 가족 모두가 힘들어했죠. 나는 정말 아버지를 싫어했어요. 당시에는 아버지에게 문제가 있다는 사실을 몰랐어요. 아무 말 하지 않더라도 이기는 것은 언제나 아버지였죠. 우리 가족의 반응도 문제는 있었어요.

어느 날 문득 깨닫고 보니 나는 반항아가 되어 있었어요. 어머니처럼 늘 짜증을 부리고 화를 냈죠. 부모님의 가치관을 거부하고 두 분이 원하는 것과 정반대로 행동했어요. 이렇게 엉망진창이었지만, 밖에서는 극히 정상적인 가족으로 보인다는 사실에 화가 났어요. 지붕 위에 올라가 우리 가족이 얼마나 끔찍한지 외치고 싶었지만 아무도 듣지 못할 것 같더군요. 어머니와 여동생들은 나를 문제아 취급했고, 나는 거기에 발맞춰서 문제아처럼 행동했어요.

나는 고등학생 때 수많은 말썽을 피웠어요. 그리고 대학에 들어가면서 집을 나왔고 기회가 생기자마자 해외로 떠났어요. 하지만 만족할 정도로 집에서 멀리 가지는 못했어요. 겉보기에는 반항아였지만 마음속에는 혼란만 가득했죠.

유럽에 갔을 때 미국인이 아닌 남자와 처음으로 성관계를 맺었어요. 젊은 아프리카계 학생이었는데 미국에 대해 무척 알고 싶어했어요. 나는 그 남자애보다 강하고 현명하고 세상물정을 잘 아는 것 같아서 우쭐했어요. 당시에 나는 백인이고 그는 흑인이라는 사실은 주변에 상당한 파장을 일으켰어요. 하지만 나는 신경 쓰지 않았어요. 오히려 반항아의 면모를 보여준 셈이었죠. 그러나 그와의 관계는 오래가지 않았어요.

그러다 몇 년 후 영국인 대학생을 만나 결혼했어요. 부유한 가정의 지적인 남자였어요. 그를 존중했고, 그에게 많은 것을 배울 수 있을 거라고 생각했죠. 그러나 스물일곱 살이었던 그는 한 번도 여자를 사귀어본 적이 없었어요. 섹스도 마찬가지였죠. 난 다시 한 번 선생님 역할을 해야 했고, 관계를 주도하면서 내가 점점 그를 지배하고 있다고 생각했어요.

우리는 결혼 후 해외에서 7년간 생활했는데 행복하지 않았어요. 이유는 몰랐어요. 그러다 한 젊은 고아 학생을 만나 격렬한 사랑에 빠졌어요. 남편과 아이들을 내버려둔 채 말이죠.

그 남자는 나를 만나기 전에는 남자들하고만 성관계를 맺었던 게이였어요. 내 아파트에 그가 들어와서 2년간 함께 살았어요. 그동안 그가 다른 남자와 잤는데도 난 신경 쓰지 않았어요. 우리는 성적으로 온갖 종류의 것들을 시도하면서 모든 규칙을 깨트렸어요. 나름대로 스릴 있었지만 곧 다시 욕구불만에 빠져서 우리는 헤어졌어요. 지금도 그와 친구로 지내요.

그와 헤어지고 온갖 종류의 몹쓸 남자들을 연달아 사귀었죠. 그들 모두 내 집에 들어와서 살았어요. 대부분 내게 돈을 빌려갔고 액수는 수천 달러에 이르렀어요. 그리고 몇 명은 나를 불법적인 일에 끌어들이기까지 했죠.

그런 지경에까지 이르렀는데도 내게 문제가 있다는 걸 몰랐어요. 모든 남자들이 다 내게서 무언가를 얻어갔기 때문에 난 강한 사람이라고 느꼈고 모든 것을 책임질 수 있다고 생각했어요.

미국으로 돌아와서는 여태까지 남자들 중 최악의 남자를 만났어요. 그는 알코올중독으로 뇌까지 손상된 남자였어요. 쉽게 화를 내면서 폭력을 휘둘렀고, 거의 씻지도 않고 일도 하지 않았어요. 음주운전으로 감옥까지 갔다 왔더군요.

음주운전자들을 위한 프로그램을 진행하는 기관에 그와 함께 갔을 때 그곳 강사가 나를 보더니 상담을 받아보라고 하더군요. 나는 괜찮다고 생각하면서도 상담을 받으러 갔고, 상담치료사는 내게 남자관계에 대해 물었어요. 그때까지 한 번도 그런 시각으로 인생을 바라본 적이 없었어요. 계속 상담을 받으면서 내가 살아온 패턴을 보게 됐죠.

어렸을 때 아무것도 느끼지 않으려고 감정을 전부 닫았고, 살아 있다는 느낌을 얻기 위해 그토록 문제 많은 남자들을 만나면서 온갖 드라마를 겪었죠. 경찰, 약물중독, 재정적인 음모, 위험한 사람들, 비정상적으로 열정적인 섹스, 이 모든 것들이 내게는 일상이었어요. 사실 그런 일을 겪으면서 어떤 느낌도 들지 않았지만요.

심리치료사의 제안에 따라 여자들을 위한 자조모임에 참여하면서 천천히 나 자신에 대해 알게 되었죠. 그리고 건강하지 못하거나 부적절한 남자들에게 끌리는 이유를 깨달았어요. 남자들에게 도움을 주면서 통제하고자 했던 거예요. 영국에 있는 동안 아버지에 대한 증오와 어머니에 대한 분노를 분석해봤지만 한 번도 그런 감정을 나쁜 남자에 대한 집착과 연결하지 못했어요. 분석을 하면서도 패턴을 바꾸지는 못했던 거죠. 내 행동을 찬찬히 살펴보니 지난 몇 년간 상태가 점점 더 심해졌어요.

지금은 남자들과의 관계가 조금씩 건강해졌어요. 얼마 전에는 인슐린 주사를 맞지 않으려는 당뇨병 환자를 사귀었죠. 그를 도와주려고 애쓰면서 그의 자존감을 높여주려고 시도했어요. 그와 사귀는 건 내가 한 단계 진보했다는 증거예요. 적어도 그는 중독자는 아니니까요. 하지만 남자의 건강을 책임지는 강한 여자라는 친숙한 역할을 수행하고 있었죠. 그래서 잠시 동안 남자를 멀리하려고 해요.

―

이러한 패턴으로 남자를 사귀려는 첼레스터의 욕구가 얼마나 강한지는 마지막 남자친구를 보면 알 수 있다. 알코올중독의 마지막 단계까지 다다랐던 남자로 전형적인 빈민 부랑자였다. 첼레스터는 똑똑하고 교양 있는 여자인 데다 교육도 많이 받았으며 정상적이었지만 상대가 얼마나 부적절한 남자인지를 인식하지 못했다. 자신의 감정이나 인식을 부인하면서 그 남자와의 관계를 통제하고 싶은 욕구가 그녀의 지성을 이긴 것이다.

첼레스터가 이런 패턴에서 벗어났을 때 그녀는 항상 참아왔던 엄청난 고립감과 함께 상당한 감정적 고통을 느꼈다. 그녀의 기이하고 수많은 성적 경험에서는 다른 사람들과 친밀감을 전혀 느끼지 못했기 때문이다. 그리고 이런 성적 경험들로 인해 그녀가 다른 이들과 진정으로 가까워지지 못했다. 극적인 사건들과 흥분이 친밀감을 대체한 것이다.

첼레스터는 자기 자신을 믿으면서 자신과 관계를 맺는 것과 함께 다른 여자들을 믿고 그녀들과 관계 맺는 법을 배워야 한다.

첼레스터는 남자와 건강한 방식으로 관계를 맺기 전에 자기 자신과의 관계를 발전시켜야 한다. 기본적으로 그녀가 남자를 만날 때마다 내재된 분노, 혼돈, 반항이라는 감정이 전면에 드러났다. 그리고 이런 남자들을 지배하려는 시도는 사실 그녀 내부에서 폭발한 감정들을 진정시키기 위한 것이닌. 그녀는 자신과의 관계를 정상으로 돌리기 위해 노력해야 한다. 그리고 내면이 안정될수록 건강하고 정상적인 남자와 관계를 맺을 것이다. 자기 자신을 사랑하고 신뢰하는 법을 배우기 전까지는 어떤 남자를 사랑하거나 신뢰하지도 못하고 그 남자에게서 사랑받거나 신뢰를 얻지도 못할 것이다.

많은 여자들은 자신과 적절한 관계를 맺는 법을 모른 채 남자를 찾는 실수를 저지른다. 이 남자 저 남자를 만나면서 무언가 그들이 놓치고 있는 것을 찾아다닌다. 그러나 이는 자기 안에서 찾아야 한다. 스스로를 사랑하지 못하는 사람을 사랑해줄 사람은 없다. 허무한 마음으로 사랑을 구걸해봐야 남는 것은 공허뿐이다. 사람들은 살아가면서 자신의 가치관, 행복해질 권리, 인생에 대한 자세 등을 표출한다. 생각이 변하면 인생도 바뀐다는 것을 잊지 말자.

나는 최선을 다해 사랑하는데, 그는 왜 멀어질까?

나는 가끔 겉모습을 꾸미려고 하다 있는 그대로의 모습을 보여주기가 불가능할 때가 있어요. 심지어 자신에 대해서도 알 수 없게 되죠.

나는 수년간 집안 문제를 숨긴 채 다른 사람들 앞에서 쇼를 하면서 살았어요. 아주 어렸을 때부터 나는 학교운영회에서 일했는데 그때가 정말 좋았어요. 가끔 고등학교 시절이 영원하면 좋겠다고 생각할 정도였으니까요. 고등학교를 다닐 때만 해도 나는 무엇이든 잘하는 학생이었거든요. 축제에서는 여왕이었고 열병행진 때는 선두에 섰고 학급의 부반장도 맡았어요. 로비와 나는 가장 귀여운 커플로 선발되어 졸업 앨범에 실렸고요. 모든 것이 완벽했죠.

집안 형편도 괜찮았어요. 아버지는 세일즈맨으로 돈을 많이 버셨죠. 우리는 풀장이 딸린 큰 집에 살았고 원하는 물건은 뭐든 가졌으니까요. 부족한 것은 겉으로 보이지 않는 내부에 있었죠.

아버지는 거의 항상 밖에서 지내셨어요. 술집에서 만난 여자들과 모텔에 가는 걸 좋아했죠. 아버지가 집에 계실 때면 어머니와 늘 다투셨어요. 그때마다 아버지는 다른 여자들과 어머니를 비교했어요. 신체적인 폭행도 있었고요. 그럴 때면 오빠가 말리거나 내가 경찰을 불러야 했어요.

아버지가 다시 집을 나가시면, 어머니는 항상 나와 오빠를 붙잡고 하소연하셨어요. 그리고 이혼하는 게 낫지 않겠냐고 물었죠. 우리는 부모님이 싸우는 건 정말 싫었지만 책임지고 싶지 않아서 대답을 피했어요. 어머니도 경제적인 이유로 아버지를 떠나지 못했어요. 대신 자주 병원을 찾았고 약을 드시기 시작했어요. 그러자 아버지한테 더 이상 신경 쓰지 않더군요. 그저 약을 더 드시고 문을 닫은 채 방 안에만 계셨어요. 그래서 내가 어머니 대신 모든 일을 해야 했죠. 하지만 싸우는 소리를 듣는 것보다는 나았어요.

지금 남편을 처음 만났을 때쯤 난 다른 사람들을 돌보는 데 일가견이 생겼어요. 로비는 고등학교 2학년 때 만났는데 그때부터 그는 술을 많이 마셨어요. 하지만 그래도 상관없었어요. 내가 해결할 수 있을 거라고 확신했어요. 나는 항상 나이에 비해 성숙하다는 말을 자주 들었고 나도 그렇게 생각했어요.

로비에게는 뭔가 달콤한 분위기가 있었고 나는 금방 그에게 끌렸어요. 그의 가장 친한 친구를 통해 내 마음을 전했고, 우리는 곧 데이트를 했죠.

데이트할 때면 모든 것을 내가 준비했어요. 그가 너무 내성적이어서 내가 나서야 한다고 생각했거든요. 가끔씩 나를 바람맞힐 때면 다음 날 술을 너무 많이 마셔서 잊어버렸다고 사과했죠. 난 그를 꾸짖다가 용서해주곤 했어요. 그는 내가 자신을 바른길로 인도해주는 것에 대해 고마워하는 것처럼 보였어요. 나는 그에게 여자친구이자 엄마였던 셈이죠.

바짓단을 수선해주면서 그에게 가족의 생일을 상기시켜 주고 학교나 직장에서 어떻게 행동해야 하는지 조언해주었죠. 로비의 부모님은 좋은 분들이셨지만 자녀를 여섯 명이나 두셨어요. 할아버지도 함께 살았는데 많이 편찮으셨어요. 그의 가족들은 모두 할아버지의 병 때문에 정신이 없어서 로비에게 아무런 관심을 주지 못했어요. 나는 자연스레 그를 챙기기 시작했어요.

우리는 갓 스무 살을 넘겼을 때 결혼했어요. 결혼식 피로연 때 로비가 너무 취해서 내가 직접 운전해 신혼여행을 떠났어요.

우리 사이에 아들이 태어나자 로비의 음주는 더욱 심해졌어요. 로비는 모든 압박감과 너무 이른 나이에 결혼했다는 사실을 잠시나마 잊기 위해 술을 마신다고 말했어요. 로비는 낚시 여행을 자주 다녔고 외박을 할 때가 많았죠. 하지만 정말로 화가 난 적은 없었어요. 오히려 그가 측은했거든요. 그가 술을 마실 때면 난 그를 위한 핑곗

거리를 만들었고 가정을 더욱 그럴싸하게 꾸리려고 더 애썼어요.

아마 그런 식으로 평생 살 수도 있었을 거예요. 하지만 매년 상황은 점점 심각해지기만 했죠. 그러다 로비가 알코올중독자란 걸 직장에서 눈치챘어요. 그의 동료들과 상사가 그에게 술을 끊든지 회사를 나가라고 했죠. 그는 술을 끊었어요.

그때부터 문제가 시작됐어요. 로비가 술독에 빠져서 엉망진창으로 사는 동안 나는 두 가지 사실을 깨달았어요. 하나는 그가 날 필요로 한다는 것이었고, 다른 하나는 나 말고는 아무도 그를 참아낼 수 없다는 것이었죠. 그렇게 생각해야 안심했던 거예요. 물론 나는 많은 문제들을 참아내야 했지만 괜찮았어요. 로비보다 훨씬 끔찍한 아버지와 함께 살았으니까요. 아버지는 어머니를 때렸고 술집에서 만난 여자들과 바람을 피우기까지 했어요. 그에 비하면 술을 좀 많이 마시는 정도야 아무것도 아니었죠. 그리고 내가 바라는 대로 가정은 유지되고 있었고요. 그가 정신을 잃을 만큼 취할 때면 소리를 지르며 꾸짖었어요. 그러면 1~2주간은 조용했죠. 사실 그 이상은 아무것도 바라지 않았어요.

물론 그가 술을 끊기 전까지 이런 사실을 알지 못했어요. 어느 날 갑자기 나의 불쌍하고 무기력한 로비가 매일 밤 알코올중독자 회복을 위한 자조모임에 참석하더니 친구를 사귀고 내가 모르는 사람들과 심각하게 통화를 하는 거예요. 그리고 문제나 질문이 생기면 후원자에게 의지하기 시작했어요.

나는 직장에서 해고당한 느낌이 들었고 정말 화가 났어요. 솔직히 말해 그가 술을 마실 때가 더 좋았어요. 로비가 술에 취해 아침에 출근하지 못하면 상사에게 전화해 거짓말로 핑곗거리를 대곤 했어요. 로비가 직장에서 문제가 생기거나 음주운전을 하면 그의 가족이나 친구들에게 거짓말을 했어요. 그의 삶에 내가 끼어들어 간섭했던 거예요.

그런데 이제는 더 이상 그 게임에 내가 낄 수 없게 되었어요. 어려운 문제가 생기면 그는 후원자에게 전화를 걸었고 그 후원자는 로비에게 문제에 당당히 맞서라고 충고해줬어요. 그러면 그 문제가 무엇이든 당당히 맞닥뜨렸고, 나중에 후원자에게 결과 보고를 했어요. 나는 그저 방관자일 뿐이었어요.

오랜 세월 무책임하고 믿을 수도 없고 진실하지도 않은 남자와 살았는데, 우리가 가장 많이 싸웠던 시기는 바로 로비가 술을 완전히 끊고 개선된 삶을 살기 시작한 9개월간이었어요. 날 가장 화나게 만들었던 건 그가 후원자에게 전화를 걸어 나를 해결하는 법을 알려달라고 했을 때였죠. 그가 술을 끊는 데 가장 큰 장애물이 나였던 것 같았죠.

이혼소송을 준비할 때 로비의 후원자 부인에게 전화가 왔어요. 그녀는 커피를 마시자고 하더군요. 썩 내키지 않았지만 이야기를 들어보기로 했어요. 그녀는 남편이 술을 끊고 더 이상 그의 삶을 마음대로 할 수 없게 되자 정말 힘들었대요. 남편이 참석하는 자조모임에 너무나 화가 났고 특히 그 후원자에게 화를 냈다고 하더군요. 바로 나처럼 말이에요. 알코올중독자 가족을 위한 모임이 굉장한 도움이 됐다고 말하면서 나에게도 권했어요.

내게는 아무 문제가 없고, 오랜 세월 동안 참고 살아온 내게 로비

둘째, 가장 최악의 비밀을 다른 사람에게 들려줬는데도 피폐해지지 않는 것을 보면서 안전하다는 느낌을 받는다.

셋째, 다른 이들을 비난하지 않고 스스로 선택한 것에 책임을 지면 자신을 희생자로 여겼을 때는 얻지 못한 선택의 자유를 얻는다. 자신의 인생에서 유익하지 않은 것 혹은 만족스럽지 못한 것을 바꿀 수 있다.

8단계 : 자기계발에 필요한 것은 무엇이든 하라

무슨 뜻인가

어떤 일을 시작하기에 앞서 남편이나 애인이 변하기만을 기다리지 않는다는 뜻이다. 또한 경력을 쌓기 시작하거나, 직업을 바꾸거나, 학교로 돌아가거나, 무엇을 원하든 (재정적으로, 감정적으로 혹은 현실적인 문제에 대해) 그가 도와주기만을 기다리지 않는다는 뜻이다. 계획을 세울 때 그의 협조를 구하지 말고, 의지할 사람은 자신뿐이라고 생각하는 것이다.

모든 한계를 스스로 해결해보자. 아이들을 돌보는 문제, 돈, 시간, 이동 수단 등을 고민할 때 그에게 의지하지 말아야 한다.

남편의 도움 없이는 제대로 계획을 실행할 수 없다는 생각이 든다면, 그를 알지 못했던 때로 돌아가서 어떻게 했을지 떠올려보라. 남자에게 의존하는 것을 멈추고, 주어진 다른 선택 사항들을 이용하면서 혼자 살아갈 수 있음을 깨달을 것이다.

자기계발이란 자신의 관심사를 적극적으로 추구한다는 뜻이다. 오랜 시간 동안 애인이나 남편과 함께 지내느라 바쁜 나머지 자신만을 위한 시간을 낸 적이 없다면, 자신을 매료시킨 다른 것을 찾아야 한다. 지금까지 오랜 세월 동안 파트너를 생활의 중심에 두었기 때문에, 자신에게 관심을 기울이고 자기계발을 위해 무언가를 찾아보는 것 자체가 어색할 것이다.

매주 적어도 한 가지씩 새로운 활동에 적극적으로 참여해보라. 인생을 모둠 요리로 여기고 여러 가지 다양한 경험들을 충분히 즐기다 보면 특별히 관심 가는 일을 발견할 것이다.

자기계발은 위험을 감수한다는 뜻이기도 하다. 새로운 사람을 만나고, 오랜만에 수업을 들어보고, 혼자 여행을 떠나고, 직업을 찾는 등 용기를 내지 못했던 일들에 도전해야 하기 때문이다. 이제 그 일에 뛰어들 시간이다. 인생에서 실패란 없다. 오로지 교훈만 있을 뿐이다.(파트너나 문제 가정의 격려를 기대하지 말라. 이들은 당신이 변하지 않기를 원한다. 그래야 자신들도 변할 필요가 없기 때문이다.)

무엇이 필요한가

우선 하기 싫은 일 두 가지를 매일 하면서 자신이 어떤 사람이고 어떤 일을 할 수 있는지에 관해 생각해본다. 아무런 문제도 없는 척하고 싶다면 스스로에게 저항해보라. 자신에게 관심을 가지고 스스로를 돌보면서 파트너에게 신경을 덜 쓰는 법을 배운다. 다른 사람을 기쁘게 해주려고 무조건 '네'라고 대답하는 대신, 자신을 기쁘게 하기 위해 '아니요'라고 말하는 법을 배운다. 거절당할 위험을 감수하더라도 당신이 원하는 것을 확실히 요구해야 한다.

그리고 스스로에게 주는 법을 배워야 한다. 시간을 주고, 관심을 주고, 물질적인 것들을 줘야 한다. 매일 자신에게 무언가를 사주는 것은 자기애를 단련하는 방법이기도 하다. 비쌀 필요는 없고 덜 실용적이고 자잘한 물건일수록 좋다. 자기 탐닉을 실행해보는 방법이다.

자신이야말로 좋은 것들을 받을 만하다고 여기고 스스로에게 선물을 사주는 것도 자기계발의 좋은 시작이다. 그러나 현재 자신을 위해 돈을 쓰는 데 아무런 문제가 없고, 오히려 분노나 우울증을 풀기 위해 강박적으로 쇼핑하고 있다면 다른 방향을 취해야 한다. 물질적인 것(그리고 빚)을 늘리는 대신 새로운 경험들을 해보자. 공원을 산책하거나, 산에 올라가거나, 동물원에 가보라. 잠시 멈춰서 일몰을 바라보는 것도 좋다.

다른 사람에게 관심을 쏟고 있지 않으면 내부의 끔찍한 공허함이 솟아날 수 있다. 심장이 뻥 뚫려 바람이 불어닥치는 듯한 느낌을 받기도 한다. 이런 공허함을 그대로 느껴야 한다.(그렇지 않으면 자신에게서 관심을 돌릴 만한 또 다른 병든 관계를 찾을 것이다.) 그러면 이런 공허함을 항상 느끼는 것은 아니라는 사실을 알게 된다. 그리고 자기 인정이란 온기로 이 공허함을 채울 수 있다.

자조모임에 참석한 이들에게 인정받으면 공허함을 채우는 데 도움이 되고, 당신이 참여하는 프로젝트나 활동에도 도움이 된다. 스스로를 위해 어떤 행동을 하고 자기계발을 하면서부터 자아를 인식할 수 있다. 다른 사람들을 돕는 데만 매진한다면 곧 공허함을 느끼기 마련이다. 이제는 자신에게 관심을 돌릴 차례다.

왜 필요한가

자신이 가진 재능을 극대화하지 못하면 늘 좌절감을 느끼기 마련이다. 좌절감을 느끼는 와중에 인생이 제대로 안 풀리거나 문제가 생기면 파트너를 비난한다. 자신의 잠재력을 계발하면 그를 비난하는 것을 멈추고 자신에게로 시선을 돌릴 것이다.

자신이 선택한 프로젝트나 활동에 참여하다 보면 애인이나 남편이 무엇을 하는지 신경 쓸 겨를이 없다. 현재 신경 쓸 남자가 없을 경우에도 지나간 사랑을 그리워하거나 다음 사랑을 기다리지 않게 된다.

어떤 결과가 나타나는가

더 이상 균형을 맞추기 위해 자신과 정반대되는 남자를 찾을 필요가 없다. 과도하게 심각하고 책임을 지려 하는 여자는 그것을 채워줄 남자에게 끌린다. 아무런 관심도 없고 무책임하기 그지없는 남자는 만족스러운 관계를 맺지 못한다.

자기계발의 또 다른 결과는 성장이다. 능력을 갖출수록 자신의 인생을 책임질 수 있다. 자신의 삶과 행복을 스스로 책임지기 전까지는 의존적이고 두려움에 질려 있는 어린아이일 뿐이다.

자기계발을 통해 스스로 좀 더 멋진 파트너가 될 수 있다. 남자 없이는 아무것도 할 줄 모르는(그래서 두려워하는) 여자가 아니라 표현도 잘하고 창조적인 여자가 된다. 남자를 필요로 하지 않을수록, 남자들에게 더욱 좋은 파트너가 된다. 그리고 좀 더 건강한 남자를 매료시킬 것이다.(그리고 건강한 남자에게 매료될 것이다.)

9단계 : '이기적'인 여자가 돼라

무슨 뜻인가

'이기적'이란 단어 역시 세심한 정의가 필요하다. 이기적인 여자는 지금 당신이 가장 원하지 않는 이미지다. 무관심하고, 잔인하며, 남을 생각할 줄 모르고, 자기중심적인 모습으로 비쳐진다. 이기적으로 굴라는 말은 순교 정신을 버리라는 뜻이다. 건강한 이기심이 어떤 의미를 지니는지 살펴보자.

　자신의 행복, 욕구, 일, 놀이, 계획, 활동을 가장 우선시해야 한다. 이전의 당신은 다른 모든 사람들의 요구를 충족하기 위해 노력했을 것이다. 어린 자녀를 둔 엄마일지라도 아이들을 돌보는 사이에 자기계발 활동을 끼워 넣어야 한다.

　불편한 상황이나 관계에 자신을 맞추려 해서는 안 된다. 자신이 원하고 필요로 하는 것들을 중요하게 생각하면서 이런 욕구를 충족하는 것이 자신이 해야 할 일임을 믿어야 한다. 동시에 다른 사람들의 필요와 요구를 충족하는 일은 그들에게 맡겨야 한다.

무엇이 필요한가

자신을 최우선순위로 두면서 다른 이들의 분노와 반대를 견디는 법을 배워야 한다. 그들의 행복을 당신이 책임지고 있었으니, 그들이 당신의 변화에 반대하고 화내는 건 당연하다. 그러나 굳이 합리화하려고 노력하거나 말다툼을 벌이지 말고, 사과할 필요도 없다. 평정심을 유지하면서 가능한 쾌활하게 자신만의 활동에 매진한다.

　주변 사람들은 당신의 인생이 바뀌면 자신들도 변화를 겪어야 하기 때문에 당신의 변화에 저항한다. 당신의 파트너는 화를 내면서 자기 일을 당신이 대신 해주기를 바란다. 그러나 이들의 분노를 받아주지 않으면 금방 줄어들 것이다.

자신에게 무엇이 좋은지 알려주는 내면의 목소리에 귀를 기울이고 그 소리를 따라가야 한다. 지금까지 다른 사람들이 바라는 것을 눈치채는 데 귀신이 됐을 것이다. 다른 사람들이 주는 힌트에는 관심을 꺼야 한다. 이런 힌트들을 계속 듣다 보면 자기 내면의 목소리가 들리지 않는다.

이기적으로 행동하려면 우선 자신의 가치를 깨달아야 한다. 자신의 재능은 가치가 있고, 자신의 행복과 만족이 다른 사람들의 행복만큼 중요하다는 점을 깨달아야 한다.

왜 필요한가

자신에게 충실하지 못하면, 수동적이 될 수밖에 없고 다른 이들의 이익을 위해 자신을 계발하게 된다. 이기적인 행동의 목적은 가장 고귀한 자아를 얻는 것이다.

당신이 마주치는 모든 어려움들을 헤쳐나가는 것만으로는 부족하다. 당신에게는 여전히 살아가야 할 삶이 있고, 탐험해야 할 잠재력이 무궁무진하다. 따라서 자신이 원하고 바라는 것을 소중히 여기는 것은 당연하다.

자신의 행복을 책임지는 순간 당신의 불행에 책임감과 죄책감을 느끼고 있던 자녀들은(아이들은 이런 환경에서 항상 죄책감을 느낀다) 엄청난 해방감을 느낄 것이다. 부모가 자신의 인생, 행복, 만족을 희생하면서 아이나 가족을 위해서만 살아가면 그 속에서 자란 아이는 인생에서 균형을 잡거나 희망을 품지 못한다. 부모가 자신의 인생을 충실히 살아가는 모습을 보면서 아이 역시 부모와 똑같이 해도 된다는 허락을 받는다. 부모가 고통받는 모습을 보면서 자란 아이에게 인생은 고통의 연속이다.

어떤 결과가 나타나는가

남편 혹은 애인과의 관계가 자동적으로 건강해진다. 당신에게 빚진 사람은 아무도 없고 더 이상 다른 이들을 위해 자신을 버리는 일이 없기 때문이다.

다른 사람들은 당신을 걱정할 필요가 없고 자신만의 삶을 살 자유를 얻는다.(특히 자녀는 부모의 절망과 고통을 없애줘야 한다는 책임감을 느낄 가능성이 높다. 당신이 자신을 돌볼수록, 자녀들도 자신들을 잘 돌본다.)

이제 '좋아' 혹은 '싫어'라고 말할 수 있다. 다른 사람들을 돌보는 역할에서 자신을 돌보는 역할로 바뀌었다면 당신과 파트너 사이의 역할도 바뀐다. 그러면 파트너는 과거의 당신과 같은 모습을 가진 다른 누군가를 찾아 떠날 것이다. 그래서 이 단계에 접어들 때쯤이면 함께 있던 파트너와 헤어질 수 있다.

반면, 자신을 돌보는 데 능숙해질수록, 자신을 돌봐줄 누군가에게 매료될 것이다. 건강해지고 균형을 잡을수록 더 건강하고 균형 잡힌 파트너에게 끌린다. 필요한 것들이 줄어들수록, 욕구는 더 많이 충족된다. 슈퍼 우먼 역할을 포기한 순간 당신을 돌봐줄 누군가가 들어올 자리가 마련된다.

10단계 : 경험하고 배운 것을 다른 이들과 공유하라

무슨 뜻인가

다른 사람들을 과도하게 도와주려 하고 그들에게만 관심을 기울이는 병에서 회복되기 위해 열심히 노력한 끝에 이 마지막 단계를 실행해야 한다.

자신의 경험을 나눈다는 것은 새로 그룹에 참여한 이들에게 과거의 모습과 회복 과정을 설명해준다는 뜻이다. 충고가 아니라 어떻게 성공했는지 설명해주어야 한다. 다른 이들에게 비난을 퍼붓는 것이 아님을 명심하라. 이 회복 단계에 들어섰을 때쯤 다른 사람을 비난하는 것이 해로운 영향을 끼친다는 것을 충분히 알게 된다.

다른 사람과 경험을 나눈다는 것은 자신의 과거와 비슷한 환경이나 상황에 처한 사람에게 기꺼이 회복된 이야기를 들려준다는 것이다. 이때 자신이 했던 일들을 상대에게 강요하지 말아야 한다. 이제는 다른 이들을 관리하고 통제하려 들어서는 안 된다.

자신의 경험을 나눈다는 것은 시간을 내서 다른 사람들을 돕는 행동이다. 특히 도움의 손길을 요청한 사람과 함께 문제를 해결해나가거나 일대일로 만나는 것이다.

무엇이 필요한가

마지막 회복 단계에 이르기까지 당신의 이야기를 들어주고 도와준 이들에게 감사하는 마음을 가져야 한다. 자신의 비밀을 감추고 실제 자신의 모습보다 '좋게 보이려고' 하는 욕구를 버리기 위해 정직성과 적극성이 필요하다.

동기부여가 없더라도 다른 이들을 도와줘야 한다. 병에 걸렸을 때 우리가 '주었던' 것들은 대부분 거짓이었다. 이제는 자유롭게 줄 수 있을 정도로 마음이 충분히 여유로워지고 치료됐을 것이다. 당신의 욕구는 충족되었고 사랑으로 가득 차 있다. 이제 당신이 해야 할 일은 아무런 보상도 바라지 않고 그 사랑을 나누는 것이다.

왜 필요한가

술을 끊은 알코올중독자처럼 관계 중독에서 회복된 당신도 자칫 잘못하다가는 재발할 수 있다는 것에 주의해야 한다. 지속적으로 경계를 늦추지 않아야 예전 방식으로 돌아가지 않을 수 있다.

새롭게 모임에 참여한 이들을 돕다 보면 한때 자신이 얼마나 심각하게 병들었는지, 지금은 얼마나 회복되었는지 깨닫게 될 것이다. 당신이 겪었던 경험과 너무나 닮아 있기에 공감하면서 기억을 떠올릴 것이다.

회복된 과정을 나누면서 다른 이에게 희망을 주는 동시에 당신이 회복하는 과정에서 겪었던 온갖 고난들이 타당성을 얻을 것이다. 당신은 용기를 얻고 인생을 긍정적으로 바라볼 것이다.

어떤 결과가 나타나는가

다른 사람들의 회복을 도우면서 자신의 회복을 유지할 수 있다. 당신의 과거를 공유하는 것은 궁극적으로 자신을 위한 건강하고 이기적인 행동이다. 회복 원칙을 지속적으로 실천해서 자신의 행복을 증진할 수 있다.

Q **Story 11**

Q

당신의 회복 의지와 상관없이
화를 내고, 적대적으로 굴고,
공격하는 이들 곁에 있으면
당신은 정직해질 수가 없다.

진짜 사랑은
아프지 않다

: 자신의 가치
인식하기

자기야, 미안해ㅠㅠ
연락한다는 게 너무 바빠서
그만 타이밍을 놓쳤네.

아냐, 괜찮아. 나도 바쁜가 보다 했어^^

 이해해줘서 고마워♥

많이 힘들었겠다~

 조금 힘들긴 한데, 나아지겠지 뭐.

그래, 오늘은 푹 쉬어~

"도대체 내 성적 욕구는 어디로 다 사라졌을까요?"

가볍게 던진 질문이었지만 나를 바라보는 트루디의 눈에는 원망이 가득했다. 그녀의 왼손에는 약혼반지가 반짝이고 있었다.

마지막 상담을 끝낸 지 8개월이 지나고 처음 본 그녀의 모습은 예전보다 훨씬 좋아 보였다. 한때 슬픔에 찬 작은 고아와 날카로움을 지닌 세련된 여자의 모습을 왔다 갔다 했던 얼굴이 여성스럽고 자신감이 가득한 얼굴로 바뀌었다. 그녀는 유부남이었던 짐과 헤어지고 자살을 시도한 후 3년 동안 상담치료를 받아왔다.

나는 트루디의 회복 과정이 여전히 진행 중임을 보고 기뻤다. 트루디의 성적인 문제는 회복 과정에서 피할 수 없는 부분이다.

"내 인생에서 멋진 남자를 만났어요. 할이라고. 마지막으로 선생님을 만났을 때 데이트하던 남자 말이에요."

트루디와의 상담이 끝날 당시, 그녀가 데이트하던 여러 남자들 중 한 명이었다.

"괜찮긴 한데 좀 지루한 사람이에요."

당시 그에 대해 트루디는 이렇게 말했다.

"말도 잘 통하고 믿을 수 있고 안정된 남자인 것 같아요. 잘생기기도 했고요. 하지만 아무런 감정도 느껴지지 않아요. 내 짝은 아닌 것 같아요."

그러나 나는 사려 깊고 의지할 수 있는 남자를 사귀는 연습이 필요한 시기라고 말했고, 그녀는 얼마간 할과 계속 만나기로 결정했다.

트루디는 자랑스럽게 말을 이었다.

"지금까지 내가 사귀었던 남자하고는 180도 다른 남자예요. 너무 감사하죠. 9월에 결혼하려고요. ……그런데 약간의 문제가 생겼어요. 우리가 아니라 내가 문제예요. 그에게 성적인 흥분이 전혀 느껴지지 않아요. 전에는 이런 적이 없어서, 뭐가 문제인지 모르겠어요. 내 과거가 어땠는지 아시잖아요. 날 사랑하지도 않는 남자들에게 섹스를 구걸하다시피 했는데 이제는 숙녀인 척 얌전을 빼면서 내성적인 노처녀처럼 굴고 있는 거예요. 잘생기고 책임감 있고 믿을 수 있고 정말로 날 사랑해주는 할과 관계를 가질 때면 내가 목석이 되어버려요."

트루디는 회복할 때 대부분 겪게 되는 장애물을 맞닥뜨린 것이다. 이런 여자들은 자신을 사랑해주지 않는 남자를 조종하기 위한 수단으로 섹스를 사용한다. 이제 그러한 도전 거리가 사라져버린 그녀들은 자신을 사랑해주고 아껴주는 파트너와 어떻게 성적인 관계를 맺어야 할지 모른다.

트루디는 단어 하나하나를 강조하며 말했다.

"왜 나는 할과의 관계가 만족스럽지 않을까요?"

그녀는 두려움에 가득 찬 얼굴로 날 바라봤다.

"그를 사랑하지 않아서일까요? 우리 사이에 문제가 있어서 그럴까요?"

"그를 사랑한다고 생각하세요?"

"그런 것 같긴 한데 내가 알던 것과는 모든 게 다르니까 혼란스러워요. 할과 나는 솔직하게 모든 걸 다 이야기해요. 할은 내 과거를 다 알고 있어서 우리 사이에 비밀 같은 건 전혀 없고요. 그의 앞에서는 거짓으로 꾸며댈 필요도 없죠. 있는 그대로의 모습을 보여줄 수 있으니까 이전에 사귀었던 어떤 남자에게서도 느껴보지 못한 편안함이에요. 이제 쇼를 할 필요가 없어져서 좋긴 한데 가끔은 있는 모습 그대로를 드러내는 것보다 거짓 쇼를 하는 게 더 쉽다고 느껴질 때가 있긴 해요.

우리는 보트나 자전거를 타고 등산도 함께 해요. 가치관도 거의 비슷하고 싸울 때도 그는 깔끔한 싸움꾼이죠. 사실 할과 말다툼을 하는 게 즐겁기도 해요. 물론 처음에는 의견이 일치하지 않는 부분에 대해 솔직하게 이야기하기가 너무 두려웠어요. 나는 할처럼 자신의 기분을 솔직하게 이야기하고 내게도 그걸 요구하는 사람에게 익숙지 않았던 거죠.

할은 내가 솔직하게 이야기하거니 그에세 원하는 것을 요청하도록 도와주었고, 내가 솔직하게 말해도 비난하지 않았죠. 우리는 어떤 문제로 다투든 그 문제를 해결하면서 싸움을 끝내고, 그리고 나면 좀 더 친밀감이 느껴져요.

그는 내게 최고의 친구예요. 그와 사귀는 것이 자랑스럽게 느껴질 정도죠. 그러니 내가 그를 사랑하는 건 확실해요. 그런데 잠자리는 왜 만족스럽지 못할까요? 그에게 문제가 있는 건 아니에요. 그는 사려 깊고 정말로 날 만족시켜 주고 싶어 해요. 그것 역시 내게는 새로운 경험이었죠. 짐만큼 공격적이지 않아서 그런 건 아닌 것 같고요. 할은 상당히 흥분하지만, 나는 아무것도 느낄 수 없어요. 나의 과거를 생각해보면 정말 말도 안 되는 일이죠."

나는 그녀에게 다음과 같이 확신을 주었다.

"그건 완벽하게 말이 되는 상황이에요. 지금 당신이 겪고 있는 일은 비슷한 경험을 겪고 회복기에 도달한 많은 여자들이 적절한 파트너와 사귀기 시작할 때 겪는 문제랍니다. 과거의 흥분감, 도전, 곤란함은 더 이상 둘 사이에 존재하지 않죠. 이전에는 그런 느낌을 항상 '사랑'이라고 느꼈기 때문에 중요한 무언가가 빠졌다고 두려워해요. 사실 광적인 느낌, 고통, 두려움, 기다리고 희망하는 것이 빠졌는데 말이죠. 이제 처음으로 당신을 아껴주고 믿을 수 있는 괜찮은 남자를 만났어요. 그를 변화시키려고 노력할 필요도 없죠. 이미 당신이 원하는 것을 가지고 있고 당신에게 충실한 남자이니까요.

문제는 여태껏 당신은 원하는 것을 가져본 적이 없다는 거예요. 원하는 것을 얻지 못하는 기분이 어떤지, 그리고 얻기 위해 미친 듯 것을 끊고 신체적, 정신적 건강을 되찾으려고 노력할 것이다. 어떤 선택을 내리든, 그녀 인생에 들어온 남자를 있는 그대로 받아들임으로써 여자들은 자유롭게 자신만의 삶을 누릴 수 있다. 언제까지나 행복하게.

Q

상대방을 통제하고 싶은 욕구는
어린 시절부터 느낀 두려움, 분노,
긴장감, 죄책감, 부끄러움 같은
강렬한 감정에서 비롯된다.
자신을 보호할 수 있는 방법을
찾지 못한다면 그런 환경 속에서
제대로 살아남지 못할 것이다.

그렇다면 우리가 사랑한 건 무엇이었을까?

: 열정적인 사랑이
이기적인 사랑으로

또 야근이야?

 이번 달에 바쁘다고 했잖아.

그래도 이건 너무하잖아!

안 그래도 힘들어 죽겠는데, 그만 좀 해!

너만 힘들어?
나도 힘들어.

그래, 너도 힘들고 나도 힘들고,
그러니까 그만하자고!

사랑에 집착하는 여자들은 고통, 두려움, 사랑에 대한 갈망으로 인해 '관계 중독'에 빠지기도 한다. 이러한 중독은 남자에 한해서만 일어나지 않는다. 어린 시절부터 내면 깊은 곳에서 솟구치는 감정을 차단하기 위해 어떤 물질이나 사람에 중독되는 것이다.

여자들은 보통 사춘기 혹은 성인이 되어서 중독 증세를 보이는데, 사랑에 집착하는 여자들은 섭식장애를 일으키는 경향이 많다. 자신이 처한 현실을 잊고, 스스로를 돌아볼 겨를이 없게 하고, 감정적 공허함에 무뎌지기 위해, 폭식하거나 굶거나 아니면 두 가지를 되풀이한다.

사랑에 집착하는 여자들이 모두 다 폭식하거나 알코올이나 마약에 중독되는 건 아니다. 그러나 무어가에 중독되었디면 관계 중독에서 벗어나기 위해 먼저 다른 중독부터 치료받아야 한다.

왜 그래야 할까? 술, 마약, 음식에 의존할수록 죄책감, 부끄러움, 두려움 그리고 자기혐오는 늘어만 간다. 점점 외로워지고 고립된 상태에서 일종의 돌파구로 절박하게 남자를 찾는다. 스스로가 너무 끔찍하다는 것을 잊어버리게 해줄 남자가 필요하다. 자기 스스로를 사랑할 수 없으니, 그 남자에게 자신이 사랑스러운 존재임을 확인받으려고 한다. 자신에게 맞는 남자를 만나면 더 이상 음식, 술, 마약 따위는 손도 대지 않을 것이라고 위안하면서 말이다.

그녀들은 중독성 물질을 사용하는 것과 똑같은 이유로 남자와 사귄다. 내부의 고통을 제거하려고 남자와의 관계를 이용하는 것이다. 그러다 그 관계가 실패로 돌아가면 다시 위안을 얻기 위해 전보다 더 심하게 중독성 물질에 집착한다.

건강하지 못한 관계 때문에 스트레스를 받으면 몸은 중독성 물질에 의존하고, 이러한 신체적 중독은 혼란스러운 감정을 일으키다 남자에게 더욱 집착하게 만들면서 악순환이 이어진다.

남자를 사귀지 않거나 잘못된 남자를 사귀면서 그것을 핑계로 중독을 합리화한다. 반대로 중독성 물질을 계속 복용하다 보면 감정은 무뎌지고 변화하고 싶다는 욕구가 사라져 병든 관계도 참아낼 수 있다.

감정적 중독과 신체적 중독을 두고 서로에게 그 이유를 돌리는 것이다. 그리고 한 가지 중독을 다른 한 가지 중독을 대처하는 데 사용한다. 그러다 보면 두 가지 중독 증세 모두 점점 심해진다.

자신의 현실과 감정을 회피하는 방식으로 고통을 피하려고 하면 결코 '병'에서 벗어날 수 없다. 도망치려고 아무리 노력하고 탈출구를 찾아도 복합적인 중독 증세로 인해 더욱 병들어 갈 것이다. 해결책이라고 생각했던 것이 가장 심각한 문제가 된다. 위안과 안도감을 얻고 싶은 마음은 강해지지만, 대부분 얻지 못해서 미치기 시작하는 것이다.

외로워서 사랑을 찾는 것은 위험하다

처음 만난 날 브렌다는 겨우 들릴까 말까 한 작은 목소리로 말했다.

"나는 사소한 물건을 훔치다가 붙잡혔어요. 변호사는 상담을 받아보는 게 좋겠다고 했어요."

그녀는 조심스럽게 말을 이었다.

"법정에 설 때 도움이 된다면서요. 내가 문제를 해결할 의지가 있다고 보여주는 거죠."

그러더니 갑자기 빠른 어조로 떠들었다.

"하지만 나는 아무 문제가 없어요. 작은 약국에서 두어 가지 약을 가져갔는데 돈을 지불하는 것을 깜박했을 뿐이에요. 일부러 그런 게 아니라 실수였어요."

브렌다는 상담하기 가장 힘든 경우였다. 당사자가 도움을 받아야겠다는 동기가 없고, 사실 자체를 부인하고 있기 때문이다.

브렌다가 숨도 쉬지 않고 이야기하는 동안 나는 그녀를 자세히 살펴보았다. 미인의 요소를 다 갖추고 있는 그녀에게는 무언가 부족했다.

그녀는 이야기를 하는 동안 이마를 찡그려 미간에 주름이 잡혔다. 나는 그녀의 비쩍 마른 몸과 피부, 머리 상태를 보고 폭식증과 거식증을 동시에 앓고 있으면서 수시로 구토를 유발하고 있다는 걸 짐작했다.

섭식장애를 앓는 여자들은 강박적 절도를 저지르는 경우가 많으므로 그녀의 절도 행각이 또 다른 단서가 되었다. 그녀의 가족 중에 알코올중독자가 있을지도 모른다. 섭식장애 환자들은 대부분 부모 중 어느 한쪽, 혹은 둘 다 알코올중독자이거나(특히 폭식증을 앓는 여자들), 강박적 섭식장애를 가진 어머니와 알코올중독자 아버지가 있었다.

강박적 섭식장애를 가진 여자는 알코올중독자와 결혼하는 경우가 많다. 그들은 알코올중독자들의 딸인 경우가 많고, 알코올중독자의 딸은 알코올중독자와 결혼하는 경향을 보이니 당연한 결과이다. 강박적 섭식장애를 가진 여자는 자신의 음식 섭취, 몸 그리고 파트너까지 자신의 의지력으로 조절하려 든다. 브렌다와 상담을 진행하기에 앞서 할 일이 있었다.

"브렌다 당신에 대해 말해주세요."

어떤 이야기가 나올지 몰랐지만 가능한 부드럽게 요청했다. 첫날 그녀가 들려준 이야기들은 대부분 거짓말이었다. 그녀는 자신에게 아무런 문제도 없으며 행복하고 물건을 훔친 일은 전혀 기억나지 않는다고 했다. 전에 물건을 훔친 적도 없다고 말이다. 그녀는 다른 사람들은 변호사나 나처럼 자신을 이해해줄 리 없으니 이번 일이 밖으로 알려지는 것을 원치 않는다고 했다. 그녀는 자신은 아무 문제 없고 단지 실수를 해서 체포됐다는 것을 믿게 하려고 했다.

다행히 재판받는 날까지 시간이 좀 있었고, 그녀는 변호사와 내가 서로 연락한다는 것을 알고 '좋은 의뢰인'이 되려고 노력했다. 상담에 꼬박꼬박 참여하면서 천천히 자신에 대해 솔직히 털어놓기 시작했다. 거짓말을 멈추고 진실을 말했을 때 다행히 그녀는 안도감을 느꼈다. 곧 자기 자신을 위해 상담치료를 받기 시작했다. 형을 선고받을 때쯤에는(집행유예 6개월, 전액의 손해배상, 지역사회 봉사 40시간) 자신이 어떤 사람이고 무엇을 숨기려 했는지 알기 위해 열심히 노력했다.

브렌다가 솔직하게 자기 이야기를 시작한 것은 세 번째 상담부터였다. 그날 그녀는 매우 피곤하고 지쳐 보였다. 일주일간 잠을 제대로 자지 못했다고 했다. 이유를 묻자 재판 때문이라고 둘러대다가 곧이어 입술을 깨물고 말을 꺼냈다.

"남편한테 헤어지자고 했어요. 마침내 말이죠. 하지만 지금은 후회하고 있어요. 잠을 잘 수도 없고 일도 손에 안 잡혀요. 완전히 폐인이 되었어요. 남편이 사무실 여직원과 바람을 피웠어요. 그런데 그 사람 없이 지낼 생각을 하니 그런 모든 괴로움을 참고 지냈던 것보다 더 힘들었어요. 어떻게 해야 할지 모르겠어요. 어쨌든 다 내 탓인가 싶어요. 남편은 항상 내 잘못이라고 했거든요. 내가 너무 차갑고 쌀쌀맞아서 여자로 보이지 않는다나요. 그 말이 맞는 것도 같아요. 나는 화를 많이 내고 거리를 두는 편이었지만 그건 다 남편이 내게 비난을 퍼부었기 때문이에요. 그래서 그에게 말했죠. 다정하게 대해주기를 원한다면 당신도 그렇게 해달라고."

그녀는 갑자기 두려움을 느끼는 듯 눈썹을 추켜올리고 방금 했던 이야기들을 되짚어보았다.

"완전히 헤어진 건 아니고 잠시 서로 떨어져서 시간을 가져보기로 했어요. 사실 루디가 심하게 비판적이진 않아요. 뭐 나는 그런 말을 들어도 싸죠. 퇴근해서 집에 오면 너무 피곤해서 저녁을 차리기가 싫어요. 게다가 남편도 내가 만든 음식을 좋아하지도 않고요. 시어머니 음식을 너무 좋아해서 시댁에 가서 저녁을 먹고 새벽 2시까지 집에 들어오지 않더군요. 남편을 행복하게 해주려고 노력할 필요를 못 느꼈어요. 어차피 성공하지 못할 테니까요. 하지만 그렇게 나쁘지는 않아요. 다른 여자들도 나름 고충이 있으니까요."

"새벽 2시까지 남편은 뭘 하셨을까요? 시댁에 그렇게 오래 있을 리는 없잖아요."

"알고 싶지도 않아요. 차라리 남편이 집을 나가고 나 혼자 있는 게 더 좋아요. 집에 들어오기만 하면 싸우니까요. 하지만 그가 그렇게 나가서가 아니라 다음 날 일하러 나가야 하는 나를 피곤하게 만들어서 헤어지자고 했어요."

브렌다는 자신의 감정을 느끼거나 드러내기를 꺼리는 전형적인 여자였다. 그녀의 감정들이 자신들의 존재를 알리려고 소리를 질러대고 있었지만, 브렌다는 오히려 그런 감정들을 물리치기 위해 곤란한 상황을 만들어냈다.

세 번째 상담을 마친 후, 나는 그녀의 변호사에게 전화를 걸어 상담을 지속해야 한다고 브렌다에게 말해달라고 부탁했다. 그녀와 함께 문제를 해결하고 싶었다. 네 번째 상담을 하면서 나는 천천히 문제에 접근했다.

"이제 당신과 음식에 대해 이야기해보죠."

나는 가능한 친절하게 말했다. 그녀의 푸른 눈은 놀라움으로 커졌고 곧이어 얼굴이 창백해졌다. 그러다 평상시처럼 예의 그 미소를 지었다.

"무슨 말씀이세요? 음식이라뇨? 재미있는 질문이네요!"

나는 그녀를 관찰하고 알아낸 사실들을 이야기하면서 섭식장애의 요인을 알려줬다. 많은 여자들이 같은 질환을 겪고 있다는 것을 안 브렌다는 자신의 강박적 행동을 이해하게 되었다.

브렌다의 이야기는 길고 복잡해서, 그녀가 왜곡하거나 숨긴 사실을 실제 사실과 구분하는 데 꽤 시간이 걸렸다. 브렌다는 능숙하게 위장한 나머지 자기가 쳐놓은 거짓의 거미줄에 스스로 갇혀 있었다.

겉으로는 완벽한 이미지를 만들기 위해 열심히 노력했다. 그 이미지는 두려움, 외로움 그리고 끔찍한 공허함을 숨겨주었다. 브렌다는 자신에게 필요한 것을 충족하려면 자신이 처한 현실에 접근해야 했지만 그녀에게는 힘든 일이었다. 그 결과 강박적으로 물건을 훔치거나, 먹은 걸 토해내고 다시 먹거나, 거짓말을 하면서 필사적으로 자신의 행동을 숨기려고 했다.

브렌다의 어머니도 강박적인 섭식장애를 겪고 있었고, 뚱뚱했다. 마르고 깐깐하면서 에너지가 넘쳐났던 그녀의 아버지는 아내의 외모와 광적인 신앙심에 완전히 질려서 대놓고 바람을 피웠다.

그러나 가족 누구도 그 문제에 대해 말을 꺼내는 사람이 없었다. 사실을 아는 것과 인정하는 것은 완전히 다른 이야기였다. 누군가 이를 인정한다면 가족들끼리 맺은 전략상 합의를 위반한 것이었다. 알고 있는 사실을 크게 외치지 않는 한 가족에게 어떤 문제도 없는 것이니 상처받을 일도 없었다.

바로 이 규칙을 브렌다는 자신의 인생에도 적용해왔다. 그녀가 입 밖으로 꺼내지 않는 한 문제는 존재하지 않았던 것이다. 그녀가 자신을 파괴해온 모든 거짓말들과 꾸며낸 이야기들에 그토록 집요하게 매달리는 것도 당연했다.

브렌다는 자신이 아무리 먹어도 어머니처럼 뚱뚱해지지 않는다는 사실에 안도했다. 그러나 열다섯 살이 되자 그동안 엄청나게 먹었던 음식들이 온몸을 통해 나타나기 시작했다. 열여덟 살이 됐을 때 몸무게는 120킬로그램에 달했고 절망적일 정도로 불행해졌다. 아버지는 그녀에게 잔인한 말을 내뱉으면서 결국 그녀도 엄마처럼 될 거라고 비웃었다.

사실 아버지는 항상 술에 취해서 그런 말을 내뱉었다. 집에서는 마시지 않다가 언젠가부터 집에서까지 술을 마셨다. 그녀의 어머니는 계속 기도만 했고, 아버지는 이를 비웃듯 계속 술만 마셨다. 그리고 브렌다는 계속 먹으면서 자신의 고통을 무시했다.

대학에 들어가 처음으로 집을 나와 혼자 지내게 되자, 그토록 싫어했던 어머니와 아버지에게 위로받지 못한다는 사실에 끔찍할 정도로 외로움을 느꼈다. 그때 그녀는 놀라운 사실을 발견했다. 방에서 혼자 엄청나게 먹고 나서 먹은 걸 다 토해버리면 살도 찌지 않을 테니 아무리 많이 먹어도 비난받지 않을 거라고 생각한 것이다. 브렌다는 자신의 몸무게를 통제한다는 느낌에 기뻐서 어쩔 줄 몰랐다. 곧 단식을 시작하면서 먹은 것을 모조리 토해냈다. 그녀의 강박적인 섭식장애는 이제 폭식증을 거쳐 거식증 단계로 들어갔다.

브렌다는 몇십 년간 비정상적인 과체중과 저체중을 반복했다. 매일 아침 눈을 뜨면서 오늘은 어제와 다를 거라는 기대를 가졌다. 그리고 잠자리에 들면서 내일은 '평범하게' 살겠다고 다짐하지만 곧 한밤중에 일어나 냉장고를 털었다. 브렌다는 자신이 섭식장애를 앓고 있다는 사실도 몰랐다.

강박적 섭식장애를 앓고 있는 부모나 알코올중독자의 딸들에게 섭식장애가 나타나는 경우가 많다. 브렌다는 자신과 어머니가 정제된 탄수화물에 중독됐다는 것을 알지 못했다. 탄수화물 중독은 아빠의 알코올중독에 상응하는 것이었다. 탄수화물이나 알코올 모두 조금씩 안전하게 섭취하기가 불가능하고, 한번 먹으면 점점 더 많이 먹고 싶어진다. 아버지가 술에 중독되었듯 브렌다는 달콤한 빵에 중독되었다.

그녀의 고립과 비밀은 섭식장애와 가족 때문에 지속되었다. 브렌다의 가족은 "오, 잘됐구나"라는 대답 외에는 그 어떤 말도 듣고 싶어 하지 않았다. 고통, 두려움, 외로움, 브렌다의 진심을 들어줄 여유가 없었다. 그녀의 가족은 계속 진실을 회피해왔다. 부모를 침묵의 동반자로 삼은 채 브렌다의 인생은 점점 더 거짓으로 점철되어 갔다.

오랫동안 브렌다는 자신의 외면을 통제했지만 내면은 통제할 수 없었다. 유명 디자이너의 옷을 걸치고 최신 유행의 헤어스타일과 메이크업으로 치장했지만 두려움을 잠재우고 공허함을 채우기에는 역부족이었다. 그녀가 인정하지 않던 여러 가지 감정들과 스스로 초래한 영양실조 때문에 신경계통의 일부 기능이 손상되었다. 그로 인해 브렌다의 정신은 혼란스러워지고 불안과 우울증을 앓게 되어 결국 어머니와 같은 상황에 이르렀다.

정신적 소용돌이에서 자유로워지기 위해 브렌다는 어머니처럼 열정적인 종교 동아리에서 위안을 얻고자 했다. 대학교 4학년 때 동아리에서 지금의 남편인 루디를 만났다. 그녀는 신비로워 보이는 루디에게 곧 빠져들었다. 브렌다는 비밀에 익숙해 있었고 루디는 비밀이 많은 남자였기 때문이다.

그는 과거에 고향인 뉴저지에서 폭력단에 소속되어 불법적인 일을 했다는 이야기를 털어놓았다. 버는 족족 써버린 엄청난 돈, 번쩍거리는 차에 화려한 여자들, 클럽 그리고 술과 마약에 둘러싸인 그의 모습을 막연하게 그릴 수 있었다.

그는 어두운 과거를 뒤로하고 더 나은 인생을 살기 위해 중서부 지역의 대학에 다니면서 적극적으로 종교 동아리 활동을 하고 있었다. 서둘러서 고향을 떠났다는 것은 가족과의 연락도 끊었다는 뜻이었다. 하지만 브렌다는 그의 어둡고 미스터리한 과거와 변화하려고 노력하는 모습에 감동한 나머지 과거의 행동들에 대해 자세히 물어볼 생각도 하지 않았다. 결국 그녀에게도 비밀은 있으니 말이다.

서로가 만든 환상과 사랑에 빠지다

두 사람은 자신들의 모습을 가장한 채 살아가고 있었다. 루디는 합창단원으로 변장한 범법자였고, 브렌다는 최신 유행을 따르는 여자로 위장한 섭식장애자였다. 두 사람은 자연스럽게 서로가 만들어낸 환상과 사랑에 빠졌다. 자신이 꾸며낸 모습을 누군가 사랑한다는 사실에 힘입어 브렌다는 더욱 파멸의 길로 나아갔다. 속임수를 계속 이어나가야 하다 보니 압박감은 더욱 심해졌고, 스트레스는 늘어만 갔다. 더불어 먹고, 토하고, 숨고 싶은 욕구는 점점 더 커졌다.

루디는 술, 담배, 마약을 모두 끊고 지내다 가족들 모두 캘리포니아로 이사를 가자 금욕 생활을 정리했다. 지리적으로 충분히 멀어지면 자신의 과거를 묻을 수 있다고 판단한 것이다. 그러고는 자신의 과거를 다시 재현하기 시작했다. 이제는 그의 아내가 된 브렌다를 데리고 말이다. 주 경계선을 넘자마자 그는 브렌다를 만나기 전의 과거 모습으로 완전히 돌아갔다.

그녀의 가면은 좀 더 오래 지속되다가 루디의 부모와 함께 살기 시작하면서 깨져버렸다. 그 집에는 보는 눈이 너무 많아서 자유롭게 구토를 할 수가 없었다. 폭식은 더더욱 숨기기 힘든 데다 현재 처한 환경에서 오는 스트레스까지 더해져 몸무게가 기하급수적으로 늘어났다.

얼마 지나지 않아 그녀는 25킬로그램이나 살이 쪘다. 아름다운 금발의 아내는 사라지고 뚱뚱한 몸에 주름진 여자가 나타났던 것이다. 속았다는 기분이 들면서 화가 난 루디는 그녀를 집에 내버려둔 채 술을 마시러 나갔다.

절망감에 빠진 브렌다는 전보다 더 많이 먹어댔고, 시댁에서 나와 따로 살기만 하면 다시 날씬해질 수 있다고 루디와 자기 자신에게 약속했다. 분가해서 살게 되자 브렌다의 몸무게는 갑작스럽게 줄어들었다. 하지만 루디는 거의 집에 있지 않았기에 날씬해진 브렌다를 알아차리지 못했다. 브렌다는 임신했지만 네 달 만에 유산했고, 그때 루디는 다른 곳에서 밤을 보내고 있었다.

그때까지도 브렌다는 모든 일을 자기 탓으로 여겼다. 한때 건강하고 행복했고, 자기와 같은 믿음과 가치를 공유했던 남자가 지금은 완전히 딴 남자로 변해버렸다. 둘은 늘 그의 행동과 그녀의 잔소리를 놓고 싸움을 벌였다. 브렌다는 잔소리를 하지 않으려고 노력했다. 하지만 루디는 변하지 않았다. 그녀가 더 이상 뚱뚱하지 않았는데도 루디는 집 밖으로 나돌았다. 브렌다는 삶의 질서가 무너져 내리는데도 아무것도 할 수 없음을 알고 공포에 질렸다.

브렌다는 10대 때부터 남몰래 물건을 훔쳤다. 그러나 훔친 물건을 보관하거나 사용하지는 않았다. 루디와의 결혼생활이 불행해지면서 절도가 다시 시작됐다. 그녀의 절도는 세상으로부터 사랑과 이해, 인정을 받으려고 발버둥치는 상징적 의미를 지니고 있었다.

하지만 절도는 그녀를 더욱 고립시킬 뿐이었고, 또 다른 어두운 비밀이자 죄책감과 부끄러움의 원인이었다. 그녀의 겉모습은 두렵고 공허하고 외로운 사람임을 들키지 않게 해줄 가장 훌륭한 방어책이었다. 그녀는 몸이 점점 말라갔고 비싼 옷을 계속 입는 직업을 얻었다. 몇 번 모델 일을 했고 루디가 자신을 자랑스러워해주길 원했다. 그는 모델인 아내를 다른 사람들에게 자랑하기는 했지만, 한 번도 그녀가 런웨이에서 걷는 모습을 보러 오지 않았다.

루디에게 자신의 가치를 인정받고 싶었던 브렌다는, 그가 인정해주지 않자 스스로의 가치를 더욱 낮게 평가했다. 브렌다는 계속해서 완벽하게 외모를 가꾸었지만 루디가 만나던 갈색 머리 여자들의 자연스러운 매력에 비하면 늘 부족했다. 브렌다는 자신을 더욱 몰아붙여서 살을 뺐다. 마를수록 더욱 완벽에 가까워진다고 여겼다.

그녀는 집안일도 완벽하게 해내려다 곧 다양한 강박적 행동에 사로잡혔다. 청소하고, 물건을 훔치고, 먹고 토하기를 반복했다. 루디가 술을 마시며 여자들을 만나러 돌아다니는 동안, 브렌다는 밤 늦게까지 청소를 했다. 그리고 루디가 차를 차고에 넣는 소리를 들으면 그녀는 침대로 들어가 자는 척했다.

루디는 그녀가 집 안을 과도할 정도로 깔끔하게 유지하려는 것에 불평하며, 그녀가 세심하게 청소해놓은 집 안을 일부러 어지럽혔다. 브렌다는 집 안을 청소하고 원상복구하고 싶은 마음에 그가 어서 집을 나가길 바랐다. 루디가 술을 마시고 다른 여자를 찾으러 나가면 브렌다는 안도감을 느꼈다. 모든 상황들이 점점 미쳐만 갔다.

그녀가 약국에서 절도로 붙잡힌 것은 너무나 큰 축복이었다. 이러한 위기 덕분에 브렌다가 억지로나마 상담을 받게 되었고, 처음으로 자신의 삶이 어떻게 흘러가고 있는지 제대로 보기 시작했다. 그녀는 오랫동안 루디에게서 벗어나고 싶었지만 자신이 완벽해지면 관계가 회복될 거라는 강박증을 버릴 수 없었다.

그녀가 그에게서 멀어지려 할수록, 루디는 더욱 열정석으로 매달렸다. 꽃을 사 오거나 전화도 자주 하고 예고 없이 갑자기 직장으로 찾아와 콘서트에 그녀를 데려가곤 했다. 처음 루디를 본 브렌다의 직장 동료들은 그토록 헌신적이고 애정이 넘치는 남자를 떠나는 건 어리석은 짓이라고 했다. 두 번의 화해와 고통스러운 헤어짐이 반복되자 브렌다는 루디가 단지 가질 수 없는 것을 원하는 것뿐임을 깨달았다.

그는 남편과 아내로 함께 살기만 하면 또다시 다른 여자들을 만났다. 두 번째 별거 중에 브렌다는 그가 술과 마약에 중독된 것 같다고 말했다. 그는 사실이 아님을 증명하려고 도움을 받기 시작했다. 두 달 동안 그는 마약과 술을 멀리했다. 둘은 다시 화해하고 합쳤는데 며칠 후 말다툼을 하자 그는 다시 술을 마시고 외박까지 했다.

그러자 상담을 받으면서 브렌다의 눈에 그와 자신이 갇혀 있는 패턴이 보였다. 루디는 자신이 술과 마약과 여자에 중독된 것을 속이고 변명하기 위해 브렌다와의 관계에서 고의적으로 문제를 일으키고 있었다. 동시에 브렌다 역시 폭식과 다른 강박적 행동에 빠져든 자신을 합리화하기 위해 둘의 관계에서 생기는 엄청난 긴장감을 이용하고 있었다.

집착은 전이가 잘된다

루디와 브렌다는 자신들의 중독증과 문제 해결을 피하기 위해 서로를 이용했다. 마침내 이러한 사실을 인식한 브렌다는 행복한 결혼생활을 할 수 있을 것이라는 희망을 버렸다.

브렌다는 회복에 필요한 세 가지 과정에 참여했다. 그녀는 계속 상담치료를 받았고, 평생을 알코올중독자와 살면서 생긴 문제를 해결하기 위해 알코올중독자 가족을 위한 모임에 가입했다. 그리고 섭식장애를 겪는 이들을 위한 모임에 참여해 위안을 얻고 해결하기 위한 도움을 얻었다.

강박적인 폭식, 구토, 그리고 음식을 거부하는 것은 가장 심각하고 뿌리 깊은 문제이자 주요한 질병이다. 음식에 대한 집착으로 인해 브렌다는 자기 자신이나 주변 사람들과 건강한 관계를 맺는 데 필요한 모든 에너지를 고갈시켰다. 몸무게, 식사량, 칼로리, 다이어트 등에 대한 집착을 내려놓기 전까지는 음식 외에 다른 것들에 대해 제대로 된 감정을 느낄 수 없었고, 그녀 자신이나 다른 사람들에게 정직할 수도 없었다.

섭식장애로 인해 감정이 무뎌져 있는 동안 자신을 돌보거나 자신을 위해 현명한 결정을 내리거나 자신만의 인생을 살 수 없었다. 음식만이 그녀의 인생이자 그녀가 원하는 유일한 것이었다. 음식을 조절하기 위해 벌이는 사투가 처절하긴 해도 자기 자신, 가족, 남편과 벌일 싸움보다는 덜 위협적이었다.

브렌다는 섭식장애를 겪는 이들을 위한 모임에 참여하면서 몇십 년 만에 처음으로 자신의 모습을 솔직하게 드러냈다. 자신을 있는 그대로 받아들여 주는 사람들 앞에서 거짓말할 이유가 없지 않은가?

브렌다는 문제의 근원이 가족이었음을 이해하고, 부모의 질병이 자신에게 어떤 영향을 끼쳤는지와 부모의 강박적 질환 자체도 이해하게 되었다. 그녀는 이런 이해를 바탕으로 부모와 보다 건강한 방식으로 관계를 맺었다.

루디는 이혼이 결정된 순간에도 브렌다와 결혼생활을 유지하길 원했고, 다른 여자와 결혼하기 전날 저녁에도 전화를 걸어 자신이 원하는 여자는 브렌다뿐이라고 주장했다. 브렌다는 루디에게 결혼생활을 성실히 유지할 능력이 부족하며, 어떤 여자와 관계를 맺든 그 상황을 피할 방법만 찾는다는 것을 알게 되었다. 브렌다의 아버지처럼 루디는 가정과 아내가 있는 상태에서 여러 여자들을 만나길 원했다.

브렌다는 자신과 가족 사이에 공간적으로 그리고 감정적으로 거리를 유지해야 한다는 것을 깨달았다. 부모님 집을 방문할 때마다 일시적으로 폭식과 구토 증상이 나타났기 때문이다.

그녀가 가장 소중히 여기는 '건강'을 유지하기가 쉽지 않았다. 그리고 자신이 건강을 유지하는 데 서투른 사람이라는 사실을 깨달았다. 그녀는 직업을 찾고, 새로운 사람들과 우정을 맺고, 새로운 관심거리를 찾으면서 천천히 삶을 채워갔다. 행복하고 편안하고 평화롭게 지내는 법을 전혀 모르던 그녀였기에 혼란을 가져올 익숙한 문제를 만들지 않도록 노력했다.

브렌다는 계속해서 모임에 참석했고 필요할 때마다 상담치료를 받았다. 그녀는 예전처럼 깡마르지도, 뚱뚱하지도 않았다. 그녀는 "나는 정상이에요!"라고 외치며 웃어댔다. 물론 그렇게 될 수 없다는 걸 알면서 말이다.

브렌다는 아직 불안정한 상태에 있다. 스스로 회복됐다고 느끼기 위해서는 보다 건강한 방법을 찾아야 하는데, 이는 시간과 노력이 필요하다. 브렌다는 여전히 음식과 남자에게 집착하면서 자신의 감정을 부인하는 상태로 되돌아갈 가능성이 남아 있다. 브렌다도 이 점을 잘 알고 있었다.

"더 이상 비밀을 만들지 않기로 했어요. 모든 문제는 비밀에서 비롯됐으니까요. 새로운 남자를 만나서 관계가 진전될 것 같으면 내 질병에 대해 솔직히 이야기해요. 그 사실을 받아들일 수 없다 하더라도, 그건 내 문제가 아니라 그 남자의 문제라고 생각해요. 남자를 기쁘게 하기 위해 스스로를 속이는 일은 없을 거예요. 인생의 우선순위가 달라졌거든요. 내 회복이 우선이에요. 내가 회복되지 않으면 다른 사람에게 아무것도 해줄 수 없으니까요."

◯

관계 중독을 치료하는 첫 번째 방법은

어떤 병에 걸려 있다는 사실을 인식하는 것이다.

이 질병은 확인 가능하며, 적절한 치료가 필요하다.

아무런 보상이 없는 관계를 통해

얻어지는 고통에 익숙해져 잘못된 관계에

중독됐음을 인식해야 한다.

우리가
사랑하긴
한 걸까?

: 잘못된 관계에 대한
집착 벗어던지기

지금 누구랑 있어?

 친구랑

친구 누구?

 고등학교 친구 있어. 넌 잘 모르는 애야.

그래? 영상통화 가능해?

 지금 나 의심하는 거야?

마고는 의자 가장자리에 걸터앉아 날카로운 눈으로 나를 바라봤다.

"선생님이 나를 도와준다는 걸 어떻게 알죠? 나는 한 번도 상담을 받아본 적이 없어요. 시간이나 돈 낭비가 아니라고 확신할 수 있어요?"

나는 그녀가 진짜 묻고 싶은 질문이 뭔지 알고 있었다.

"진짜로 내가 어떤 여자인지 말해도 나를 돌봐줄 거라고 어떻게 믿죠?"

나는 두 가지 질문 모두에 대답했다.

"상담치료는 시간과 돈이 소요되는 일이긴 해요. 사람들은 보통 엄청나게 끔찍하거나 고통스러운 문제가 생기지 않는 한 상담치료를 받으러 오지 않으니까요. 오래전부터 혼자 해결하려고 열심히 노력했지만 실패한 문제들을 가지고 오죠. 가벼운 마음으로 상담 치료를 받으러 오는 사람은 없어요. 나를 찾아오기 전까지 오랜 시간을 고민했을 거란 걸 알아요."

마고는 적절한 대답에 안심한 듯 조그맣게 한숨을 쉬더니 의자에 깊숙이 고쳐 앉았다.

"나는 15년 전에 상담을 받았어야 했어요. 아니 훨씬 전에요. 하지만 그때 어떻게 알았겠어요? 그저 괜찮겠지 생각했죠. 어떻게 생각하면 괜찮기도 했고요. 지금도 상황이 나쁘지는 않아요. 나는 각종 법률증서를 다루는 공무원이라 수입도 넉넉하고요."

그녀는 갑자기 말을 멈추더니 심사숙고하며 말을 이어갔다.

"가끔씩 내가 이중생활을 하는 것 같다는 느낌이 들어요. 직장에서는 똑똑하고 능률적으로 일하고 존경받는 사람이죠. 동료들은 내게 조언을 구하고 책임 있는 일은 나에게 맡겨요. 그러면 난 능력이 출중한 워킹우먼인 양 일을 처리해요."

그녀는 천장을 보며 목소리를 가다듬었다.

"그러다 집으로 돌아오면 내 삶은 삼류소설 같아요. 난 벌써 네 번이나 결혼했어요. 아직 서른다섯밖에 안 됐는데 말이에요. 시간만 허비하면서 제대로 된 인생을 살지 못할 것 같아 두려웠어요. 예전처럼 어리지도 예쁘지도 않잖아요. 어떤 남자도 날 원하지 않을까 봐 두려워요. 평생 혼자 지내면 어떡해요."

그녀의 목소리와 얼굴에 불안감이 배어났다.

"가장 끔찍했던 결혼생활을 고르기도 힘들더군요. 전부 다 재난에 가까웠거든요. 첫 번째 남편과는 스무 살에 결혼했어요. 처음 그를 만났을 때부터 제멋대로인 남자란 걸 알았어요. 결혼 전부터 바람을 피웠고, 결혼 후에도 마찬가지였어요. 결혼하면 변할 거라고 생각했지만 아니더군요.

딸이 태어나면 좀 달라질 거라고 생각했지만 오히려 정반대였어요. 전보다 더 집에 안 들어오더군요. 집에 있을 때면 난폭하게 굴었고요. 나한테 소리 지르는 건 참을 수 있었지만 어린 딸에게 아무런 이유 없이 벌을 주려고 했어요. 결국 나는 딸을 데리고 그를 떠났어요. 쉽지는 않았죠. 딸은 너무 어렸고 나는 일자리를 찾아야 했으니까요.

남편은 양육비도 주지 않은 데다 양육권마저 빼앗으려고 했어요. 친정집으로 돌아갈 수도 없었어요. 부모님의 상황도 별반 다르지 않았거든요. 어머니는 아버지에게 무차별적인 언어폭력과 신체적인 학대를 받고 있었어요. 그 학대는 우리에게까지 이어졌죠. 자라면서 항상 도망만 다녔어요. 마침내 집에서 완전히 벗어났는데 다시 구렁텅이로 돌아갈 수는 없었죠.

첫 번째 남편을 떠난 후 이혼할 용기를 내기까지 2년이라는 시간이 걸렸어요. 다른 남자를 만날 때까지는 완전히 관계를 끝낼 수 없었죠. 당시 이혼소송을 담당했던 변호사 드웨인이 두 번째 남편이 되었어요. 그는 나보다 한참 나이가 많았는데 그도 당시 이혼한 상태였죠. 그를 사랑하지는 않았지만 사랑하고 싶더군요. 딸과 나를 돌봐줄 수 있을 테니까요. 그는 인생을 다시 시작하고 싶고, 정말로 사랑하는 사람과 새로운 가족을 만들고 싶다고 말했어요. 그런 그가 나를 선택했다는 사실에 으쓱한 기분이 들었어요.

마침내 나는 이혼하고 바로 다음 날 그와 결혼했어요. 이제부터는 다 잘될 거라고 확신했죠. 딸을 좋은 유치원에 보내고 나면 나도 학교에 갔어요. 오후에 우리 모녀는 늘 함께 있었죠. 내가 저녁을 차려놓고 야간 수업을 듣기 위해 학교에 나가면 남편이 딸과 함께 집에서 일을 했어요.

그러던 어느 날 딸과 대화를 나누다가 이상한 느낌을 받았어요. 결국 딸과 남편 사이에 있어서는 안 될 일이 벌어졌다는 걸 알았어요. 그래요. 섹스 말이에요. 너무 끔찍했죠. 당시 나는 임신 중이었지만 딸을 위해서는 이 상황을 정리할 필요가 있다고 생각했어요. 그래서 다음 날 드웨인이 출근하자마자 짐을 모두 차에 싣고 그 집을 떠났어요. 딸과 나눈 대화를 언급하면서 우리를 찾지 말아달라고 메모를 남겨놨어요. 우리를 찾으려고 한다면 추악한 일들을 세상에 공표하겠다고 경고했죠.

나는 그가 우리를 찾을까 봐 불안했어요. 그래서 임신 사실을 그에게 알리지도 못하고 그 어떤 것도 요구하지 않았죠.

당연히 그는 우리가 사는 곳을 찾아내 편지를 보냈어요. 딸에 대해서는 한마디도 언급하지 않았어요. 단지 내가 자기를 차갑게 대하고 무관심하게 굴었다며, 매일 저녁 집에 아이와 둘만 남겨둔 채학교에 다녔다고 비난하더군요. 한동안 그 점에 대해서는 죄책감이 들긴 했어요. 나 때문에 딸아이에게 그런 끔찍한 일이 생긴 것만 같았죠. 딸을 처참한 지경에 몰아넣고서는 모든 것을 해주었다고 생각했던 거예요."

마고의 낯빛이 창백해졌다.

"운 좋게도 나처럼 어린 나이에 엄마가 된 여자의 집에서 같이 살게 됐어요. 우린 공통점이 아주 많았어요. 우리 둘 다 너무 이른 나이에 결혼했고 불행한 가정에서 자랐죠. 우리 아버지들은 정말 많이 닮았고 전남편도 비슷했어요. 다른 점은 그녀에게 전남편은 한 명뿐이라는 것이었죠."

마고는 머리를 흔들더니 계속 이어갔다.

"아무튼 우리는 서로의 아이들을 돌봐주면서 학교에 계속 다니고 각자 다른 남자와 데이트도 했어요. 그때가 내 인생에서 가장 자유로웠던 시기였어요. 드웨인은 임신 사실을 몰랐고 나는 절대 말하지 않았어요. 다시는 그와 엮이지 않길 바랐어요.

룸메이트였던 수지는 내가 둘째를 낳았을 때 옆에 있어줬어요. 그 당시가 내 인생 최고의 시기였던 것 같아요. 둘 다 가난한 미혼모 대학생이었지만 돈도 벌고 학교도 다녔거든요. 우리는 아이들을 키우면서 중고 옷가게에서 옷을 사고 식량배급소에서 음식을 사 먹었어요. 우리 마음대로 자유롭게 살았어요."

그녀는 어깨를 으쓱거렸다.

"그럼에도 몹시 불안했어요. 내 삶에 다시 남자가 들어오길 원했어요. 내가 원하는 삶을 살게 해줄 누군가가 나타나길 바란 거죠. 아직도 그런 생각을 하고 있답니다. 그래서 여기 온 거예요. 좋은 사람을 찾고 싶어서요. 지금까지 만난 남자들은 완전 꽝이었으니까요."

그녀에게 완벽한 남자는 누구인가?

긴장한 빛이 역력한 마고의 얼굴은 아름다웠지만 너무 말라 고단해 보였다. 그녀는 애원하듯 날 바라봤다. 내가 과연 완벽남을 찾는 걸 도와줄 수 있을까? 그녀의 얼굴에 이 질문이 고스란히 드러나 있었다. 이것이 내게 상담을 받으러 온 이유였다.

그녀는 자신의 슬픈 연가를 이어나갔다. 세 번째로 결혼한 상대는 조지오였다. 그는 자신의 벤츠 스포츠카를 몰고 몬테시토에서 가장 부유한 이들에게 코카인을 전달해주면서 돈을 버는 남자였다.

갑자기 그녀의 인생이 화려해졌다. 동시에 육체와 정신적으로 힘들어졌다. 그녀는 성격이 급해졌고 사소한 일들로 아이들을 혼냈다. 조지오와의 말다툼은 이제 격렬한 몸싸움으로 이어졌다. 마고는 조지오가 얼마나 무심하고 불성실하며 불법적인 행동을 하는지 수지에게 끊임없이 불평해댔다. 그리고 마침내 수지가 조지오와 끝내든지 아니면 집을 나가라고 최후통첩을 내렸다.

수지는 더 이상 조지오에 대해 이야기하고 싶지 않았다. 그건 마고나 아이들에게도 좋을 게 없었다. 화가 난 마고는 조지오의 품으로 들어갔다. 그는 그녀와 딸들이 잠시만 머물 거라고 생각했는데, 곧 마약 판매죄로 체포됐다.

재판을 받기 전 조지오는 마고와 결혼했다. 당시 그들의 관계는 거의 파국으로 치닫고 있었는데도 말이다. 마고가 그와 세 번째 결혼을 한 이유는 자신에게 불리한 증언을 하지 못하도록 조지오가 그녀를 종용했기 때문이다. 사귀면서 매일 싸우다시피 한 데다 검사가 끊임없이 마고를 설득하고 있어서 마고가 증언대에 설 가능성이 충분해 보였다.

조지오와 결혼생활이 끝나자마자 곧 네 번째 남편을 만났다. 그녀보다 네 살 어린 그는 계속 학생으로 지내면서 직업을 가진 적이 없었다. 마고는 전쟁 같은 관계를 끝내고 나서 이 남자야말로 자신에게 필요한 사람이라고 생각했다. 혼자 지내는 것이 너무나 두려웠던 마고는 혼자 돈을 벌어 가족을 부양했고, 네 번째 남편은 종교단체에 가입하더니 그녀를 떠났다.

네 번째 결혼생활을 하는 동안 죽은 친척으로부터 상당한 돈을 물려받았는데 마고는 그 돈을 남편에게 주었다. 그에 대한 사랑과 신뢰를 보여주기 위한 제스처였던 셈이다. 하지만 그는 그 돈을 종교단체에 헌납해버렸고, 마고에게 더 이상 결혼생활을 지속할 생각이 없다고 말했다. 그러고는 그녀가 종교단체에 가입하는 것을 못마땅해해서 결혼생활이 실패했다며 비난을 퍼부었다.

마고는 네 번의 결혼으로 크나큰 마음의 상처를 입었지만 아직도 다섯 번째 남자를 원하고 있다. 제대로 된 남자를 만나기만 하면 모든 게 해결될 거라고 확신하면서 말이다.

그녀는 제대로 관계를 맺을 수 없는 남자, 좋아하지도 않는 남자와 관계를 맺는 패턴을 평생 반복해왔다. 마고는 남편 운이 없다는 것은 인정하면서도 자신의 욕구 때문에 불행한 결혼의 함정에 스스로 뛰어들었다는 사실은 미처 깨닫지 못했다.

그녀는 심각한 저체중 외에 스트레스성 신경질환을 앓고 있었다. 그녀의 안색은 창백했고(빈혈이라고 했다), 손톱은 심하게 뜯겨 있었으며, 머리카락은 건조해서 푸석거렸다. 그녀는 습진, 설사, 불면증을 호소했다. 혈압은 나이에 비해 매우 높았고 활동 능력은 놀라울 정도로 낮았다.

"가끔 도저히 일어나기 힘든데도 일하러 가야 할 때가 있어요. 집에서 울면서 지내느라 병가를 다 써버려서요. 아이들이 집에 있을 때 울면 왠지 모를 죄책감이 들어서 아이들이 학교 가고 없는 낮에 울어요. 얼마나 오랫동안 이런 생활을 할 수 있을지 모르겠어요."

마고는 자녀들이 학교 성적도 나쁘고 친구들과도 잘 어울리지 못한다고 말했다. 집에서 자매들은 끊임없이 싸워댔고 마고는 그들에게 화를 냈다. 그녀는 지금도 조지오를 통해 알게 된 코카인에 자주 의존했다. 그러나 이 쾌감이 경제적, 육체적으로 그녀를 궁지에 몰아넣고 있었다.

그녀에게는 어떤 문제들도 남자가 없는 것보다는 나았다. 그녀는 10대 때부터 남자 없이 지내본 적이 없었다. 어렸을 때는 아버지, 어른이 되고 나서는 결혼한 남편들과 이런저런 갈등이 있었다. 그러나 상담하기 전 네 달간 그녀는 쭉 혼자였다. 끔찍한 경험이 남자에게서 멀어지게 했다.

많은 여자들은 힘든 경제 상황 때문에 재정적으로 자신을 부양해줄 남자를 찾지만, 마고의 경우는 그렇지 않았다. 그녀는 연봉도 높고 일도 마음에 들었다. 네 명의 남편들 중 어느 누구도 그녀나 자녀들을 재정적으로 부양해주지 않았다. 그녀가 또 다른 남자를 원하는 것은 다른 이유에서였다. 그녀는 관계에 중독된 상태였고, 특히 나쁜 남자와의 관계에 중독됐던 것이다.

어릴 적 그녀의 어머니, 형제자매 그리고 마고 자신까지 모두 아버지에게 학대받았다. 가족은 재정적인 문제를 겪었고, 불안정했으며 고통받았다. 어린 시절 겪었던 정서적 긴장감은 마고의 심리 상태에 깊은 상처를 남겼다.

마고는 심각한 우울증에 시달렸다. 이 우울증은 네 명의 전남편들과 함께 찾아왔다. 그들은 각각 마고에게 친숙한 역할을 하게 만들었다. 그리하여 마고는 자신을 학대하고, 종잡을 수 없는 행동을 일삼으며, 무책임하고 나쁜 남자들에게 질질 끌려다녔다.

나쁜 남자와 관계를 맺으면 끊이지 않는 말다툼과 몸싸움 때문에 일시적으로 관계를 끝냈다가 극적인 화해를 반복하는 경우가 많은데, 이는 상당한 긴장감과 두려움을 초래한다. 그러는 와중에 돈이나 법을 위반하는 심각한 문제들도 생긴다. 드라마에서 나올 법한 극적인 사건들이 일어나면서 당사자는 엄청난 혼란에 휩싸이고 굉장한 흥분감과 자극을 느끼게 된다.

어떻게 그런 생활을 견뎌낼 수 있을까? 장기적으로 볼 때 이런 관계는 피곤하기 그지없지만 단기적으로 마약과 같은 작용을 한다. 그리고 우울증을 효과적으로 가려준다. 긍정적으로 혹은 부정적으로 매우 흥분한 상태일 때는 우울증을 경험하기가 매우 힘들다. 흥분 상태에서 상당한 양의 아드레날린이 분비되기 때문이다. 하지만 강한 흥분에 심하게 노출되면 몸은 지쳐서 반응을 보일 수 없게 되고, 우울증은 전보다 더 심해진다. 이번에는 감정적인 원인에 신체적인 원인까지 더해지기 때문이다.

마고와 같은 여자들은 대다수가 어린 시절부터 심각한 감정적 문제를 끊임없이 겪었기 때문에(그리고 부모가 알코올중독이거나 생화학적으로 결함이 있어서 유전적으로 우울증에 걸릴 확률이 높다) 10대나 성인이 되어 남자를 사귀기 전에 이미 우울증을 겪는다. 이들은 아드레날린 분비를 촉진하기 위해 강력한 자극을 주는 힘들고 드라마틱한 관계를 무의식적으로 찾는다.

관계가 끝나거나 문제가 많던 남자가 문제를 해결해 건강한 방식으로 그녀와 관계를 맺기 시작한다면 나쁜 관계가 주는 강렬한 자극이 사라져 다시금 우울증에 빠져든다. 남자 없이 지내는 동안 이전에 실패했던 관계를 되살리려고 노력하거나 자신이 집중할 수 있는 또 다른 나쁜 남자를 찾아다닌다.

관계 중독은 알코올중독과 같다

나쁜 남자에 대한 중독성은 마약 못지않다. 남자를 '고쳐주면서' 여자는 자신의 감정을 회피한다. 남자가 그녀에게 탈출구를 제공해주는 마약인 셈이다.

이런 중독증에서 벗어나려면 고통스러운 감정들을 그대로 느껴야 한다. 정신과 육체 둘 다 치료가 필요하다. 이는 마약 중독자가 마약을 끊을 때 느끼는 고통과 비슷하다. 두려움, 고통 그리고 불편함은 그녀를 압박하고 또 다른 남자와 만나고 싶다는 유혹은 마약이 주는 유혹만큼 강렬하다.

관계 중독에 빠진 여자는 마약 중독자가 그렇듯 자신의 중독증을 부인한다. 그리고 남자와 사귀는 것에 집착한 나머지 남자와 사귀지 못한다는 상상만 해도 공포와 저항심을 느낀다. 그러나 부드럽지만 단호하게 문제와 직면하게 만들어주면, 관계 중독증이 자신의 인생에 얼마나 강력한 영향을 끼치는지 인식하고, 어떤 패턴 속에 갇혀 통제력을 잃었다는 사실을 알게 된다.

관계 중독을 치료하는 첫 번째 방법은 어떤 병에 걸려 있다는 사실을 인식하는 것이다. 이 질병은 확인 가능하며, 적절한 치료가 필요하다. 아무런 보상이 없는 관계를 통해 얻어지는 고통에 익숙해져 잘못된 관계에 중독됐음을 인식해야 한다. 어린 시절 겪었던 가족 내 부적절한 관계 때문에 이런 질병을 겪고 있다는 사실을 자각할 필요가 있다.

마고와 같은 여자가 증상이 차츰 심해지고 결국에는 생명을 잃을 수도 있다는 것을 이해할 때까지 기다려서는 안 된다. 알코올중독자가 정확하게 자가진단을 할 가능성이 적듯이 마고도 마찬가지다. 알코올중독자나 관계 중독자 모두 혼자서 회복할 수 없으며, 한 명의 의사나 상담사의 도움만으로 치료되지도 않는다. 회복하려면 이들을 위로해주던 모든 것을 금지해야 하기 때문이다.

상담치료만으로는 중독을 끊지 못한다. 중독된 것을 끊으려고 노력하는 과정에서 엄청난 공허함을 느끼기 때문이다. 그 공허함이 너무 커서 일주일에 한두 번 상담사와 1시간씩 만나서는 채워지지 않는다. 중독된 것을 끊었을 때의 긴장감을 해소하기 위해 끊임없이 주변 사람들의 도움과 확신, 이해를 얻어야 한다. 같은 고통을 겪어봤던 사람들에게 이해와 도움을 받는 것이 가장 바람직한 치료 과정이다.

모든 중독의 치료 과정에서 범하는 또 하나의 오류는 물건 혹은 사람에 대한 중독을 단순한 증상으로 간주한다는 것이다. 그러나 중독증을 치료하기 위해서는 이를 주요 질병으로 인식해야 한다.

종래의 상담치료는 환자가 보이는 행동의 '원인'을 밝히는 데 주목하기 때문에 잠시나마 환자는 중독 상태를 허용받는다. 이는 완전히 거꾸로 접근하는 방법이기에 효과를 보기 힘들다.

알코올중독자의 가장 기본적인 문제는 술에 중독됐다는 사실이기 때문에 이 점부터 반드시 언급되어야 한다. 삶의 다른 부분을 개선하기에 앞서 일단 술부터 끊어야 한다. '원인'을 찾아내면 알코올중독을 멈출 수 있다는 생각은 잘못됐다. 술을 마시는 '원인'은 알코올중독이라는 질병에 걸렸기 때문이다. 우선 알코올중독부터 치료해야 회복할 가능성이 있다.

관계 중독증은 어린 시절부터 계속되어 온 패턴에서 비롯되었지만 현재 보이는 패턴을 모두 치료해야 회복이 가능하다.

남편이나 애인이 얼마나 병들었거나, 잔인하거나, 무기력하든 상관없이 치료해야 하는 것은 겉으로 드러난 그녀의 질병이다. 따라서 그녀는 삶의 다른 영역들을 개선하기 이전에 그런 행동들부터 멈춰야 한다. 그녀가 해야 할 유일한 일은 자기 자신과 마주하는 것이다.

관계 중독증에서 회복될 때 어떤 단계를 거치는지 알아보자. 알코올중독과 관계 중독증의 발병과 회복의 특징들을 보면 공통점이 명확하게 나타난다.

진행 중인 중독자의 특징

알코올중독	관계 중독
• 알코올에 집착한다 • 문제의 크기를 부인한다 • 음주량을 감추기 위해 거짓말을 한다 • 음주에 관련된 문제를 숨기려고 사람들을 피한다 • 음주 절제의 노력을 반복한다 • 수시로 기분이 변하는 이유를 설명하지 못한다 • 분노, 우울증, 죄책감을 느낀다 • 원한 • 비이성적 행동 • 폭력 • 술에 의한 사고 • 자기혐오, 자기 합리화 • 알코올 남용으로 인한 신체 질환	• 남자에 집착한다 • 문제의 크기를 부인한다 • 그와의 일을 숨기려고 거짓말을 한다 • 관계에 따른 문제를 숨기려고 사람들을 피한다 • 관계를 개선하기 위한 노력을 반복한다 • 수시로 기분이 변하는 이유를 설명하지 못한다 • 분노, 우울증, 죄책감을 느낀다 • 원한 • 비이성적 행동 • 폭력 • 과도한 집착으로 인한 사고 • 자기혐오, 자기 합리화 • 스트레스성 신경증으로 인한 신체 질환

회복 중인 중독자의 특징

알코올중독	관계 중독
• 질병을 통제할 수 없음을 인정한다 • 문제의 원인을 다른 사람에게 돌리지 않는다 • 자기 자신에게 주목하고 자기 행동에 책임을 진다 • 같은 처지의 사람들에게 도움을 받는다 • 자기감정을 외면하지 않고 대처한다 • 좋은 친구와 함께 건전한 취미를 갖는다	• 질병을 통제할 수 없음을 인정한다 • 문제의 원인을 다른 사람에게 돌리지 않는다 • 자기 자신에게 주목하고 자기 행동에 책임을 진다 • 같은 처지의 사람들에게 도움을 받는다 • 자기감정을 외면하지 않고 대처한다 • 좋은 친구와 함께 건전한 취미를 갖는다

관계 중독(혹은 너무 사랑하기)에서 회복되는 것은 알코올중독에서 회복되는 것만큼이나 힘들다. 적절한 치료를 받기 위해서는 고통을 주는 질병에 대해 정확히 인식해야 한다.

나는 사랑에 중독되고 집착하는 것을 질병으로 본다. 이 책을 읽은 독자들은 알코올중독자들과 그녀들의 유사성을 부인하기 힘들 것이다. 알코올중독자들은 술에 중독되었고, 그녀들은 남자에게 중독됐다. 그녀들에게 고통을 주는 것은 질병 자체이며, 그에 따른 진단과 치료가 필요하다.

질병이란 특정한 증상이 지속적으로 나타나 건강을 해치는 것으로 특정한 치료에 반응한다. 또한 특정 바이러스나 세균처럼 병을 일으키는 개체가 있는 것은 아니다. 단지 질병을 인식하고 예측 가능할 정도로 병약해지거나 특정한 치료를 받으면 회복이 가능하다.

그러나 질병 초기나 중기에 신체적 증상이 아닌 행동적 증상이 나타나는 경우 의학 전문가들은 처방을 내리기 힘들다. 대부분의 의사들은 환자가 알코올중독에 걸렸는지 알아보지 못하고, 신체적으로 쇠약해지는 말기에 가서야 비로소 알아차린다.

관계 중독을 질병으로 인식하기란 힘들다. 물질도 아닌 사람에게 중독되었으니 말이다. 관계 중독을 질병으로 인식하지 못하는 가장 큰 이유는 여자와 사랑에 대한 뿌리 깊은 편견 때문이다. 고통은 진정한 사랑의 신호이고, 그 사랑의 고통을 거부하면 이기적인 여자라고 생각한다. 남자에게 문제가 있으면 여자는 변화할 수 있도록 도와줘야 한다고 믿는다. 이러한 태도는 사랑에 집착하는 질병을 끊임없이 조장한다.

알코올중독과 사랑에 대한 집착은 초기 단계에서 파악하기 힘들다. 정도가 심해져 파괴적인 일이 진행되고 있을 때 단지 신체에 나타난 질병(알코올중독자의 간이나 췌장 질환, 관계 중독자의 신경증 혹은 고혈압)만을 치료하면서 전체적인 그림을 보지 못한다. 모든 '증상'은 질병의 맥락에서 봐야 하며, 가능한 발병 초기 단계에 질병임을 인식해야 정신적, 육체적 건강이 파괴되는 것을 막을 수 있다.

감정적인 영역부터 신체적인 영역에 이르기까지 중독의 영향을 받지 않는 것이 없으며 주변 사람들(자녀, 이웃, 친구, 동료)도 영향을 받는다. 관계 중독을 겪는 여자들은 강박적으로 먹고, 물건을 훔친다. 알코올중독자와 관계 중독자의 회복 과정도 성별에 따라 큰 차이가 나지 않고 대체로 일치한다.

관계 중독에 걸린 사람은 어린 시절 가족 내에서 매우 외롭고 고립된 상태로 지냈거나, 거부당했거나, 나이에 맞지 않는 과한 책임을 져야 했다. 그래서 과도하게 성숙해져서 자기희생을 감내했다. 혹은 주변 사람들과 자신이 속한 상황을 통제하고 싶어 하는 욕구가 압도적으로 발달했다.

누군가를 양육하고 통제하고 싶어 하는 여자는 그런 통제를 허용해주는 남자를 만나야 한다. 그러니 무책임한 남자를 사귈 수밖에 없다. 그녀의 도움, 돌봄, 통제가 필요할 테니 말이다. 일단 사귀면 사랑의 힘과 설득력을 발휘해 그 남자를 변화시키려고 한다. 얼마 안 돼 곧 비정상적이라는 것이 드러나는데도 그녀는 현실을 부인한다.

이런 현실 부인은 무의식적인 과정으로 이루어진다. 관계가 어떻게 변할지 꿈꾸면서 목적 달성을 위해 노력하다 보면 실제 모습을 인식하지 못하고 왜곡한다. 실망감, 실패감, 배신감을 느낄 때마다 무시하거나 구실을 붙인다.

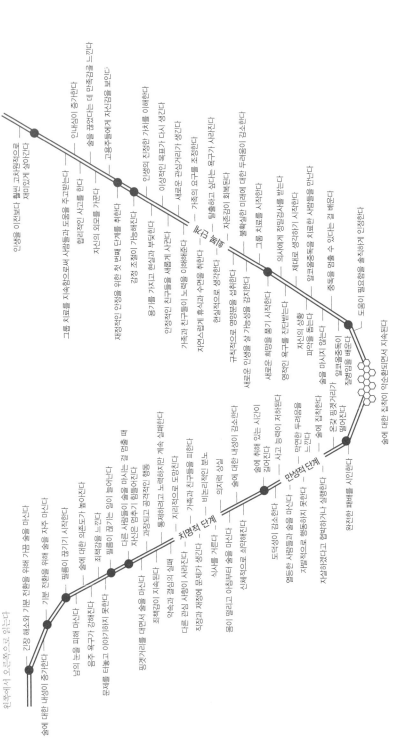

〈알코올중독의 진행과 회복 과정〉

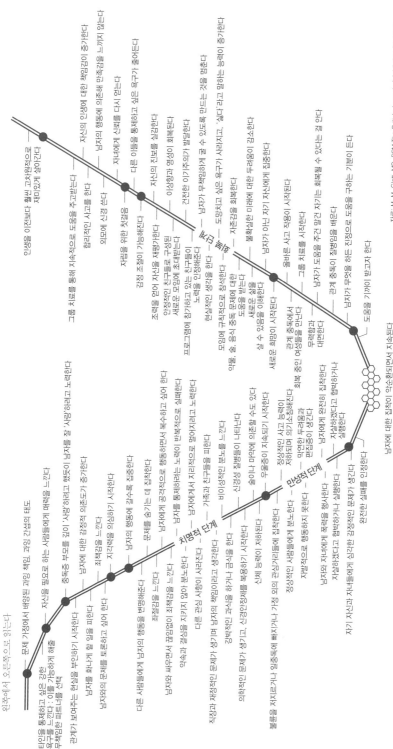

〈관계 중독의 진행과 회복 과정〉

자료: M. M. Glatt, MD, DPM, The British Journal of Addiction 54, No.2

"그렇게 나쁘지만은 않아요."

"그가 정말 어떤 사람인지 잘 모르잖아요."

"그의 잘못이 아니에요."

남편이나 애인이 그녀를 실망시키고 좌절시킬 때 그녀는 점점 그에게 감정적으로 의존한다. 이미 그, 그의 문제, 그의 행복, 그리고 가장 중요한 그녀에 대한 그의 감정에만 집중하기 때문이다. 그를 변화시키려고 애쓰는 동안 그녀의 모든 에너지를 그에게 빼앗긴다. 곧 그만이 그녀 인생의 모든 좋은 것들을 가진 존재가 된다. 그와 함께 지내는 것이 만족스럽지 않으면, 그나 자신을 바꿔서 좋게 만들려고 노력한다.

그녀는 다른 곳에서는 감정적으로 만족을 찾지 못한다. 둘의 관계를 제대로 만드는 데 정신을 집중하고 있기 때문이다. 그를 행복하게 해주면 자신에게 잘해줄 것이고 그러면 자기도 행복해질 거라고 확신한다. 그가 화낼 때마다 실패감을 느끼고, 그의 불행을 줄여주지 못하고 그의 부족한 점을 고쳐주지 못한 것에 대해 죄책감을 느낀다. 무엇보다 자신에게 잘못이 있다는 자책감을 느낀다.

그녀는 절망감이 둘 사이의 사소한 문제나 하찮은 불만에서 생긴다고 생각하고 이야기를 나누고 싶어 한다. 그래서 긴 토론이 시작되지만 실질적인 문제를 언급하지 않는다. 그는 술에 취해 있지만 그녀는 그것을 인정하려고 하지 않는다. 그가 술을 마시는 것이 문제가 아니라 불행한 것이 문제라고 생각하고 그가 불행한 이유를 알고 싶어 할 뿐이다. 그가 바람을 피운다면 자신에게 어떤 점이 부족한지 물어본다. 그의 불륜을 자신의 잘못이라고 생각한다.

그래서 상황은 더욱 심각해진다. 상대 남자는 감정적, 재정적, 사회적 혹은 실용적인 도움을 얻어야 하는 그녀가 자신을 떠날까 봐 그녀가 잘못했다고 비난한다. 남자는 그녀를 사랑하고 상황이 나아지고 있는데도 그녀가 상황을 나쁘게만 보기 때문이라고 말한다. 그녀는 그의 말을 믿어버린다. 문제를 확대 해석하고 있다는 그의 지적을 믿으며 현실에서 더욱 멀어진다.

그는 그녀의 바로미터이자 레이더이자 감정을 재는 지표가 된다. 그래서 그녀는 그로부터 한시도 눈을 뗄 수 없다. 그녀는 주변 사람들에게 그를 실제보다 훨씬 좋게 꾸며주고 자신들의 진짜 모습보다 더 행복한 커플로 보이고자 노력한다.

자신의 상태나 실망감을 합리화하고 진실을 세상에 숨기면서 자기 자신에게도 숨긴다. 그녀는 그를 변화시키려고 모든 에너지를 쏟았지만 실패했다는 생각이 머릿속에 깊이 박혀버린다. 이러한 좌절감은 분노로 나타나는데, 자신은 최선을 다했는데 그가 망쳐버렸다고 여기면서 분노를 느낀다. 둘의 싸움은 때때로 폭력으로 이어지기도 한다.

그녀는 실패에 대한 구실을 찾으면서 이제는 모든 것을 개인적으로 받아들인다. 그리고 자기만 애쓰고 있다고 생각한다. 그가 변하지 않으려고 하는 건 자신이 사랑스럽지 못하기 때문이라고 생각하며 죄책감이 늘어간다.

그를 변화시키고자 하는 의지는 더욱 강렬해져서, 이제는 온갖 것을 시도해본다. 술을 마시거나 외박하거나 다른 여자를 만나지만 않으면, 절대 잔소리하지 않겠다고 약속한다. 그러나 둘 다 자신들이 통제 불능 상태에 빠졌다는 사신을 어렴풋이 인지하고 있다. 그럼에도 그녀는 그를 꾸짖고 달래가면서 애원한다. 그녀의 자존감은 바닥으로 떨어진다.

친구, 직장, 가족들이 자신들을 비난할 것이라고 생각하면 변할 수도 있다. 그리고 한동안 상황이 나아질 수도 있다. 그러나 잠시뿐이다. 곧 오래된 패턴들이 다시 나타날 것이다. 그녀는 남자와의 괴로운 싸움에 너무 몰두한 나머지 다른 일을 할 시간이나 에너지가 없다. 자녀가 있다면 신체적으로는 방치되지 않았다 하더라도 감정적으로 방치된 상태로 자랄 것이다. 그녀의 사회활동은 정체될 것이다. 다른 사람들과 사교적으로 만나기엔 너무 날카롭고 비밀도 많아졌다. 사회적인 만남이 결여되면서 더더욱 고립 상태에 빠진다. 현실과 연결될 수 있는 중요한 다리 하나를 잃어버린 것이다. 그녀의 애인이나 남편만이 그녀의 유일한 세계가 된다.

상대를 바꾸면 내 인생도 바뀔까?

처음에 그녀는 남자의 무책임하고 도움이 필요한 모습에 매료됐다. 그때는 그를 변화시킬 수 있고, 고쳐줄 수 있다고 확신했다. 그러다 그가 져야 하는 모든 짐을 자신이 지고 있는 모습을 발견한다. 그 때문에 그에게 분노를 느끼지만 동시에 그녀가 그의 돈을 쪼개 쓰면서 자기 마음대로 자녀들을 통제하게 되면 그 상황을 마음껏 즐긴다.

264쪽에서 제시한 표를 보면, '치명적 단계'라고 할 수 있는 감정적, 신체적 쇠퇴 단계로 빠지기까지 오래 걸리지 않음을 알 수 있다. 관계에 집착하는 여자는 대개 섭식장애 문제까지 겪는다. 온갖 노력에 대한 보상과 끓어오르는 분노를 진정시키기 위해 진정제 역할을 하는 음식을 찾는다. 혹은 위궤양이나 만성 위통에다 '너무 바빠서 먹을 시간이 없다'는 태도가 결합되어 심각할 정도로 식사를 거르기도 한다. 아니면 자기 인생이 통제 불능 상태에 빠졌다는 느낌을 상쇄시키려고 음식을 과하게 통제할지도 모른다.

술이나 마약을 남용하기 시작하고 참을 수 없는 상황에 대처하기 위해 약물을 처방받는 횟수를 늘려간다. 그녀가 가진 질병을 적절하게 진단하지 못한 의사들은 진정제만 처방해서 상태를 더욱 악화시킬 뿐이다. 진정제를 주는 것은 마치 독한 술을 몇 잔 주는 것과 같다. 술이나 진정제 모두 고통을 일시적으로 덜어주지만, 오히려 더 많은 문제를 만들 뿐이다.

질병이 심해지면 정신적인 문제뿐 아니라 신체상의 문제도 발생하기 마련이다. 음식, 술 혹은 마약에 의존하다 보면 위궤양이 생기고 피부 트러블이나 알레르기, 고혈압, 신경성 틱 증세를 보이거나 불면증 혹은 변비나 설사를 겪는다. 우울증이 길어지다가 증세가 심각해진다.

스트레스로 인해 몸은 무너지기 시작하고 만성적인 단계로 들어선다. 만성적 단계의 정점에서는 사고 능력이 저하되어 자신의 상태를 객관적으로 평가하기 힘들다.

만성적 단계에서는 비정상적인 모습이 폭발한다. 그녀는 자신의 인생에서 어떤 선택을 내렸는지 알지 못한다. 오직 남편이나 남자 친구가 바람을 피우거나 일이나 다른 흥밋거리에 집착하면 어떻게 할까를 생각한다. 그리고 주변 사람들의 삶과 환경을 돕고 통제하는 데 헌신할 뿐이다. 파트너가 아닌 다른 사람들에게 보이는 관심 역시 집착의 일부다.

같은 문제를 겪지 않는 다른 이들을 신랄하게 질투하면서 좌절감을 주변 사람들에게 퍼붓고, 파트너나 자녀에게 폭력을 행사한다. 이 단계에 이르면 파트너를 통제하기 위한 수단으로 자살하겠다고 위협하거나 실제로 자살을 시도하기도 한다. 이때쯤이면 그녀와 주변 사람들 모두 정신적 육체적으로 심하게 병든 상태다.

남편이나 애인을 바꾸려던 시도가 실패로 끝나면 다시 한 번 파트너를 바꾸기 위해 전문가의 도움을 빌리고자 한다. 하지만 바뀌어야 할 사람은 자신이며, 자신부터 치료받아야 회복이 가능하다.

이는 매우 중요한 원칙이다. 마고와 같은 여자들은 죽음을 향해 가고 있다. 심장마비와 같이 스트레스성 질환이나 신체적 질환으로 죽음에 이를 수도 있다. 혹은 폭력이나 무언가에 중독된 상태에서 사고가 일어나 죽을 수도 있다. 겉으로 드러난 사인이 뭐든 간에 관계 중독이 당신을 죽일 수도 있다.

마고에게는 두 가지 선택권이 있다. 그녀는 계속 '자신에게만' 완벽한 파트너를 찾아다닐 수 있다. 하지만 믿을 수 없는 나쁜 남자에게만 매력을 느끼기 때문에 결국 유사한 남자에게만 끌릴 것이다. 또 하나의 선택은 남자와 건강하지 못한 방식으로 관계를 맺는다는 점을 의식하면서 그 원인을 객관적으로 살펴보는 것이다. 자신을 사랑하고 돌보는 법을 배우면서 느리고 고통스러운 과정을 시작할 수 있다.

불행히도 마고와 같은 대다수의 여자들은 중독증을 지속시키는 선택을 한다. 자신을 행복하게 해줄 왕자님을 찾아다니거나, 곁에 있는 남자를 통제하고 개선시키려고 노력한다. 자신의 내부를 들여다보는 대신, 외부에서 행복을 찾는 것이 훨씬 쉽고 친숙하기 때문이다.

내부에서 공허함을 채워나가는 법을 배우는 일은 힘들어 보인다. 그러나 명심하자. 너무나도 지치고 절박한 상태에서 사귀고 있는 남자를 고친다거나 새로운 남자를 찾기보다 자기 자신이 나아지길 원하는 사람, 그리고 정말로 자기 자신의 변화를 원하는 여자들에게 회복의 길이 준비되어 있다.

Q

다른 사람들의 회복을 도우면서
자신의 회복을 유지할 수 있다.
당신의 과거를 공유하는 것은
궁극적으로 자신을 위한
건강하고 이기적인 행동이다.

사랑 중독과
집착이라는 병

: 행복한 홀로 서기

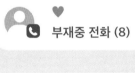

1분 전

📞 부재중 전화 (8)

5분 전

💬 새로운 메시지가 왔습니다

이제 당신은 사랑(관계) 중독과 집착이 병이라는 것을 이해할 수 있을 것이다. 그렇다면 치료 방법은 무엇일까? 어떻게 회복할 수 있을까?

어떻게 하면 끝없는 싸움에 종지부를 찍고 인생을 풍요롭게 만들고 만족스러운 관계에 에너지를 쓸 수 있을까?

문제의 심각성이 회복을 결정짓지는 않는다. 현재 상황이나 과거 경험의 차이는 회복에 큰 영향을 미치지 않는다는 뜻이다. 여태까지는 그저 회복하는 여자는 운이 좋다고 생각할 것이다. 하지만 회복한 여자들은 여러 가지 시행착오를 겪으면서, 때로는 아무런 가이드라인도 없이 회복 프로그램을 잘 따랐다.

다음 단계들을 따라간다면 사랑 중독과 집착에서 회복될 것이다.

프로그램은 단순해 보이지만 실천하기 쉽지 않을 것이다. 모든 단계가 똑같이 중요하다. 여기서는 전형적으로 거치는 단계들을 소개한다.

- 1단계 : 도움의 손길을 찾아라.
- 2단계 : 회복을 우선순위로 삼아라.
- 3단계 : 같은 문제를 겪은 사람들에게 도움을 받아라.
- 4단계 : 매일 영성 훈련을 하라.
- 5단계 : 다른 사람들의 인생을 관리하고 통제하는 것을 멈춰라.
- 6단계 : 남녀 간의 게임에 '중독'되지 않는 법을 배워라.
- 7단계 : 용감하게 자신의 문제와 결점을 대면하라.
- 8단계 : 자기계발에 필요한 것은 무엇이든 하라.
- 9단계 : '이기적'인 여자가 돼라.
- 10단계 : 경험하고 배운 것을 다른 이들과 공유하라.

1단계 : 도움의 손길을 찾아라

무슨 뜻인가

도서관에서 관련 도서를 찾아보는 것부터 상담치료사를 찾아가는 것까지를 포함한다. 익명으로 상담해주는 곳에 전화를 걸어 당신의 비밀을 털어놓을 수도 있고, 전문적으로 다루는 지역단체에 연락할 수도 있다. 알코올중독자와 함께 지내는 것부터 근친상간을 당했다거나 파트너에게 폭행당하는 것에 이르기까지, 그 문제가 무엇이든 다 해당된다.

자조모임을 찾아 직접 참여해보거나, 성인 교육 수업을 수강하거나, 당신이 겪고 있는 문제를 다루는 상담센터를 찾는 것도 포함된다. 경찰에 전화할 수도 있다.

회복의 첫 번째 단계는 바깥세상으로 손을 뻗치는 것이다. 도움을 받아야겠다고 생각만 하고 파트너에게 동의를 구하는 것은 진정으로 도움을 받는 행위가 아니다. 이는 파트너를 바꾸기 위한 위협용 행동일 뿐이기 때문에 그가 얼마나 끔찍한 사람인지 공개적으로 드러내지 않는 경우에 해당한다. 당신의 파트너는 도움의 대상에서 제외해야 한다. 그렇게 하지 않으면 도움을 찾는 것(혹은 그렇게 하겠다고 위협하는 것)은 단지 그를 관리하고 통제하려는 또 다른 시도일 뿐이다. 자기 자신을 위해 도움의 손길을 찾아야 한다.

무엇이 필요한가

일시적이나마 혼자 문제를 해결하겠다는 생각을 포기하고 현실을 직시해야 한다. 시간이 지나면서 문제는 심각해질 것이다. 최선을 다해 노력했지만 결국 문제는 해결되지 않았음을 깨달아야 한다. 실제 상황이 얼마나 심각한지 스스로 정직하게 바라봐야 한다.

사람들은 인생에서 강력한 일격을 맞거나 혹은 연쇄적으로 강타를 당하고 쓰러져서 숨을 헐떡일 때야 비로소 실체가 보인다. 그러나 이런 상황은 대부분 일시적이다. 다시 정신을 차리고 바로 서는 순간 또다시 다른 사람을 관리하고 통제하려 든다. 이런 일시적인 안도에 정착해서는 안 된다.

관련 서적을 읽기 시작했다면, 그 책에서 추천하는 시설에 연락한다. 전문가와 상담 약속을 잡았다면, 그 상담사가 당신의 문제를 잘 이해했는지 살펴봐야 한다. 예를 들어 근친상간의 피해자인 경우, 그 분야의 전문지식을 갖춘 전문가가 아니라면 차라리 자세한 상황을 아는 주변 사람이 낫다. 가족 이야기를 물어보는 상담 전문가를 찾아야 한다.

개인적으로 여자들은 여자 상담사를 만나야 한다고 생각한다. 이 사회에서 같은 여자로 살아간다는 공통된 경험을 갖고 있기 때문에 상당히 깊이 이해할 수 있다. 남자 상담사와는 남자-여자 게임을 해보고 싶은 유혹을 받게 되고, 남자 상담사도 그 게임에 참여하고 싶어 할 수도 있다.

그러나 여자 상담사라고 모두 좋은 것은 아니다. 상담치료사는 당신의 문제에 대해 효과적인 치료 방법을 알고 있어야 하며, 비슷한 사람들이 모인 그룹을 당신에게 추천해줘야 한다. 그룹 치료에 참여시킬 줄 알아야 한다.

예를 들어 나는 알코올중독자 가족을 위한 모임에 참여하지 않는다면 알코올중독자를 가족으로 둔 여자를 상담하지 않는다. 모임에 가지 않으면 상담을 지속할 수 없다고 말한다.

알코올중독자 가족을 위한 모임에 참여하지 않으면 동일한 행동 패턴을 반복하면서 계속 건강하지 못한 방식으로 생각하게 되는데, 상담만으로는 그런 생각을 바꿔줄 수 없다. 상담치료와 알코올중독자 가족을 위한 모임 참여가 동시에 이루어질 때, 회복 속도는 배가된다.

상담사는 당신에게 적합한 자조모임의 참여를 권해야 한다. 그러지 않으면 상황을 불평하는 당신의 이야기를 들어주는 일밖에 할 수 없고, 당신이 해야 하는 것들을 요구하지 못한다.

일단 좋은 상담사를 찾았다면 꾸준히 상담을 받으면서 충고를 철저히 따라야 한다. 한두 번의 상담으로는 평생의 관계 중독이 하루아침에 사라질 리 없다. 도움을 청하는 데는 돈이 들 수도 있고 안 들 수도 있다. 하지만 비싼 상담사라고 해서 효과적인 치료를 보장하지 않는다. 능력 있고 헌신적인 상담사들이 무료 단체에서 일하는 경우도 많다. 경험과 전문지식을 갖추고 있으며, 편안함을 느끼게 해주는 상담사여야 한다. 자신의 느낌을 신뢰하면서 여러 상담사들을 만나보고 누가 가장 좋을지 찾아봐야 한다.

회복을 위해 상담치료를 반드시 받아야 하는 것은 아니다. 사실 잘못된 상담치료사를 만나면 오히려 독이 될 수도 있다. 물론 관계 중독이라는 질병을 이해하는 상담사라면 상당한 도움이 될 것이다.

현재 관계를 맺고 있는 파트너와 헤어져야 하는 것은 아니다. 10가지의 회복 단계를 따르다 보면, 당신과 파트너 사이의 관계를 스스로 돌아보게 될 것이다. 준비가 끝나기도 전에 남편이나 애인과 관계를 끝내면 결국 다시 돌아가거나 전과 같이 건강하지 못한 관계를 다시 맺을 뿐이다.

10가지 회복 단계를 모두 따라가다 보면, 계속 관계를 유지할지 혹은 떠날지에 대한 관점이 달라진다. 파트너와 함께 있기로 결정한다면 문제가 사라졌다는 뜻이고, 그를 떠나기로 했다면 더 이상 해결책을 찾을 수 없다는 뜻이다. 이제 남자와의 관계는 삶의 전체가 아니라 일부일 뿐이다.

왜 필요한가

혼자서 수없이 노력했지만 결국 좋은 결과가 나오지 않았기 때문이다. 일시적으로 나아지는 듯 보이지만 전체적으로 악화일로를 걷고 있다. 상황이 얼마나 심각해졌는지 스스로는 알지 못한다는 것이 문제다. 이미 엄청난 자기 부인이 삶에 막대한 영향을 끼치고 있기 때문이다. 자기 부인은 관계 중독의 본질이기도 하다.

예를 들어 자기 아이들은 집에 문제가 있다는 걸 모른다고 말하거나 아이들이 잘 때만 부부싸움을 한다고 말한다. 자기방어적 부인의 전형적인 예다. 사실상 자녀들이 엄청난 고통을 겪고 있다는 것을 인정하면, 엄청난 죄책감과 죄의식에 압도되고 말 것이다. 그러나 자기 부인 때문에 문제의 심각성을 제대로 보지 못하고 적절한 도움을 받지 못한다.

현재 상황은 자신이 인식하고 있는 것보다 훨씬 심각하다는 사실을 받아들이면서, 병이 진행 중이란 점도 인정해야 한다. 자신은 적절한 치료가 필요하고 혼자 치료할 수 없다는 사실을 인정해야 한다.

어떤 결과가 나타나는가

그녀들은 현재 파트너와 관계가 끝나는 것을 가장 두려워한다. 그러나 반드시 관계가 안 좋게 끝나는 것은 아니다. 치료 단계를 잘 따라가다 보면 현재 파트너와 관계가 개선되거나 잘 마무리될 것이다. 두 사람의 관계는 변화를 맞이할 것이다.

또 하나의 두려움은 비밀이 새어나갈지 모른다는 불안감이다. 도움을 청한 것 자체는 후회하지 않지만 비밀이 탄로 날까 봐 전전긍긍한다. 문제의 정도가 작든, 아니면 생명을 위협할 정도로 크든 상관없이 두려움이나 자존심의 강도에 따라 도움을 청할지 말지 결정한다.

많은 여자들은 도움을 청하는 것 자체가 이미 불안한 상태에서 또 다른 위험을 감수해야 하는 것처럼 느낀다. 남편의 폭력에 시달리는 여자에게 왜 경찰에 신고하지 않았냐고 물어보면, "그를 화나게 하고 싶지 않았어요"라고 대답한다. 그들은 상황이 더 악화될 것이라는 두려움과 자신이 여전히 상황을 통제할 수 있다는 확신으로 도움을 청하지 못한다.

좌절감을 느낀 아내는 가정에 쓸데없는 풍파를 일으키고 싶어 하지 않는다. 남편이 냉담하고 무관심하게 굴어도 그렇게 나쁘지만은 않기 때문이다. 본성은 착한 남자라고 스스로 세뇌하면서 친구 남편들이 가지고 있는 나쁜 점들은 없다고 스스로 위로한다.

성생활이 없는 부부 관계를 참아내고, 자신이 다가갈 때마다 피하는 남편을 가만히 지켜보고, 집에서는 스포츠 경기만 보는 것도 참아낸다. 그녀가 인내심이 많아서가 아니다. 그의 무관심이 싫은데도 관계가 지속되는 이유는 자신이 행복할 자격이 있다고 확신하지 못하기 때문이다. 이런 확신과 믿음은 회복에 가장 필요한 핵심이다. 나는 현재 처한 상황보다 더 나은 것을 받아야 마땅한가? 나를 위해 무엇을 기꺼이 하겠는가? 이제 회복의 첫 단추를 끼워보자. 나에게 질문하고 다른 이에게 도움을 청하라.

2단계 : 회복을 우선순위로 삼아라

무슨 뜻인가

회복을 위해 무엇이든 기꺼이 행하라는 뜻이다. 현재 파트너를 변화시키고 회복을 위해 어떤 일까지 할 수 있는지 생각해본 다음 그 힘을 자신에게 돌려보자.

마법의 공식은 이것이다. 온 힘을 다해 노력해도 그를 변화시킬 수는 없지만 그 힘을 자기 자신에게 사용한다면 변화는 당장 일어난다. 자신의 힘을 자신의 삶을 위해 사용하라.

무엇이 필요한가

자기 자신에게 완벽할 정도로 헌신해야 한다. 처음으로 자신을 중요하고 가치 있는 존재로 여기면서 자기계발을 할 필요가 있다고 생각할 것이다. 이 단계를 실행하기란 쉽지 않다. 그러나 자신과의 약속을 지키고 자조모임에 참여하면, 자신이 행복한 삶을 살 수 있다.

먼저 자신의 문제에 대해 스스로 공부하는 것부터 시작해야 한다. 알코올중독자 가정에서 자랐다면 관련된 주제의 참고문헌이나 강의를 들어보고, 어릴 적 경험이 성인이 되어 어떤 영향을 끼치는지를 알아본다. 자신을 드러내는 일은 불편하고 고통스러울 것이다. 그러나 이전의 행동 패턴을 고수하면서 과거가 자신을 지배하고 있을 때의 불편함과는 비교도 되지 않는다. 자신의 상황을 이해하면 선택의 기회가 생기고, 깊이 이해할수록 선택의 자유는 커진다.

또한 회복을 위해 시간과 돈을 투자하겠다는 마음가짐이 필요하다. 돈이 아깝다고 느낀다면 남자를 사귀거나 헤어지면서 겪는 고통을 피하기 위해 썼던 수많은 돈과 시간을 떠올려보라.

술을 마시거나, 마약을 하고, 폭식을 하거나, 여행을 가고, 화가 나서 던진 물건을 다시 사고, 결근하고, 자신을 이해해주길 바라는 누군가에게 값비싼 장거리 전화를 걸고, 보상을 받기 위해 그에게 선물을 사주거나, 문제를 잊으려고 자신을 위한 선물을 사고, 남자 때문에 수많은 날을 울면서 건강에 신경 쓰지 않은 결과 심각한 병에 걸린다.

사랑에 집착하느라 돈과 시간을 얼마나 썼는지 솔직하게 바라보는 것 자체도 당신에게는 불편한 일이다. 회복을 위해서는 적어도 그만큼의 시간과 돈을 투자해야 한다. 투자에는 상당한 보상이 뒤따른다.

자신의 회복에만 집중하려면 술이나 약물 사용을 줄이거나 완전히 끊어야 한다. 정신 상태에 영향을 끼치는 화학물질을 계속 사용한다면 앞으로 드러나는 감정을 온전하게 받아들이지 못한다. 감정을 깊이 느끼면서 분출해야 치료 효과가 배가된다.

사실 이러한 감정들은 불편하고 두렵기 때문에 이런저런 수단(음식도 약물처럼 사용)을 이용해 어떻게 해서든 고통을 덜려고 시도한다. 그러나 이는 절대 금지해야 한다. 대부분의 치료 노력은 모임이나 상담받는 시간 외에서 일어난다. 상담받는 동안이나 받기 전까지 감정을 느끼고 분출하면서 안정된 상태를 유지하는 것이 가장 중요하다.

왜 필요한가

회복을 최우선으로 두지 않으면 회복에 필요한 시간을 절대 얻지 못한다. 당신은 현재 질병을 유지하느라 너무 바쁜 상태다.

예를 들어 새로운 언어를 배울 때 지금까지 익숙하던 말이나 생각하는 방식과 충돌하는 새로운 소리와 말의 패턴에 반복적으로 노출되어야 한다. 이러한 노출이 불규칙적이고 단발적으로 이루어진다면 절대 완벽하게 그 언어를 이해하지 못한다. 자신을 위한 어떤 일을 가끔씩만 한다면 이미 굳어진 방식에서 충분히 벗어나지 못한다. 굳어진 방식들로 인해 치료받을 필요가 없다고 여긴다.

암에 걸렸는데 누군가 나을 수 있는 치료법을 제공한다면 기꺼이 받아들일 것이다. 마찬가지로 회복되려면 그와 똑같이 노력해야 한다. 암 못지않게 관계 중독 역시 삶의 질을 떨어뜨리고 삶 자체를 망가뜨린다.

어떤 결과가 나타나는가

다음과 같은 일보다 상담받는 것이 훨씬 중요하다.

- 남자친구의 점심이나 저녁식사 초대
- 남자친구와 대화하기
- 그의 비난이나 분노 피하기
- 그(혹은 다른 누군가)를 행복하게 만들기 : 그(혹은 다른 사람)에게 인정받기
- 모든 문제에서 도망치기 위해 여행 가기(결국 돌아와서 같은 문제를 겪는다)

3단계 : 같은 문제를 겪은 사람들에게 도움을 받아라

무슨 뜻인가

서로 이해해줄 수 있는 같은 처지의 사람들이 모인 자조모임을 찾아라. 알코올중독자나 마약 중독자와 사귀거나 결혼했다면 알코올중독자 가족을 위한 모임에 참여해보라. 알코올중독자나 마약 중독자를 부모로 둔 경우에도 이 모임에서 상당한 도움을 받을 것이다. 강간을 당했다거나 신체나 정신적으로 학대받은 경험이 있다면 지역단체에서 특정 모임을 찾아보라.

이런 범주에 속하지 않거나 지역단체에 당신에게 맞는 특정 지원 모임이 없다면, 남자에게 감정적으로 의존하는 문제를 다루는 자조모임을 찾아보거나 스스로 모임을 만들어본다.

자조모임은 남자들이 자신에게 저지른 끔찍한 이야기나 불행한 인생사를 늘어놓는 곳이 아니다. 자신의 회복을 위한 모임이다. 과거의 상처를 이야기하는 것도 중요하지만 '나는 이랬어요'라고 털어놓는 것만으로는 회복하지 못한다.

참여자들의 회복을 돕기 위해 헌신하며, 회복에 성공한 이들도 참여해 자신들만의 회복 방법을 공유해야 한다. 이런 모임이 어떤 식으로 회복 원칙을 적용하는지 확인할 수 있다. 회복 원칙은 과거나 현재 어떤 상황에 처해 있든 상관없이 똑같이 적용할 수 있다.

무엇이 필요한가

자조모임에 열심히 참여해보자. 최소 여섯 번은 모임에 참여해봐야 한다. 자신이 모임의 일부가 되고, 전문용어를 배우고, 회복 과정을 이해하기 시작하려면 적어도 그 정도의 시간이 필요하다.

알코올중독자 가족을 위한 모임은 여러 유형이 있으므로 번갈아 참여해보라. 기본 형식은 비슷하지만 그룹별 특징은 저마다 다르다. 각자에게 잘 맞는 모임을 한두 개 찾아서 꾸준히 참여하고, 필요하다면 다른 모임에도 참여해본다.

더불어 규칙적으로 모임에 참여한다. 무엇보다 자신을 위해서이다. 모임에서 제공하는 것을 얻으려면 직접 참여하는 수밖에 없다.

이상적인 모습은 모임에 어느 정도 신뢰를 느끼는 것이다. 그러나 신뢰를 느끼지 못한다 해도 정직하게 말할 기회는 생긴다. 원래 사람들을 믿지 못한다고 말하면서 이 모임이나 치료 과정도 믿지 못하겠다고 솔직하게 털어놔 보자. 그 순간 신뢰가 생기기 시작할 것이다.

왜 필요한가

다른 사람들의 이야기가 자신과 일치한다는 것을 깨달을 수 있다. 이를 통해 자신이 의식에서 몰아낸 사건이나 감정이 되살아날 것이다. 그리하여 점점 진정한 자기 자신을 직시하게 된다.

다른 사람들이 보여준 결점과 비밀에도 불구하고 그들을 받아들이고, 그와 유사한 자신의 성격과 감정도 받아들이기 시작한다. 이것이 바로 자기 수용이며, 회복을 위한 필수 요건이다.

자신의 경험을 공유하면서 점점 솔직해지고 비밀이나 두려움은 사라진다. 스스로 받아들일 수 없었던 것들을 모임의 사람들이 받아들여 주기 때문에 자기 수용은 증가한다.

다른 사람들이 어떤 방법으로 회복되고 있는지 직접 보면서 같은 방법을 시도해볼 수 있다. 실패를 통해서도 뭔가를 배운다.

다른 이들의 공감과 경험을 공유하는 것과 함께 회복에 가장 중요한 것이 바로 유머다. 또다시 다른 사람을 통제하려고 했더라도 이를 이해한다는 미소를 지어주고 누군가 중요한 장애물을 뛰어넘었을 때 격려해주며, 서로 똑같은 특징을 보면서 웃음을 터트린다. 이런 웃음들에는 치료 효과가 있다.

모임에 참여하면 소속감을 느낄 수 있다. 문제 가정에서 자란 이들은 강렬한 고립감을 느끼기 때문에 이런 소속감이야말로 매우 중요한 치료 요소가 된다. 자신의 경험을 이해해주고 공유하는 사람들과 함께하면서 안전하고 행복하다고 느끼게 된다.

어떤 결과가 나타나는가

비밀이 드러난다. 모든 사람들은 아니지만 몇몇 사람들이 당신의 비밀을 알게 된다. 당신이 알코올중독자 가족을 위한 모임에 나가면, 당신이 알코올중독에 영향을 받았다는 것이 드러난다. 지역 여성 쉼터에 가서 가정폭력을 당했다는 것을 암암리에 보여주는 것이다.

다른 사람들에게 비밀을 들키는 것이 두려워서 자신의 인생과 관계 개선을 위한 도움을 요청하지 못한다. 그러나 어떤 모임에 참여하든지 그곳에서 나눈 이야기와 참여 사실이 절대 밖으로 나가지 않는다. 당신의 사생활은 존중되고 보호받을 것이다. 그렇지 않다면 존중해주는 그룹을 찾아야 한다.

모임에 참여하는 것은 다른 사람들에게 당신이 문제가 있음을 알린다는 뜻이다. 다른 이들에게 사실을 알리고 문제를 나눌 때 고통스러운 고립감에서 벗어날 수 있다는 사실을 믿어라.

4단계 : 매일 영성 훈련을 하라

무슨 뜻인가

사람들에 따라 다르게 적용된다. 어떤 이들은 이 단계를 건너뛰어도 되는지 묻기도 한다. '신'이란 개념 자체에 거부감을 느낄 수도 있다. 신을 믿는 행위를 미성숙하고 순진한 것으로 여길지 모르겠다.

어떤 이들은 신앙을 가지고 기도하는데도 좀처럼 하느님이 기도를 들어주지 않는다고 생각한다. 아무리 열심히 기도해도 비참한 상태는 변하지 않는다. 오랜 시간 응답 없는 기도를 하다 지쳐 화를 내면서 포기해버리거나 배신감을 느끼면서 자기가 왜 이런 끔찍한 벌을 받아야 하느냐고 항의한다.

신앙심이 있든 없든, 신에게 기도를 하든 안 하든 상관없이 영성 훈련을 할 수 있다. 조용히 산책을 하거나 일몰이나 자연을 감상하면서 즐거움과 안정을 얻는 정도는 신앙에 상관없이 누구나 할 수 있다. 자신을 넘어서 좀 더 넓은 시야를 가지고 사물을 바라보는 것이 이번 회복 단계의 목적이다. 당신에게 평화와 안정을 주는 것을 찾아 매일 적어도 30분씩 실행해보라. 현재 상황이 얼마나 열악하든 상관없이 이 훈련을 통해 고통은 사라지고 위로를 얻을 것이다.

우주에 더 큰 힘을 지닌 존재가 있다고 믿으면서 행동해보자. 자신의 힘으로는 불가능할 것 같은 일을 자신보다 더 큰 존재에게 떠넘김으로써 엄청난 위로를 얻는다. 아니면 자조모임을 자신보다 더 큰 힘을 지닌 존재로 보는 것은 어떤가? 힘든 시기가 찾아오면, 이 모임에서 도움을 줄 수 있는 사람과 꾸준히 연락해보라. 더 이상 혼자가 아님을 아는 것이 중요하다.

신앙심을 가지고 있다면 생활에서 일어나는 모든 일에는 각각의 이유와 결과가 있다고 믿으면서 신의 손에 맡겨진 것은 자신이 아니라 남편이나 애인임을 알아야 한다. 명상과 기도를 통해 자신이 어떻게 살아야 할지를 생각하고, 주변 사람들의 삶은 그들에게 맡겨둔다.

종교에 상관없이 영성을 기른다는 것은 모든 일을 자기 의지대로 하겠다는 아집을 버린다는 의미다. 여태껏 생각해본 적이 없는 결과와 해결책이 있을 수도 있고, 여태껏 가장 두려워하면서 막으려고 했던 것들이 사실은 필요한 것일 수도 있다.

아집이란 자기가 모든 답을 가지고 있다고 믿는 것이다. 아집을 버린다는 것은 열린 마음을 가진다는 뜻이다. 두려움('○○하면 어쩌지'라는 걱정)과 절망('○○된다면')을 비워내고 그 자리를 긍정적인 생각으로 채워 넣는 것이다.

무엇이 필요한가

신앙심이 아닌 자신의 의지가 필요하다. 영성을 기르다 보면 신앙심은 저절로 따라온다. 신앙심을 원치 않더라도 예전보다 더 많은 심리적 평온을 얻을 것이다.

지금까지의 사고방식과 감각의 습관에서 벗어나 자기암시를 활용해보는 것이 좋다. 더 높은 존재에 대한 믿음이 있든 없든, 확신은 당신의 삶을 바꿔놓을 것이다. 긍정적인 말을 만들고 조용히 이를 반복하거나 큰 소리로 외쳐보라.

"나는 더 이상 고통스럽지 않다. 내 인생은 기쁨과 부유함과 만족함으로 가득하다."

왜 필요한가

다른 사람을 통제하고자 하는 욕구를 버리도록 도와주며 정신을 고양하는 데 큰 힘이 된다. 당신은 평온함을 얻고 스스로를 희생자로 여기지 않으며 선택받은 사람이라고 생각할 수 있다. 영성은 위기 속에서 힘을 주는 근원이 된다. 위기에 직면했을 때 당신은 의지할 수 있는 보다 큰 근원적인 힘이 필요하다. 영성 개발을 하지 않으면 아집을 버리지 못하고, 아집을 내려놓지 못하면 다음 회복 단계로 나아갈 수 없다.

어떤 결과가 나타나는가

모든 상황을 바로잡아 파트너를 통제하고 모든 재앙을 막아내야 한다는 책임감에서 벗어날 수 있다. 다른 사람을 조종해 당신이 원하는 대로 바꿔놓으려고 애쓰지 않으면서 스스로 안도감을 느낄 것이다. 만족감을 얻기 위해 다른 사람을 변화시킬 필요가 없기 때문이다. 자신의 인생과 행복은 자기 스스로 만들 수 있고, 다른 사람의 행동에 영향을 받지 않는다.

5단계 : 다른 사람들의 인생을 관리하고 통제하는 것을 멈춰라
무슨 뜻인가

그를 도와주거나 조언해주지 말라는 뜻이다. 그는 직업, 집, 상담사, 자조모임 혹은 필요한 모든 것을 스스로 찾을 수 있다고 생각하라. 단지 스스로 찾거나 문제를 해결할 동기가 없을 뿐이다. 당신이 그런 일을 떠맡는다면, 그는 자신이 책임져야 할 일들을 하지 않는다. 그의 행복 역시 당신의 책임이 되면 실패로 돌아갔을 때 오히려 당신을 비난한다.

예를 들어 남편이나 애인을 위해 상담 약속을 잡으려는 사람들이 있다. 그럴 때마다 나는 당사자가 직접 상담 약속을 잡아야 한다고 말한다. 스스로 상담치료사를 선택하고 약속을 정할 정도의 동기가 없는 사람이 어떻게 회복을 위해 지속적인 상담을 받겠는가? 다른 사람을 대신해 상담 약속을 잡으려는 사람들에게는 그들 대신 당신이 상담을 하러 오라고 요청한다.

남편이나 애인을 관리하거나 통제하지 않는다는 것은 그를 격려해주고 칭찬해주는 역할에서 벗어난다는 뜻이다. 칭찬과 격려를 해가면서 자신이 원하는 일을 그에게 시켰을 것이다. 이것은 그를 조종해왔다는 뜻이다. 칭찬과 격려는 압박과 유사한 속성을 가지고 있다. 이를 반복한다는 것은 그의 인생을 통제하고 있다는 뜻이다.

남편이나 애인이 어떤 행동을 했을 때 극찬을 하는 이유를 생각해보라. 그의 자부심을 세워주기 위해서? 아니다. 그것은 조종이다. 칭찬의 말을 듣고 그가 당신을 만족시키는 행동을 하는가? 그것 역시 조종이다. 그가 자랑스럽다고 극찬하는가? 이는 그에게 짐이 된다. 그는 스스로 성취감을 느끼고 자신감을 가져야 한다. 그러지 않으면 당신은 그의 어머니 역할을 하게 된다. 그에게 또 다른 어머니는 필요 없다.(그의 어머니가 얼마나 최악이든 상관없다!) 그리고 당신은 남편이나 애인을 자식으로 삼을 필요 없다.

일단 지켜보는 것부터 멈춰야 한다. 그가 무슨 일을 하든 신경을 덜 쓰면서 자신의 삶에 좀 더 집중해보자. 남편이나 애인을 통제하는 일을 멈추면 그는 당신의 관심을 끌어 책임감을 느끼게 만들려고 할 것이다. 그가 최악의 상황으로 빠져들어도 내버려둬라!

그의 문제는 당신의 문제가 아니다. 그가 문제를 온전히 책임지게 하면서 그가 내린 해결책을 인정하게 해야 한다. 그리고 당신은 그 과정에서 멀리 떨어져 있어야 한다.(자신의 인생을 사느라 바쁘고, 영성 개발을 계속하고 있다면 보다 쉽게 그에게서 눈을 뗄 수 있다.)

통제를 멈춘다는 것은 분리를 의미한다. 당신의 자아를 그의 느낌, 행동, 그에 따른 결과에서 떼어내야 한다. 그가 자신의 행동에 따른 결과를 책임지게 내버려두고, 그를 고통에서 구해내서는 안 된다. 그에게 관심은 갖되 돌보지는 말아야 한다. 그가 스스로 길을 찾도록 하면서 당신의 길을 찾아가야 한다.

무엇이 필요한가

아무 말도 하지 않고 아무것도 하지 않는 태도를 몸에 익혀야 한다. 회복 단계에서 가장 힘든 일일 것이다. 엉망진창이 된 그의 삶을 보면서 문제를 대신 해결해주고 싶거나 충고와 격려로 그를 조종하고 싶은 유혹이 든다면 가만히 멈춰서 그가 자신의 문제와 싸울 능력이 있다고 존중해줘야 한다.

모든 상황을 관리하고 통제하는 것을 멈췄을 때 둘의 관계가 어떻게 될지 두렵다 하더라도 그 두려움을 마주해야 한다. 그를 조종하는 대신 두려움을 제거해야 한다.

이런 두려움을 느낄 때 영성 개발이 필요하다. 모든 것을 당신이 해결해야 한다는 생각을 버릴 수 있다. 주변 사람들을 통제하지 않으면 마치 절벽에서 떨어지는 것 같을 것이다. 다른 사람을 조종하려는 노력을 멈추는 순간 자신이 통제 불능 상태에 빠졌다는 느낌을 받고 무척 놀랄 수 있다. 영성 개발을 하면 이때 공허함과 허무함을 느끼는 대신, 사랑하는 이들을 보다 높은 존재에게 맡길 수 있다.

통제하고 관리하는 것을 멈추기 위해 당신이 바라는 모습이 아니라 실제 모습 그대로를 봐야 한다. 통제와 관리를 멈추면, '그가 변하면 난 행복해질 거야'라는 생각도 멈출 수 있다. 그는 절대 변하지 않을 것이다. 그를 변화시키려는 노력을 멈춰야 한다. 그리고 당신이 행복해지는 법을 배워야 한다.

왜 필요한가

당신이 누군가를 바꾸는 데 집중하는 한 자신을 돕는 데 쓸 힘이 없다. 다른 사람을 변화시키는 일은 자신을 바꾸는 일보다 훨씬 매력적으로 보인다. 그러나 다른 사람을 바꾸겠다는 생각을 멈추지 않는 한 자신을 바꾸려는 시도조차 할 수 없다. 절망감은 대부분 불가능한 것을 관리하고 조종하려는 데서 비롯된다.

끊임없이 잔소리를 해대고, 애원이나 협박 또는 뇌물을 사용하고 심지어 폭력을 써봐도 아무 소용이 없었다. 모든 시도와 노력이 수포로 돌아갔을 때 어떤 느낌이 들었는지 기억해보라. 자존심은 또다시 땅에 떨어지고 걱정은 늘어만 가는 상황에서 무기력감을 느끼며 분노했을 것이다. 이런 악순환에서 벗어날 유일한 방법은 그를 통제하려는 노력을 그만두는 것이다.

그를 통제하는 것을 멈춰야 하는 또 하나의 이유가 있다. 그에게 압력을 가하는 한 그는 결코 변하지 않기 때문이다. 그에 대한 통제를 멈추지 않는다면 결국 당신이 그의 문제에 얽혀 들어갈 뿐이다.

그가 당신을 달래줄 심산으로 변하겠다는 약속을 한다 하더라도, 다시 이전 행동으로 되돌아갈 것이다. 기억하라. 그가 어떤 행동을 포기하는 이유가 당신이라면, 그 행동을 다시 시작하는 이유도 당신이 될 것이다.

젊은 커플이 상담을 받으러 온다. 남자는 술이나 마약과 관련된 범죄를 저질렀고, 보호관찰관의 권고로 상담실을 찾은 것이다. 여자는 그가 어딜 가든 함께해야 하기 때문에 따라온다. 여자는 이 남자를 올바른 길로 이끄는 것이 자신의 소임이라고 여긴다. 이런 경우 둘 다 알코올중독 부모 밑에서 자랐다. 내 앞에 앉은 그들은 손을 맞잡은 채 결혼할 거라고 말한다.

"결혼하면 다 괜찮아질 거예요"라고 그녀는 약간 수줍게, 그러나 꽤 단호한 의지를 보이며 말한다.

"그럴 거예요." 그는 온순하게 고개를 끄덕인다. "그녀 덕분에 내가 도를 넘지는 않거든요. 절 많이 도와줘요."

그의 목소리에서 안도감이 느껴지고, 그녀는 그가 보여준 신뢰감과 책임감에 기뻐한다.

이들의 희망과 사랑을 지켜보며 나는 부드럽게 설명한다. 그가 술이나 마약과 관련한 문제를 가지고 있을 경우, 그녀 때문에 술이나 마약을 끊을 수도 있지만, 나중에는 그녀 때문에 다시 술을 마시고 마약에 취할 것이라고 말한다.

나는 둘에게 경고한다. 언젠가 말다툼을 하다 남자가 여자에게 "당신을 위해 다 끊었는데 달라진 게 하나도 없잖아. 당신은 절대 행복해질 수 없는데 내가 왜 술을 끊어야 하지?"라고 말하게 될 것이라고 말이다. 지금 둘을 하나로 만들어주고 결혼까지 이르게 해준 바로 그것 때문에 둘은 곧 헤어질 것이다.

어떤 결과가 나타나는가

그는 화를 내면서 자신을 더 이상 신경 쓰지 않는다고 비난할 것이다. 그는 스스로 인생을 책임져야 한다는 사실에 공포를 느끼고 분노한다. 그는 당신과 싸우고 무언가를 약속하고 당신 마음을 되돌리려고 노력하면서 내부의 자기 자신과 싸우지 않는다.

그를 관리하고 통제하는 데 사용되던 에너지를 자신을 탐험하고, 계발하고, 강화하는 데 사용하라. 외부적인 일에 관심을 두고 싶다는 유혹이 고개를 들더라도 그것을 뿌리치고 자신을 돌보는 일에 집중해야 한다.

당신이 관리와 통제를 그만두면서 그의 인생이 심각하게 혼란스러워지면, 당신이 무엇을 하는지 모르는 사람들은 당신을 비판할 것이다. 이런 비판을 막을 필요도, 굳이 그들에게 자세히 설명할 필요도 없다.

다른 사람들의 비판은 자주 있지도 않고 생각보다 강도도 덜하다. 사실 당신에게 가장 비판적인 시선을 던지는 사람은 당신 자신이다. 사람들은 자아비판적 관점을 주변 사람들에게 투영하기 때문에 비판의 말은 어디에서나 듣기 마련이다. 다른 사람이 당신을 비판하면 당신은 자신의 편을 들어보자.

다른 이들을 관리하고 통제하는 것을 멈춘다는 말은 곧 자기 스스로를 '도움을 주는 존재'로 생각하지 않는다는 뜻이다. 그러나 관리나 조종을 그만두는 것 자체가 사랑하는 사람에게 유익한 행동이다. '도움을 주는 존재'라는 정체성을 얻으려면 우선 자아를 찾는 여행을 떠나야 한다. 정말로 다른 사람들을 돕고 싶다면 그 사람의 문제는 내려놓고 우선 자기 자신부터 도와야 한다.

6단계 : 남녀 간의 게임에 '중독'되지 않는 법을 배워라

무슨 뜻인가

두 사람이 대화를 나눌 때 발생하는 '게임'이란 개념은 교류분석에서 나왔다. 두 사람이 대화를 나눌 때 친밀함을 피하기 위해 사용하는 구조적 방식이다.

모든 이들은 타인과 대화를 나눌 때 게임을 이용하는 경우가 있다. 특히 건강하지 않은 관계에서 이러한 게임이 넘쳐난다. 게임은 감정이나 정보 교환을 교묘하게 피하면서 대답하는 전형적인 방법으로, 대화에 참여한 상대방에게 자신의 행복 혹은 불행에 대한 책임을 지게 만든다.

사랑 중독에 빠진 사람과 그 파트너는 서로 대화를 나누면서 구원자, 박해자, 희생자 역할을 동시에 다양하게 맡는다. 구원자(R, rescuer)는 '돕는' 사람이다. 박해자(P, persecutor)는 '비난하는' 역할이고, 희생자(V, victim)는 '죄 없고 힘없는 사람'이다. 다음은 게임의 진행 과정을 보여주는 대화 내용이다.

남편 톰은 늦게 들어오는 날이 많고, 이날도 밤 11시 30분이 되어서야 집에 들어왔다. 아내인 메리가 대화를 시작한다.

- 메리(눈물을 머금은 채): (V) 어디 있었어? 걱정돼서 한숨도 못 잤어. 사고 난 줄 알았잖아. 내가 걱정할지 뻔히 알면서 어떻게 아무 연락도 안 할 수 있어? 적어도 아무 일 없다고 연락은 했어야지!

- 톰(달래는 말투로): (R) 자기야, 미안해. 자고 있는데 깨울까 봐 전화 안 했지. 화내지 마. 지금 집에 왔잖아. 다음엔 꼭 전화할게. 약속해. 씻고 와서 자기 등 마사지해줄게. 기분이 좋아질 거야.

- 메리(화를 내며): (P) 만지지 마. 지난번에도 전화한댔잖아. 그건 거짓말이었어? 당신이 고속도로에서 사고라도 났을까 봐 걱정하든 말든 신경도 안 쓰겠지. 다른 사람한테는 관심도 없으니까 말이야. 사랑하는 사람을 걱정하는 심경이 어떤지 전혀 모르지!

- 톰(무기력하게): (V) 자기야, 그렇지 않아. 내가 얼마나 당신을 생각하는데. 깨우고 싶지 않아서 그랬을 뿐이야. 화낼 거라곤 꿈에도 생각 못 했어. 그저 당신 생각해서 그런 거니까. 내가 뭘 하든 다 잘못한 것 같네. 전화했는데 당신이 자고 있었으면 깨웠다고 뭐라고 했겠지.

난 늘 이기지 못하는 싸움만 하잖아.

- 메리(마음이 누그러져서) : (R) 그렇지 않아. 당신이 너무 소중해서 이러는 거야. 당신이 괜찮은지, 어디서 사고라도 당하지 않았는지 걱정돼서. 기분 나쁘게 하려던 건 아니었어. 당신을 너무 사랑해서 내가 걱정하는 마음을 알아주길 바랄 뿐이야. 화내서 미안해.

- 톰(우세하다고 느끼며) : (P) 그렇게 걱정했다면서 왜 내가 집에 왔는데 기뻐하지 않지? 오자마자 왜 계속 기분 나쁜 이야기만 하는 건데? 날 믿지 않는 거야? 당신에게 일일이 설명해야 한다는 게 지긋지긋해. 날 믿었다면 그냥 잤겠지. 내가 집에 오면 반가워해야 하잖아. 몰아붙이는 대신 말이야! 가끔 당신은 그저 싸우고 싶어 하는 것 같아.

- 메리(목소리를 높이며) : (P) 당신을 봐서 당연히 기쁘지! 2시간 내내 당신이 어디 있을까 궁금했는데. 당신을 못 믿는 건 그동안 당신이 어떻게 했는지 생각해보면 잘 알 거 아냐. 전화도 안 하고, 나보고 화낸다고 뭐라고 하고, 집에 왔는데 잘 대해주지 않는다면서 몰아붙이고. 그냥 원래 있던 데로 가지그래? 매일 저녁 찾아가는 그곳으로 말이야.

- 톰(달래듯) : (R) 당신 화난 건 알겠는데 내일 중요한 회의가 있어. 차 한 잔 만들어줄게. 그거 마시고 있어. 씻고 올게. 괜찮지?

- 메리(울면서) : (V) 당신 전화 계속 기다리는 게 어떤 기분인지 당신은 몰라. 내가 당신한테는 아무것도 아니란 소리잖아…….

둘은 대화에서 각각 구원자, 박해자, 희생자의 역할을 교대하고 있다. 이 역할들을 몇 시간, 며칠, 몇 년간이고 계속 이어나갈 수 있다. 다른 사람과 대화할 때 이 세 가지 역할 중 하나를 맡아 그에 맞는 말이나 행동을 보였다면, 조심하라! 사태를 악화시키기만 하는 비난, 반박, 꼬투리 잡기의 악순환에 갇혀 있다면 그 원인을 끊어야 한다. 잘 대해주거나 화를 내거나 무기력해하면서, 당신이 원하는 대로 끌고 가려는 말과 행동을 멈춰야 한다.

이제는 자신을 바꿀 때가 왔다. 이기고 싶다는 욕구를 버려야 한다. 싸우고 싶은 욕구를 버리고, 파트너가 당신의 말이나 행동에서 어떤 구실을 찾아내게 하지 말아야 한다. 그가 충분히 미안해하길 바라지도 말아야 한다.

무엇이 필요한가

게임을 지속시키는 방식으로 반응을 보이지 말아야 한다. 오직 게임을 중단하는 방식으로 반응해야 한다. 처음에는 어려울지 몰라도 꾸준히 연습하다 보면 곧 숙달될 것이다.(게임을 지속하지 않으려면 우선 다른 사람을 관리하고 통제하는 행동을 멈춰야 한다.)

톰과의 치명적인 삼각형 구도에서 메리가 어떻게 벗어났는지 알아보겠다. 지금 메리는 톰을 관리하고 통제하는 것이 자신의 일이 아님을 깨달았다. 톰이 밤늦도록 집에 들어오지 않으면 초조해하고 그 문제를 해결하려고 애쓰는 대신, 자조모임의 친구에게 전화를 걸었다. 그녀는 자신의 두려움에 대해 이야기를 나누고 곧 평온을 되찾았다.

메리는 자신의 기분을 들어줄 사람이 필요했고, 그녀의 친구는 아무런 충고도 하지 않은 채 그녀의 얘기를 들어주기만 했다.

톰이 밤 11시 30분이 되어 집에 들어왔을 때쯤에 메리는 잠들어 있었다. 그가 방에 들어오면서 잠이 깬 그녀는 짜증과 분노가 일었지만, "여보, 당신이 집에 들어와서 기뻐"라고 말한다. 이런 상황에서 늘 싸우는 데 익숙했던 톰은 그녀의 가벼운 인사에 놀란다. "전화하려고 했는데……" 톰은 방어적으로 핑계를 대기 시작한다. 메리는 그의 말이 끝날 때까지 기다렸다가 말한다. "괜찮으면 우리 내일 이야기하자. 지금은 너무 졸려. 잘 자."

톰이 밤늦게 집에 들어온 것에 대해 죄책감을 느꼈다 해도 메리와 말다툼을 벌였다면 그 죄책감은 사라졌을 것이다. 문제는 자신이 늦게 들어온 것이 아니라 그녀의 잔소리라고 생각한다. 그러나 이제 톰은 죄책감을 느끼고, 메리는 남편의 행동 때문에 고통을 느끼지 않는다. 이것이 올바른 결과이다.

남녀 간의 게임이란 탁구 경기와 같다. 당신이 구원자, 박해자, 희생자 역할을 동시에 한다는 것이 다를 뿐, 공이 오면 계속 되받아친다. 이런 게임에 중독되지 않으려면 공이 날아와도 그냥 내버려두는 법을 배워야 한다. 이를 위해 가장 좋은 방법 중 하나가 '아아!'라는 단어를 사용하는 것이다.

예를 들어 톰이 핑곗거리를 늘어놓으면 메리는 "아아"라고 대답하고 자러 갔다. 이 대답을 하면 구원자-박해자-희생자 역할을 서로 교환하는 싸움에 걸려들지 않을 것이다. 게임에 중독되지 않고, 중심을 유지하면서 위엄을 지킬 때 기분이 매우 좋아질 것이다.

왜 필요한가

우리가 게임 속에서 맡은 역할은 대화에서만 국한되지 않는다. 이 역할은 삶을 사는 방식으로까지 확대되어 각자 가장 좋아하는 특정 역할을 맡는다.

당신이 가장 좋아하는 역할은 아마 구원자일 것이다. 다른 사람을 돌봐주는 것(관리하고 통제하는 것)에 익숙한 여자들은 사람들과 안전거리를 유지하면서 그들의 인정을 받고자 노력한다. 이들은 친구, 가족 그리고 직장에서 구원자 역할을 담당한다.

혹은 박해자 역할을 맡을 수도 있다. 잘못을 꼬집어내고, 지적하고, 틀린 것을 올바르게 고치려고 한다. 이런 사람들은 어린 시절 그녀를 패배시켰던 어두운 힘과의 싸움을 계속하는 것이다. 성인이 되었으니 이제 싸움에서 동등한 위치를 차지할 것이라고 희망하면서 말이다. 그런 과거에 복수하고 싶은 여자는 싸움꾼, 논쟁자, 잔소리쟁이가 된다. 그녀는 사람들을 벌주고 싶어 하고, 그들에게 사과와 보상을 요구한다.

희생자는 가장 힘이 없는 역할로 아무런 선택권 없이 다른 이들의 행동에 의해 기분이 바뀐다. 어릴 때는 희생자가 되는 것 외에 다른 방법이 없었지만, 성인이 되어서는 희생자 역할에 친숙해져 오히려 그 역할에서 힘을 얻는다. 약자에게는 그 사람을 짓누르는 독재자가 있기 마련이고, 이 독재자는 죄책감을 느끼게 된다. 이런 식으로 희생자는 상대방과 관계를 맺는다.

대화를 나눌 때 혹은 인생을 살면서 이 세 가지 역할 중 하나라도 맡고 있다면, 어린 시절 느꼈던 분노, 두려움, 무기력함을 집중적으로 살펴봐야 한다. 세 가지 역할을 포기하지 않은 채 주변 사람들에게 집착한다면 자신의 인생을 온전히 책임지지 못한다.

어떤 결과가 나타나는가

이제 스스로 인생을 책임지겠다는 의지를 표현하려면 적절한 의사소통법을 개발해야 한다. '○○가 없다면'이란 말을 줄이고, '바로 지금 난 ○○를 선택하고 있어'라고 말해보라.

게임에 참여하고 싶은 유혹을 피하려면 우선 다른 이들을 통제하고 관리하는 행동을 포기해야 한다. 연습을 통해 보다 쉽게 유혹을 피할 수 있고 시간이 지날수록 능숙해질 것이다.

열띤 싸움을 하느라 시간을 낭비하고 에너지를 고갈시키는 온갖 흥분들이 없어도 인생을 사는 법을 배워야 한다. 물론 어려운 일이다. 사랑 중독에 빠진 사람은 감정을 너무 깊숙이 감춰두기 때문에 싸우고, 헤어졌다 다시 화해하는 일련의 과정에서 얻어지는 흥분감을 통해서만 자신이 살아 있음을 느낀다.

당신의 인생에 집중하면 지루함을 느낄 것이다. 그러나 지루함을 참고 견디다 보면 곧 자아를 발견할 수 있다.

7단계 : 용감하게 자신의 문제와 결점을 대면하라

무슨 뜻인가

이제 자신의 인생, 문제, 고통 외에는 신경 쓸 일이 없다. 이때 영성 훈련, 자조모임 혹은 상담치료사의 도움을 받으면서 자신의 내면을 깊숙이 들여다봐야 한다. 이 과정에서 반드시 상담치료사가 필요한 것은 아니다.

이 단계에서 당신은 현재 삶을 보다 열심히 들여다봐야 한다. 삶에서 좋은 것과 불편하고 불행하게 만드는 것을 둘 다 살펴봐야 한다. 그리고 이것들을 글로 써서 목록을 만든다. 이제 과거를 떠올려 보라. 좋은 기억과 나쁜 기억, 성공과 실패, 상처받은 순간과 상처를 준 순간을 모두 생각해내고 써본다. 그리고 특별히 문제가 되는 부분에 집중해본다.

예를 들어 섹스가 문제라고 생각한다면 섹스와 관련된 경험을 다 써보라. 남자들이 항상 문제가 됐다면, 맨 처음 사귀었던 남자 이야기부터 시작해 연애 경험을 처음부터 끝까지 다 써본다. 부모가 문제였는가? 마찬가지로 부모와의 관계에서 기억나는 대로 처음부터 다 써보라. 이 글은 당신의 과거를 살펴보고, 다른 이들과의 싸움 속에서 반복적으로 나타나는 주제를 이해하게 해줄 귀중한 도구가 될 것이다.

일단 쓰기 시작하면 끝까지 가능한 완벽하게 써야 한다. 나중에 문제가 다시 나타났을 때 이 글을 사용할 수 있을 것이다. 당신의 기억, 생각, 감정에 따라 자연스럽게 쓰면 된다. 그리고 글을 쓰는 동안에는 패턴을 찾으려고 글을 검토하지 말아야 한다. 그 작업은 글을 다 쓰고 난 후에 하면 된다.

무엇이 필요한가

글을 완성하기까지 많은 시간과 에너지를 투자해야 한다. 글을 쓰는 일은 쉽지 않다. 그러나 이 단계를 실행하기 위한 최고의 방법이다. 완벽하지 못하거나 잘 쓰지 못할까 봐 걱정할 필요 없다. 자신이 읽었을 때 이해되는 정도로만 쓰면 된다.

글을 쓸 때는 자신을 솔직하게 드러내야 한다. 일단 글이 완성되면 신뢰할 만한 사람에게 보여준다. 당신을 이해하고 그저 글을 읽어줄 사람이어야 한다. 또한 열정이 있어야 한다. 평가는 필요 없다. 오직 이해해주기만 하면 된다. 조언이나 격려도 필요 없다. 그저 들어주기만 하면 된다.

이 정도 회복 단계에 이르렀다면 남편이나 애인에게 글을 보여주지 말아야 한다. 훨씬 시간이 지난 후에 그와 함께 나누거나, 아예 나누지 않아도 된다. 하지만 지금은 아직 그와 이런 이야기를 나눌 때가 아니다. 다른 사람에게 자신의 이야기를 들려주고 그 이야기가 받아들여지는 것이 어떤지 경험해본다. 이 회복 단계는 현재 파트너와의 관계를 개선하는 단계가 아니다. 이번 단계의 목적은 자기 발견이다.

왜 필요한가

사랑 중독에 빠진 여자들은 종종 불행한 인생을 다른 사람 탓으로 돌리면서 자신의 잘못이나 선택을 부인한다. 이런 생각은 반드시 뿌리 뽑고 제거해야 한다. 이를 위해서는 자신을 보다 정직하게 열심히 바라봐야 한다. 자신의 문제와 결점(그리고 장점과 성공)을 남편이나 애인과 연관시키지 않고, 자신의 것으로 봐야 변화를 이룰 수 있다.

어떤 결과가 나타나는가

첫째, 과거의 사건과 느낌에서 얻은 비밀스런 죄책감을 떨쳐낼 수 있다. 그리고 인생을 좀 더 건강하고 즐겁게 살아갈 수 있다.

가 빚을 지고 있다고 생각했어요. 그런 모임에 참석할 시간을 날 위해 써야 한다고 생각했어요. 술을 마시지 않는 게 그에게 얼마나 힘든 일인지 나는 전혀 몰랐어요. 그는 감히 내게 그런 말을 하지도 못했죠. 내가 어떻게 해야 한다고 말할 게 뻔하니까요. 마치 내가 잘 아는 듯 말이죠.

그러다 아들 중 한 명이 학교에서 물건을 훔치는 일이 있었어요. 로비와 나는 학부모 상담을 했어요. 상담 중에 로비가 알코올중독자였다가 술을 끊었다는 사실을 상담사에게 털어놨죠. 상담사는 우리 아들을 알코올중독자의 10대 자녀들을 위한 모임에 참여시켜야 한다고 강력하게 제안했고, 나도 참여하는지 묻더군요. 나는 구석에 몰린 기분이었지만 상담사는 나를 몰아세우지 않고 부드럽게 설득했어요.

세 아들 모두 모임에 참여하기 시작했지만 나는 여전히 모임에 나가지 않았어요. 이혼소송을 계속 준비하면서 아파트를 얻어 아이들과 함께 나왔죠. 모든 세부적인 것까지 다 준비됐을 때 아이들이 아빠와 살고 싶다고 조용히 말하더군요.

난 완전히 절망했어요. 로비를 떠난 후 온갖 정성을 쏟았는데 아이들은 아빠를 선택한 거예요. 그들을 보낼 수밖에 없었죠. 스스로 결정을 내릴 정도로 나이가 들었으니까요. 아이들이 떠나고 나는 이제 혼자 남았어요. 한 번도 혼자 지내본 적이 없는데 말이죠. 나는 겁에 질렸고 우울했어요.

며칠을 지내다가 로비의 후원자 부인에게 전화를 했어요. 자조모임을 비난하고 싶었거든요. 부인은 오랫동안 내가 소리치는 것을 듣고만 있었죠. 그러다 집으로 찾아와 곁에 있어주었어요. 내가 울고 있는 동안 내내 말이에요.

다음 날 그녀는 나를 데리고 모임에 참석했어요. 두렵고 무서웠지만 그곳에서 내가 얼마나 병들었는지 깨달았어요.

모임에 참여하면서 알코올중독자들에게 온 신경을 집중하는 것보다 자기 자신을 돌보는 것이 훨씬 어려운 일이라는 사실을 깨달았어요. 내가 행복해지려면 무엇을 해야 하는지 나조차 전혀 알지 못했죠. 모든 사람이 완벽해지면 나도 행복해질 거라고 막연히 믿어왔을 뿐이에요. 너무나 아름다운 여자들이 알코올중독자들과 함께 살고 있었어요. 하지만 그들은 자신의 삶을 사는 법을 배운 사람들이었죠.

모든 것, 모든 사람들을 돌보려고 하면서 알코올중독자 배우자나 연인의 부모처럼 행동하는 습관을 버리기는 정말 힘들었어요. 혼자 지내면서 생기는 문제와 공허함을 다른 사람들은 어떻게 해결해나갔는지를 들으면서 나만의 방법을 찾을 수 있었어요. 스스로를 불쌍하게 여기지 않으면서도 내 삶에 주어진 것에 감사하는 법을 배웠어요.

그러자 더 이상 울지 않게 되었어요. 그리고 눈물로 지내던 시간에 파트타임으로 일을 했어요. 그것도 큰 도움이 되더군요. 혼자서 모든 것을 하고 있다는 사실에 자부심을 느끼기 시작했어요. 곧 로비와 다시 합치자는 이야기가 나왔어요. 나는 당장이라도 집으로 돌아가고 싶었지만 그의 후원자는 잠시 시간을 더 가지라고 충고해주었어요. 다른 사람들도 같은 의견이었으므로 재결합을 잠시 연기하기로 했어요. 로비에게 돌아가기 전에 내 마음속에 있는 공허함을 채워야 했던 것이죠.

처음에는 마음이 텅 빈 것 같고 허무했어요. 아무것도 할 수 없었죠. 그렇지만 나 자신을 위한 결정들을 하나둘씩 내리면서 텅 비었던 공간이 채워지기 시작했어요. 내가 어떤 사람인지, 무엇을 좋아하고 싫어하는지, 어떤 삶을 원하는지 알아야 했어요. 생각하고 걱정할 누군가가 옆에 없고 오로지 홀로 보내는 시간이 없었다면 그런 것들을 알아낼 수 없었겠죠. 나는 내 인생보다 다른 사람의 인생을 관리해주는 것을 더 좋아했으니까요.

다시 합치자는 이야기가 나오면서 나는 로비에게 자주 전화를 했어요. 사소한 일이 생길 때마다 그를 만나서 자세히 상담하고 싶었어요. 그에게 전화를 할 때마다 예전으로 돌아간다는 느낌이 들었죠. 그래서 대화 상대가 필요할 때면 모임에 참석하거나 프로그램에 참여하는 누군가에게 전화를 걸었어요. 그건 마치 로비와의 사이에 거리를 만드는 것 같았지만 그래야 한다고 생각했어요.

이렇게 뒤로 물러나는 건 정말 힘든 일이었어요. 로비가 술을 끊는 것보다 내가 로비를 혼자 두는 게 훨씬 더 힘든 일인 것 같았어요. 하지만 난 그렇게 해야만 한다는 걸 알았어요. 안 그러면 다시 옛날로 돌아갈 테니까요.

그렇게 1년 남짓이 지나갔고 아이들과 로비, 그리고 나는 다시 함께 살게 되었어요. 그는 한 번도 이혼을 원한 적이 없었는데 내가 왜 그랬는지 모르겠어요. 나는 모든 사람들을 내 마음대로 주무르려고 했어요. 아무튼 나는 점점 나아졌고 가족들을 내버려두기 시작했어요. 가족들은 그 어느 때보다 건강하게 각자의 삶을 살고 있어요.

———

　제니스의 이야기에는 거의 덧붙일 게 없다. 누군가 자신을 필요로 하기를 바라는 욕구, 유약하고 부적절한 남자, 그리고 상대의 인생을 통제하려는 욕구는 마음의 공허함을 부인하고 피하기 위한 방법으로 나타난 것이다. 이 공허함은 어린 시절부터 생겨난 것이다.

　문제 가정에서 자란 아이들은 가족의 문제에 책임감을 느끼고 해결하려 든다. 이런 아이들이 나름 가족을 위해 하는 세 가지 행동이 있다. 눈에 띄지 않거나, 불량한 행동을 하거나, 착하게 구는 것이다.

　눈에 띄지 않는다는 것은 부모에게 아무것도 요구하지 않고 문제를 일으키지도 않는다는 의미다. 이런 아이는 이미 충분히 스트레스를 받고 있는 가족들에게 더 이상 어떤 짐도 주지 않으려고 한다. 이런 아이는 종일 방 안에만 있다. 침묵하거나 뜻을 알 수 없는 추상적인 말만 한다. 학교에서는 뛰어나지도 나쁘지도 않은 학생이고 아무도 기억하지 못할 정도로 존재감이 없다. 존재하지 않는 것으로 가족에게 공헌하는 것이다. 그러다 보면 자신의 고통에는 둔감해지고 결국 아무것도 느끼지 못한다.

　불량한 행동을 한다는 것은 반항아, 불량 청소년이 되어 적개심에 불타 어디서나 분노를 쏟아낸다는 뜻이다. 이런 아이는 가족의 고민이나 분노, 공포와 초조를 자기에게 돌리려고 자신을 희생해서 가족의 골칫거리이자 문젯거리가 되어준다. 부모의 사이가 좋지 않더라도 자신의 문제를 함께 고민하고 함께 해결할 거리를 제공하는 것이다. 부모는 자신들의 문제는 제쳐두고 "조니를 어떻게 해야 하지?"라고 서로 대화를 나눌 수 있다. 공동의 문제를 고민하면서 연대하는 듯한 느낌을 주는 것이다. 이것이 불량하게 구는 아이가 가족을 '위하는' 방법이다. 이런 아이가 느끼는 감정은 오직 분노뿐이다. 분노의 감정이 고통과 두려움을 덮어주기 때문이다.

착하게 행동하는 것이 바로 제니스가 선택했던 방법이다. 그들은 성공함으로써 가족의 문제를 만회하고 자기 내부의 공허함을 채운다. 겉으로 행복하고 똑똑하며 열정적으로 보이면서 자신의 긴장감, 두려움, 분노를 숨긴다. 그리고 즐겁다고 느끼기보다 즐거운 듯 보이는 것을 중요하게 여긴다.

제니스는 성공하는 것뿐 아니라 누군가를 돌보는 일까지 떠안아야 했다. 그래서 아버지의 알코올중독과 어머니의 수동적이고 의존적인 모습을 둘 다 가진 로비를 선택한 것은 자연스러운 일이었다. 로비(그가 떠난 후에는 세 아들들)는 그녀의 일이자 프로젝트였으며 자신의 감정을 회피하는 탈출구였다.

관심을 기울일 수 있는 남편이나 아들들이 곁을 떠났을 때 제니스가 망가져버린 건 당연한 결과였다. 고통과 공허함 그리고 두려움을 피하는 주요 수단들이 사라졌으니 말이다. 그들이 떠나자 제니스의 고통과 공허함, 두려운 감정이 그녀를 압도해버렸다. 제니스는 자신을 항상 강한 존재이자 주변 사람들을 도와주고 격려하면서 조언해주는 사람이라고 생각했다. 하지만 사실 그녀의 남편과 아들들이 그녀를 위해 더욱 중요한 역할을 수행했던 셈이다.

로비와 아들들은 강하고 분별 있는 아내이자 어머니 없이도 아무 문제 없이 살아갔다. 하지만 제니스는 그들 없이는 제대로 살 수 없었다. 제니스의 가족이 궁극적으로 재결합할 수 있었던 것은 경험 많은 상담사와 후원자들의 도움이 컸다. 그들은 제니스의 병이 로비의 병만큼 심각하다는 것과, 로비 못지않게 제니스의 회복이 중요하다는 점을 인식하고 있었다.

침대 위에서 주도권을 쥐고 싶은 여자

나는 결혼하기 전에 이미 샘에게 문제가 있다는 걸 알았어요. 우리는 사귄 지 2년이 지나서 처음으로 성관계를 맺으려고 시도했지만 실패했어요. 나는 샘이 수줍음이 많아서 그런 것이라고 여기면서 일단 결혼하면 내가 그를 이끌면서 문제를 해결해나가리라 기대했죠.

하지만 결혼 첫날밤, 그는 너무 빨리 사정을 해버렸어요. 그리고 더 이상 발기가 되지 않자 내게 조용히 물었죠. "당신 처녀 맞아?" 내가 바로 대답을 못 하자 그는 "아닌 것 같군" 하며 일어나 욕실로 들어가 버렸어요. 이후로 그와 같은 고통스러운 밤이 계속되었어요.

사실 샘을 만나기 전에 한 남자를 만났어요. 그렇게 좋아한 것은 아니었는데, 그는 내 머리부터 발끝까지 흥분시켰죠. 나는 그와 결혼하려고 했지만 그는 나를 떠났어요.

샘을 만났을 때 나는 여전히 그 남자가 준 반지를 끼고 있었죠. 나는 평생 독신으로 살 것이라고 생각했는데 샘은 너무 친절했고 성적으로 아무런 압박감도 주지 않아서 좋았어요. 그가 섹스에 관한 한 나보다 더 무지하다는 것을 알게 되자 내가 그를 주도할 수 있을 것 같았죠. 그리고 섹스에 관해 종교적으로 같은 생각을 가지고 있으니 서로 완벽한 상대라고 확신했고요.

결혼 후, 나는 샘의 발기부전을 치료하고 싶었어요. 하지만 그는 그 문제에 대해 이야기하고 싶어 하지 않았어요. 그는 내게 그냥 친구로 지낼 수 있는지 물었고 난 거짓말로 그럴 수 있다고 대답했죠. 내게 최악의 상황은 섹스 없이 부부생활을 하는 게 아니라 더 이상 그 문제를 신경 쓰지 않아도 되는 것이었어요. 결혼 첫날부터 내가 모든 것을 망쳐버렸다는 죄의식을 가졌죠.

샘에게 상담치료를 받아보겠냐고 물었고 샘은 싫다고 대답했죠. 나는 그에게서 멋진 성생활을 빼앗았다는 생각에 사로잡혔어요. 그리고 상담사가 도움이 될 만한 이야기를 해줄 거라고 생각했죠.

나는 절박하게 샘을 돕고자 했어요. 자상하고 착한 남편을 여전히 사랑했고요. 지금이야 그를 향한 내 사랑이 죄책감과 연민에서 비롯되었다는 것을 알아요.

아무튼 나는 성 문제를 전문으로 하는 상담사를 찾아갔어요. 상담사는 샘이 같이 오지 않으면 그를 도울 수 없다고 말하면서 내 문제부터 해결해보자고 하더군요.

우리는 1시간가량 샘과 관련된 문제에 대해 이야기를 나눴어요. 그리고 나서 상담사는 나 자신과 내 감정에 대해 이야기하도록 부드럽게 인도하더군요. 그때 처음으로 내가 얼마나 능숙하게 나 자신을 피하고 있는지 알았어요. 나는 다시 상담을 받으러 가야겠다고 생각했어요. 진짜 문제라고 확신했던 샘에 대해시는 아무런 조치도 내려지지 않았지만 말이죠.

두세 번 상담을 받으면서 어떤 형체에게 쫓겨 다니는 꿈 이야기를 했어요. 상담사의 도움을 받아서 그 위협적인 형체가 아버지였다는 것을 깨달았어요.

나는 아홉 살부터 열다섯 살까지 아버지에게 성적으로 유린당했어요. 너무 괴로워 기억에서 완전히 지워버렸던 악몽이었죠.

아버지는 저녁때 나갔다가 늦게까지 집에 들어오지 않는 일이 종종 있었어요. 그러면 어머니는 방문을 잠갔고 아버지는 거실에서 자야 했어요. 얼마 후 아버지가 내 방으로 들어오기 시작했어요. 아버지는 아무에게도 말하지 말라고 협박했어요. 나는 죄책감이 너무 커서 누구에게도 말할 수 없었어요. 아버지와 나 사이에서 일어난 일은 다 내 잘못이라고 확신했으니까요. 집에서는 섹스가 불결하다는 생각을 공유하고 있었어요. 난 당연히 내가 더럽다고 생각했고 아무에게도 그 사실을 알리지 않았어요.

열다섯 살이 되자 나는 직업을 가지게 되었어요. 밤이나 주말, 여름휴가에도 늘 일을 했어요. 되도록 집에 들어가고 싶지 않았거든요. 그리고 방문에 자물쇠를 달았죠. 아버지는 문을 두드리며 방문 앞에 한참을 서 계셨죠. 잠이 깬 어머니가 나와서 아버지에게 무얼 하고 있느냐고 물었어요. 아버지는 내가 문을 잠그고 잔다고 말했고, 어머니는 아버지에게 들어가서 자라고 말씀하셨어요. 그게 끝이었어요. 어머니는 더 이상 아무것도 묻지 않았고 아버지는 다시는 내 방에 들어오지 않았죠.

방문을 잠그는 것은 매우 힘든 일이었어요. 내가 가진 모든 용기를 다 끌어모아야 했죠. 아무 소용 없을까 봐 두려웠고 방문을 잠갔다고 아버지가 화를 낼까 봐 겁도 났어요. 무엇보다 다른 사람들이 이 사실을 알게 되느니 차라리 내가 참는 것이 낫겠다고 생각했거든요.

열일곱 살 때 대학에 들어가면서 집을 나왔어요. 다음 해에 앞에서 말한 남자를 만났고요. 나는 두 명의 룸메이트와 아파트에서 함께 살고 있었는데 어느 날 그들이 내가 모르는 친구들을 데려왔어요. 다들 대마초를 피우고 있었고 나는 그 자리를 피하려고 일찍 잠자리에 들었어요.

대부분의 학생들은 술이나 마약에 관한 엄격한 교칙을 무시했지만 나는 그것들에 익숙해지지 않았죠. 내 침실은 복도 맨 끝에 있었는데 손님인 남자가 욕실인 줄 알고 내 방에 들어왔어요. 그 남자는 바로 나가지 않고 잠깐 이야기하고 싶다고 말했어요. 이야기를 나누다 보니 그가 내 등을 어루만지기 시작했어요. 그러더니 침대로 들어와 나를 안았어요. 그렇게 그와 사귀게 된 것이죠.

그가 마리화나를 피우든 피우지 않든 나만큼 보수적이라고 생각했어요. 섹스를 했으니 함께 지내야 한다고 믿었는데, 네 달 뒤에 그는 떠나버렸어요.

1년 후에 지금의 남편인 샘을 만났어요. 그와 나는 섹스에 대해 이야기해본 적이 없어서 나는 우리 둘 다 종교적인 이유로 섹스를 하지 않는다고 생각했어요. 우리 둘 다 성적으로 상처를 입었다는 것을 몰랐죠.

나는 샘을 도와주고 싶었어요. 우리 문제를 해결하기 위해 그와 함께 열심히 노력하는 것도 좋았어요. 누군가를 돕는다는 느낌, 이해하고 인내심을 발휘하면서 내게 주도권이 있다고 느끼는 것이 꽤 괜찮았거든요. 조금이라도 주도권이 흔들리면 그토록 오랜 세월 동안 아버지가 나를 성적으로 유린했을 때 느꼈던 오래된 감정이 되살아났을 거예요.

아버지와의 사이에서 일어났던 일들이 드러나자 상담치료사는 아버지의 성욕에 희생된 딸들의 자조모임에 참여해야 한다고 말했어요. 한동안 그 모임에 가지 않으려고 저항했지만 결국 참여하게 됐어요. 나와 비슷하거나 더 심한 일을 겪은 여자들이 그토록 많다는 사실을 알고 위안을 얻었어요. 상당수는 나처럼 성적으로 문제 있는 남자와 결혼했고요. 샘도 용기를 내서 같은 문제를 겪고 있는 남자들을 위한 모임에 참여했어요.

샘의 부모님은 그를 '순결하고 깨끗한 남자아이'로 키우는 데 집착하셨어요. 저녁식사 도중 손을 무릎 위에만 올려놔도 '네가 뭘 하는지 볼 수 있는 곳에' 손을 놓으라고 명령하셨대요. 욕실에 조금이라도 오래 있으면 문을 두드리면서 "거기서 뭐 하고 있니?"라고 외치셨죠.

부모님은 그의 서랍을 뒤졌고 옷에 얼룩이 있는지 검사하셨죠. 샘은 성적인 느낌이나 경험을 너무나 두려워하게 됐고 결국 시도해도 제대로 되지 않았어요.

우리의 문제가 해결되면서 커플로서 우리의 인생은 점점 더 힘들어지더군요. 나는 여전히 샘의 모든 성적 표현의 주도권을 잡고

자 하는(그의 부모님이 그랬듯이 말이죠) 욕구를 가지고 있었어요. 샘이 성적으로 공격적인 모습을 보이면 나는 위협받는다는 느낌이 들었거든요. 갑자기 그가 다가오면 인상을 찌푸리거나 몸을 돌려버리거나 다른 곳으로 가버리거나 이야기를 시작해서 그가 더 이상 진행하지 못하도록 했어요. 침대에서 그가 내 위로 올라오려고 하면 견딜 수 없었어요. 아버지가 나를 겁탈할 때가 생각나서요.

하지만 샘이 회복되려면 그 자신이 자기감정이나 육체를 관리할 필요가 있었어요. 더 이상 내가 제어하지 말아야 했죠. 하지만 여전히 압도된다는 두려움은 큰 문제였어요. 나는 "무섭다"라고 말하는 법을 배웠고, 샘은 "어떻게 해주면 좋겠어?"라고 대답했어요. 보통의 경우 그 정도면 충분했어요. 그가 내 감정을 배려하고 이야기를 들어주는 것만으로 괜찮았던 거죠.

우리는 사랑을 나눌 때 순번을 정해서 어느 한 사람이 주도적으로 이끌도록 했어요. 어느 한 사람이라도 좋지 않거나 싫으면 거절할 수 있었지만 둘 중 한 사람이 전체 과정을 지휘하곤 했죠. 그건 정말 최고의 아이디어였어요. 그렇게 함으로써 자신의 몸과 상대의 몸을 성적으로 어떻게 대할지 정하고 싶은 욕구를 각자 충족시켰으니까요. 우리는 서로를 신뢰하는 법을 배웠고 몸으로 사랑을 주고받을 수 있다고 믿었어요.

어느 날 내가 속한 그룹과 샘이 속한 그룹이 서로 만났고 그날 저녁 발기부전과 불감증이란 단어에 대해 이야기했어요. 눈물과 웃음, 이해와 공감을 통해 각자 가지고 있던 죄책감과 고통을 떨쳐낼 수 있었어요.

샘과 나는 많은 것을 공유하면서 서로에 대한 신뢰가 상당히 쌓여 있었고, 우리 관계에서 일어났던 성적인 문제들도 해결되었어요.

지금 우리는 두 딸의 부모로서 아주 행복합니다. 나는 샘에게 엄마가 아닌 파트너로서 역할을 하고 있어요. 샘은 수동적인 태도를 버리고 보다 자신감 있게 행동해요. 그는 더 이상 발기부전이란 비밀을 숨기기 위해 나를 필요로 하지 않았고, 나는 섹스를 하지 않기 위해 그를 필요로 하지 않았어요. 우리는 자유롭게 서로를 선택한 거예요.

—

파트너의 문제에 집착하는 많은 여자들이 그렇듯, 루스 역시 결혼 전에 이미 샘에게 어떤 문제가 있는지 정확히 알고 있었다. 그래서 둘 다 섹스에 관해 무능력하다는 사실에 놀라지도 않았다. 섹스에 실패했다는 사실은 그녀가 다시는 성적으로 자신이 통제할 수 없는 상태에 빠지지 않는다는 뜻이기도 했다. 여태껏 섹스에서 그녀는 희생자에 불과했지만 이제 그녀가 먼저 시작할 수 있고 통제할 수 있었다.

나는 왜 그를 변화시키지 못해 안달일까?

이번 장에 소개된 여자들의 사례를 살펴보면 그녀들이 피하려고 했던 과거나 현재의 고통에 정면으로 대처하는 것이 회복하는 데 필요조건임을 알 수 있다. 어린 시절부터 그녀들은 살아가기 위해 무의식중에 현실을 부인하고 통제하는 방법을 몸에 익혔다. 하지만 그녀들이 성인이 되었을 때는 이것이 정상적인 삶을 방해했다. 이 방어기제가 그녀들을 불행으로 몰고 갔다.

'파트너의 결점을 못 본 척하기'나 '긍정적인 태도 유지하기' 등으로 현실을 부인하지만, 결국 파트너의 결점 덕분에 자신에게 친숙한 역할을 할 수 있었던 것이다. '우위에 서서 상대를 조작하고 싶은 욕구가 '도와주기'와 '격려해주기'로 그럴듯하게 포장되었다.

현실에 대한 부인과 통제는 더 나은 관계를 맺지 못하게 한다. 오히려 오래된 싸움을 강박적으로 재현할 뿐이며, 자신이 아닌 다른 사람들을 변화시키려고 끊임없이 노력할 뿐이다.

〈미녀와 야수〉 이야기는 여자가 헌신적으로 남자를 사랑할 때만 그 남자를 변화시킬 수 있다는 믿음을 심어주는 것처럼 보인다. 이런 관점에서 보면 부인과 통제를 행복을 얻기 위한 방법으로 옹호하고 있는 듯하다. 아무런 의문을 제기하지 않고 두려운 야수를 사랑함으로써(부인) 미녀는 그 야수를 변화시킬(통제) 힘을 가진 듯 보인다. 이러한 해석이 적절해 보이는 것은 우리의 문화에 뿌리박혀 있는 남녀의 역할과 일치하기 때문이다.

〈미녀와 야수〉의 요점은 무엇일까? 인정이다. 인정은 부인과 통제의 정반대 개념이다. 현실을 있는 그대로 기꺼이 받아들이는 것이다. 그 속에 행복이 있다. 외부의 상황이나 사람들을 조종하는 것이 아니라, 어떤 어려움이나 도전에 직면해서도 내면의 평화를 지키는 데서 나온다.

미녀는 야수를 변화시키고자 하는 욕구가 없었다는 점을 기억하

라. 미녀는 야수를 원래 모습 그대로 인정해줬으며 그가 가진 장점 들을 고마워했다. 야수를 왕자로 만들려고 노력하지 않았다. '그가 야수가 아니라면 행복할 텐데'라고 말한 적도 없다. 야수의 모습을 동정하거나 변화시키려 하지도 않았다. 인정하고 받아들이는 미녀 의 태도 덕분에 야수는 자유를 얻었고 행복하게 살 수 있었다.

야수의 진정한 모습이 잘생긴 왕자(미녀를 위한 완벽한 파트너)라는 사실은 그녀가 현실을 인정함으로써 크게 보상을 받았다는 것을 상징적으로 설명해준다. 그녀야말로 왕자와 그 이후로 행복하게 살았다.

야수를 변화시키려고 조종하거나 강요하지 말고 있는 모습 그대 로 인정한다는 건 상당히 고차원적인 사랑이며 대부분 실행하기 어렵다. 다른 사람을 변화시키려는 노력의 근원에는 이기적인 동 기가 있기 마련이다. 그가 변하면 우리가 행복해질 것이라는 믿음 이다. 행복을 원하는 것이 나쁜 일은 아니다. 하지만 행복의 근원을 외부에서, 그리고 다른 사람에게서 찾는 것은 잘못이다. 이는 더 나 은 삶으로 변화하기 위한 우리의 능력과 책임을 회피하는 수단이 된다.

아이러니하게도 파트너의 마음을 바꾸어 건강한 삶을 살게 되 는 것은 상대를 있는 그대로 받아들인 경우이다. 예를 들어 한 남편 이 일중독이라고 해보자. 아내가 집에 거의 오지 않는 남편에게 잔 소리를 퍼부으며 싸움을 벌인다. 그럼 보통 어떤 결과가 나오는가? 남편은 아내의 잔소리를 피하려고 점점 더 늦게 집에 들어온다.

남편을 꾸짖으면서 변화시키려고 하면 오히려 남편은 둘 사이의 문제는 자신의 일중독이 아니라 아내의 잔소리 때문이라고 생각해 버린다. 남편을 바꾸려고 하는 욕구 역시 둘 사이를 더 멀어지게 만든다. 남편을 일찍 집에 들어오게 하려는 노력이 오히려 남편을 더욱 멀리 밀어낸 것이다.

일중독은 다른 강박적 행동과 마찬가지로 심각한 정신질환이다. 남편의 삶을 지탱해주는 목적이자 그가 두려워하는 친밀한 관계를 맺을 가능성을 차단하고 긴장감이나 절망감처럼 불편한 감정들을 막아준다.(문제 가정에서 자란 여자들이 남자에게 집착하면서 자기의 문제를 회피하듯, 문제 가정에서 자란 남자들은 일중독에 빠지면서 자신의 문제를 회피한다.)

남자의 경우 회피의 대가로 삶을 제대로 즐기지 못한다. 하지만 그 대가가 너무 과한지 아닌지는 오직 자신만이 정할 수 있다. 그가 변하고자 할 때 어떤 조치를 취하고 어떤 위험을 치를지는 자신이 정해야 한다. 아내의 역할은 그의 삶을 곧게 펴주는 것이 아니라 자신의 삶을 개선하는 것이다.

우리는 더 행복한 삶을 누릴 수 있다. 종종 우리는 그런 행복을 요구하지 않는다. 다른 사람이 우리의 행복을 방해한다고 생각하기 때문이다. 우리는 스스로를 발전시키지 못하고, 다른 이들을 변화시키기 위해 계획을 세우고 노력한다. 그리고 이러한 노력이 실패할 때 화를 내거나 낙담하고 우울해한다. 다른 사람을 변화시키려고 애쓰다 보면 오히려 우울하고 좌절감만 느낄 뿐이다.

일중독자의 아내가 자유롭게 자신만의 만족스러운 삶을 살기 위해서는 남편이 어떻게 하든 상관없이 그의 문제는 자신의 문제가 아니라고 믿어야 한다. 자기 힘으로는 남편을 바꿀 수도 없으며 자신의 의무나 권리가 아니라고 생각해야 한다. 원래 모습 그대로 남편의 권리를 존중해주는 법을 배워야 한다. 아무리 남편이 달라지길 원한다 해도 말이다. 그래야 아내는 남편이 곁에 있어주지 않는 데서 비롯된 분노에서 해방되며, 그를 변화시키지 못했다는 죄책감에서 자유로워지고, 그를 변화시키려 할 때 떠안는 짐도 벗어던질 수 있다. 분노가 잦아들고 죄책감이 줄어들면서 아내는 남편을 더욱 사랑하고 그가 가진 장점들에 감사한다.

아내가 남편을 변화시키려는 노력을 포기하고 그 에너지를 자신의 관심사에 쏟아부으면, 남편이 무엇을 하든 상관없이 행복과 만족감을 경험할 것이다. 결국 그녀의 욕구가 충분히 충족되어 남편이 자주 함께 있어주지 않아도 혼자 풍요로운 삶을 즐기는 자신을 보게 될 것이다. 혹은 행복해지기 위해 남편에게 의지하지 않으며, 항상 부재중인 파트너에게 헌신을 다하는 것은 무의미하다는 결론을 내리고, 아무런 보상도 없는 결혼생활의 제약에서 자유로워질 것이다.

남편의 모습 그대로 인정하지 않고 변화되기를 기다리는 것은 정지된 화면 속에서 행복한 삶을 살기 위해 남편의 변화를 기다리며 움직이지 않는 것과 같다.

그녀들이 남자를 변화시키려는 노력을 포기할 때 비로소 남자는 자신의 행동이 어떤 결과를 초래할지를 생각한다. 그녀가 더 이상 좌절하거나 불행하지 않고 오히려 신나게 인생을 살아가기 때문에 남자의 삶과 더욱 극심한 대조를 이룬다. 남자는 자신이 집착하던 이 노력하는 게 어떤 것인지만 알고 있을 뿐이죠. 그러한 열망과 기다림 속에서 심장을 고동치게 하는 흥분감이 나오죠. 그가 줄까, 안 줄까? 그가 할까, 안 할까? 무슨 말인지 아시죠?"

트루디는 미소 지었다.

"왜 모르겠어요. 하지만 그게 성적인 느낌과 무슨 상관이 있죠?"

"원하는 것을 갖지 못할 때가 가질 때보다 훨씬 더 자극적이죠. 친절하고, 사랑을 베풀고, 헌신적인 남자는 절대 짐이 했던 것처럼 당신의 아드레날린을 솟구치게 하지 못해요."

"아, 그건 사실이에요! 난 할에게 집착하지 않고 있어서 할과의 관계 자체를 계속 의문시하고 있어요. 내가 그를 너무 당연하게 느끼고 있지 않나 생각해요."

사랑의 느낌이라고 착각했던 모든 것들

트루디는 더 이상 화를 내지 않았다. 그녀는 중요한 미스터리를 풀어내는 탐정이 된 듯 신나 있었다.

나는 단호하게 말했다.

"당신은 그를 당연하게 여기고 있긴 해요. 당신 곁에 항상 있어주리란 것을 아니까요. 당신을 버리지 않을 거라는 것도요. 이제 할에게 의지할 수 있게 된 거죠. 그러니 집착할 필요도 없어요. 집착은 사랑이 아니에요, 트루디. 집착은 집착일 뿐이죠."

그녀는 기억을 떠올리며 고개를 끄덕였다.

"알아요! 나도 알아요!"

나는 계속 말을 이었다.

"관계에 집착할 때의 강렬한 흥분감과 긴장 속에 나타나는 기대감, 심지어 두려움조차 사랑이라고 오해하죠. 실제로는 사랑도 아닌데 말이에요. 하지만 세상의 노래 가사들은 우리에게 사랑이 어떤 것인지 알려주고 있어요. '당신 없이는 살 수 없어요' 같은 이야기를 하면서 말이에요. 그들은 사랑이 주는 두려움, 고통, 상실감, 가슴 미어지는 고통에 대해서만 쓸 뿐이죠. 우리는 그런 걸 사랑이라고 부르다가 집착하지 않는 자신을 보면서 사랑이 아닌 것 같아 두려워하죠."

트루디는 내 말에 동의했다.

"바로 그거예요. 내가 딱 그 상태거든요. 할과의 관계가 너무나 편안해서 사랑이라고 부르지 못했어요. 내가 편안함을 느끼는 데 익숙지 못하다는 거 아시잖아요."

그녀는 미소 지으며 말을 이어갔다.

"할과 만나기 시작하면서 몇 달간 점점 그의 존재감이 커졌어요. 그와 있으면 편안했고 내 실제 모습을 솔직하게 드러내도 떠나지 않을 거란 확신을 가졌어요. 그것만으로도 굉장한 일이었죠. 우리는 성적인 관계를 맺기 전에 우선 오랜 시간 동안 서로를 인간 대 인간으로 알고자 했어요. 나는 그가 점점 좋아졌고 함께 지내면서 무척 행복한 시간을 보냈어요. 그러다 마침내 처음으로 성관계를 맺었을 때 그는 날 매우 부드럽게 다뤄주었어요. 내가 너무나 귀중한 존재가 된 듯한 기분이 들어서 정말 많이 울었어요. 요즘도 가끔 많이 울긴 하는데 할은 신경 쓰지 않는 것 같아요."

트루디는 눈을 내리떴다.

"아직도 섹스를 할 때면 거절당하고 상처 입었다는 느낌이 떠오르는 것 같아요."

잠시 말을 멈춘 그녀는 말을 이었다.

"지금 섹스에 있어서는 할보다 내가 더 문제예요. 할도 내가 좀 더 흥분하길 원하지만 불평하지는 않아요. 오히려 섹스가 어떤지 아는 내가 불평하곤 하죠."

"그럼 이제 두 분 사이의 성관계가 어떻게 이루어지는지 이야기 해주세요."

"그는 나를 사랑해요. 그의 태도를 보면 알 수 있어요. 그의 친구가 날 맞이해주는 방식만 봐도 그가 나에 대해 얼마나 좋게 이야기하는지 알 수 있어요. 우리 둘만 있을 때 그는 너무나 애정이 넘치고 날 행복하게 해주려고 사력을 다하죠. 하지만 나는 대부분 뻣뻣하고, 차갑고, 딱딱하기 그지없어요. 나는 절대 따뜻해질 수 없을 것 같아요. 뭐가 문제인지 모르겠어요."

"두 분이 성관계를 맺을 때 어떤 기분을 느끼나요?"

트루디는 잠시 생각에 잠긴 채 조용히 앉아 있더니 날 바라봤다.

"아마 두려움? 그래, 그거예요. 난 두려웠던 거예요."

"뭐가 두려웠을까요?"

잠시 침묵이 흐른 후 그녀는 말을 이었다.

"잘은 모르겠지만 알려지는 게 두려운 것 같아요. 성관계를 맺을 때 할이 성적으로뿐 아니라 다른 방식으로도 나에 대해 샅샅이 알게 될 것 같았어요. 그에게 내 모든 것을 알리는 것이 너무 두려워요."

나는 더 확실한 질문을 던졌다.

"그렇게 하면 어떤 일이 생길까요?"

"잘 모르겠어요."

트루디는 의자에서 몸을 꿈틀거렸다.

"그 문제에 대해 생각할 때면 내가 벌거벗은 것 같은 느낌이 들었어요. 이전에 섹스를 도구로 이용하던 내가 섹스를 이런 식으로 이야기한다는 게 바보같이 느껴지지만 지금은 좀 달라요. 나와 정말로 가까워지길 원하는 사람과 성관계를 맺는 건 쉽지 않은 것 같아요. 조개처럼 잔뜩 웅크리고 있으면서 내 일부가 뒤로 후퇴하고 있는데 다른 일부는 앞으로 움직이는 것 같았죠. 수줍음 많은 처녀처럼 행동하면서 말이죠."

"트루디, 당신과 할이 나눈 친밀감은 당신이 처음 경험해보는 거잖아요. 남자와 사귈 때 한 번도 이런 경험을 해본 적이 없으니 두려운 게 당연해요. 두려움을 느끼고 자기방어를 해야 한다는 기분도 들겠죠. 뭔가 중요한 것을 잃고 있는 것 같기도 하죠. 이전에는 남자들에게 자신을 내던졌지만 그런 남자들과 가까워지는 위험을 감수한 적이 없잖아요. 그 남자들 자체가 당신에게 가까이 오지 않을 사람들이었으니 친밀한 관계에 대처할 필요도 못 느꼈고요. 이제 당신과 가까워지길 바라는 할을 만났는데 당신은 공포에 질린 거예요. 서로 친구처럼 이야기를 나누고 즐겁게 지낼 때는 괜찮지만, 성적인 문제에 있어서는 둘 사이의 장애물을 제거해야 하죠. 이전 애인들은 섹스를 할 때도 둘 사이의 장애물을 제거할 필요가 없어서 괜찮았는데 말이에요. 사실 둘 사이에 어느 정도 거리감이 있어야 섹스를 사용해서 진짜 당신의 모습과 감정을 감출 수 있었던 거죠. 그러니 당신은 한 번도 서로를 알 만큼 남자와 충분히 가까워진 적이 없어요. 관계를 통제하기 위해 섹스를 이용해왔는데, 이제 그런 통제권을 포기하려니 힘든 거죠. 당신이 사용한 '알린다'라는 표현이 마음에 드네요. 성적인 관계를 나누면서 상대에게 자신을 알린다는 의미니까요. 할에게 충분히 당신을 알려왔기 때문에 섹스는 이제 회피가 아닌 서로를 보다 깊이 이해하는 방법이 된 거죠."

사랑받는 법을 몰랐던 것

트루디는 눈물을 글썽거렸다.

"왜 이럴까요? 왜 난 그냥 편안해질 수 없을까요? 할이 절대 상처를 줄 사람이 아니란 걸 알면서 말이에요. 적어도 그는 그러지 않을 거라고 생각해요……."

그녀는 자신의 말에 의심이 배어 나오자 재빨리 말을 바꾸었다.

"나는 날 원하지 않는 남자와만 섹스로 관계를 맺는 방법을 안다는 거군요. 내 모습을 보여주지 않으면서요. 그리고 할처럼 친절하고 날 소중히 여기는 남자와는 제대로 섹스를 하지 못하면서 말이죠. 내가 할과 가까워지는 걸 두려워하는 것이 결정적인 이유이고요. 그럼 이제 어떻게 해야 하죠?"

"유일한 방법은 그 과정을 겪어내는 것뿐이에요. 우선 '섹시하게 군다'라는 생각을 버리고 자신이 성관계를 맺도록 허락하세요. 성관계를 맺는다는 것은 육체적으로 친밀한 관계를 맺는다는 뜻이에요. 성관계를 맺을 때 어떤 일이 일어나는지 솔직하게 할에게 모두 다 이야기하세요. 아무리 비이성적으로 보이는 감정이라도 모두. 두려움을 느낄 때, 다시 처음부터 시작해야 할 때, 다시 친밀감이 생길 때를 할에게 말해주세요. 필요하다면 사랑을 나눌 때 당신이 통제권을 가지고 스스로 편안함을 느끼는 속도로 진행해보세요. 당신이 느끼는 두려움을 없앨 수 있게 도와달라고 요청하면 할은 기꺼이 이해해줄 거예요.

그리고 당신에게 일어나는 어떤 일도 판단하지 마세요. 사랑과 신뢰는 여태껏 당신이 경험해보지 못한 영역이니까요. 천천히 진행하면서 기꺼이 자신의 모습을 있는 그대로 드러내는 연습을 하세요. 이전의 남자친구들과의 관계에서는 자신을 드러내지 않고 섹스를 이용해 상대방을 조종하고 자기 의지대로 통제하려고 했잖아요. 극찬받기를 희망하면서 쇼를 했던 거죠.

이전 경험을 되돌아보면서 지금 하고 있는 노력과 어떤 차이가 있는지 보세요. 위대한 사랑을 하는 역할과 사랑받는 입장이 되는 것의 차이 말이에요. 당연히 사랑하는 역할을 맡을 때 좀 더 흥분될 거예요. 사랑받는 입장이 되는 건 좀 더 어려운 일이에요. 이건 당신이 스스로를 사랑해야 가능하니까요. 당신 내부에 충분한 사랑이 있다면, 다른 사람의 사랑을 받을 자격이 있다는 사실을 받아들이기 쉬워요. 자기애가 없는 상태라면 사랑을 받아들이는 일 자체도 무척 힘들 거예요. 이제는 남자에게 사랑받는 것을 허락할 만큼 상대를 충분히 신뢰하는 단계가 된 거예요."

트루디는 잠시 생각하더니 입을 열었다.

"사실 과거에는 매우 계산적이었어요. 매우 흥미진진한 쇼였지만 실제로는 나에 대해 보여준 것이 없으니까요. 이제 있는 그대로의 모습을 보여줄 때가 된 거죠. 우습네요. 사랑받는 게 더 힘들다니 말이에요. ……아직도 갈 길이 멀다는 걸 알아요. 가끔 할을 볼 때마다 왜 날 좋아하는지 궁금할 때가 있어요. 내가 그렇게 매력적인지도 잘 모르겠어요. 크고 멋들어진 쇼를 보여주지 않는데도 말이에요."

이야기를 마친 트루디의 눈이 커졌다.

"그것 때문에 내가 힘들다고 생각했던 거군요? 가짜 쇼를 하지 않아도 된다는 거 말이에요. 특별한 쇼를 보여줄 필요가 없어서요. 이제 내가 할을 사랑하는 방법을 모른다고 생각했기 때문에 그와의 섹스가 두려워진 거예요. 예전처럼 남자를 유혹하는 행동을 하지 않으면, 그를 만족시키지 못하고 지루하게 만들 거라고 생각했어요. 하지만 그를 유혹할 필요가 없었죠. 내가 어떤 행동을 하지 않아도 그는 이미 내게 관심이 많았으니까요. 사랑이 이루어지는 건 생각보다 훨씬 쉽더라고요. 자신의 모습을 있는 그대로 보여주는 것만으로 충분하니까요!"

트루디는 말을 멈추고 수줍은 듯 나를 바라보면서 "이런 문제가 항상 일어나는 건가요?"라고 물었다.

"지금 트루디가 겪고 있는 문제는 정말로 회복한 여자들만이 겪는 문제예요. 대부분의 사람들은 자신의 진정한 모습을 보여주기를 두려워해요. 그래서 누군가와 사귀고 싶어도 이런 두려움 때문에 친밀한 관계를 맺지 못할 만한 상대를 선택하는 거죠."

트루디는 물었다.

"할이 나를 선택한 이유도 그럴까요? 가까워질 수 없는 누군가를 선택한 걸까요?"

"그럴 수도 있죠."

"그럼 이제 내가 역할을 바뀌서 맡은 거네요. 내가 가까워지기를 거부하는 사람이 된 거잖아요."

"그런 일은 흔히 일어나요. 우리는 두 가지 역할을 동시에 할 수 있어요. 과거에 당신은 쫓는 사람이었고, 파트너들은 거리를 두는 역할을 맡았던 거죠. 이제는 어느 정도 당신이 친밀한 관계에서 도 망치면서 거리를 두는 사람이 되었고, 할이 당신을 쫓는 사람이 됐어요. 당신이 도망치는 걸 멈추면 어떤 일이 일어날지 보세요. 이전이나 지금이나 당신과 파트너 사이의 간격은 항상 같아요. 역할은 계속 바뀌더라도 그 틈은 계속 유지되고 있는 거죠."

"그럼 쫓는 사람이든 도망치는 사람이든 어느 누구도 가까워질 필요가 없는 거네요"라고 트루디가 말했다. 그러고 나서 부드럽고 조심스럽게 덧붙였다.

"문제는 섹스가 아니었군요? 가장 두려운 것은 가까워지는 것이었어요. 하지만 내가 가만히 있어도 할이 날 잡아주길 원해요. 너무 너무 두렵지만 그 간격을 메우고 싶어요."

트루디는 대부분의 여자들은 성취하지 못하는 회복 상태에서 관계를 맺고자 하는 의지를 드러냈다. 집착하는 여자와 깊은 관계를 맺지 않으려는 남자 사이에는 친밀함을 피하고 싶은 욕구가 있다. 쫓는 사람과 거리를 두는 사람의 위치는 바뀔 수 있어도 완전히 쫓고 쫓기는 역할을 없애기 위해서는 극도의 용기가 필요하다. 이제 트루디와 할이 가려는 여행길에 내가 해줄 수 있는 유일한 조언을 건넸다.

"할과 모든 걸 솔직하게 털어놓고 이야기를 나눠보세요. 그리고 성관계를 맺을 때도 계속 이야기를 하세요. 어떤 감정을 느끼고 있는지 알려주는 거예요. 이것이 친밀감의 가장 중요한 형태랍니다. 모든 것을 솔직하게 털어놓으면 나머지는 저절로 해결될 거예요."

트루디는 완전히 안도한 듯 보였다.

"문제가 뭐였는지 이해하는 데 너무나 도움이 됐어요. 선생님 말씀이 맞아요. 이런 일들은 전부 새로운 일이기 때문에 아직 어떻게 해야 할지 모르는 거예요. 예전처럼 굴어야겠다고 생각했다면 도움이 안 되고 문제만 더 만들었을 거예요. 마음속 깊은 곳에서부터 할을 믿고 있으니 이제 내 몸으로 믿을 차례네요."

그녀는 미소 지으며 머리를 흔들었다.

"쉬운 게 하나도 없네요. 하지만 반드시 겪어야 하는 과정이겠죠."

회복 단계는 평생 지속되는 과정이며 계속 추구해야 할 목표이다. 한번 성취했다고 해서 끝나는 것이 아님을 명심해야 한다.

다음은 관계 중독에서 회복된 여자들의 특징이다.

① 자신을 완전히 받아들인다. 여전히 바꾸고 싶은 부분이 있긴 하지만

기본적으로 자기애와 자기 존중을 세심하게 계발히고 의도적으로 확
장시킨다.

② 다른 사람들을 자신이 바라는 대로 바꾸려 들지 않으면서 그들의 모
습 그대로 받아들인다.

③ 섹스를 포함해 인생의 모든 일에 대해 자신의 감정이나 태도를 지속
적으로 인지한다.

④ 자신의 모든 면을 소중히 여긴다. 자신의 성격, 외모, 믿음과 가치관,
몸, 관심, 성취들을 소중히 여긴다. 자신의 가치를 알아줄 관계를 찾
는 대신 스스로 자신의 가치를 확인한다.

⑤ 충분한 자부심을 가지고 있어서 자신의 모습 그대로를 보여줘도 괜
찮은 남자들과 사귄다. 자신의 가치를 느끼기 위해 자신을 필요로 하
는 상대를 찾지 않는다.

⑥ 자신을 솔직하게 드러내고 신뢰를 보낸다. 개인적인 깊은 일까지 알
려지는 것을 두려워하지 않지만 그녀의 행복에 관심 없는 사람들이
이용하도록 노출하지는 않는다.

⑦ 스스로 질문한다. "이 남자와의 관계가 내게 좋을까? 이 관계에서 내
모습 그대로 보여줄 수 있을까?"

⑧ 관계가 파괴적일 경우, 아무것도 할 수 없다는 우울증을 겪는 대신 그
관계를 그만둘 수 있다. 주변에 도움을 주는 친구들이 있다.

⑨ 무엇보다도 자신의 평온함을 중요하게 여긴다. 온갖 싸움, 드라마, 혼
란에 매력을 느끼지 않는다. 자신의 건강과 자신의 행복을 스스로 보
호한다.

⑩ 성공적인 관계를 위해서는 파트너 간에 비슷한 가치관, 관심, 목표를

공유해야 하며, 둘 다 친밀한 관계를 맺을 줄 알아야 한다는 걸 안다. 또한 자신이 최고의 삶을 선물받을 가치가 있음을 안다.

익숙한 사랑의 방식을 버려야 할 때

사랑에 집착하는 병에서 회복될 때 거치는 몇 가지 단계들이 있다. 첫 번째는 당신이 무엇을 하고 있는지 깨닫고 이를 멈추고 싶어 한다. 그다음은 실질적인 도움을 받으려 한다. 그 이후 회복 단계로 접어드는데, 치료에 전념하고 회복 프로그램을 지속하겠다는 의지가 필요하다.

이 기간 동안 당신이 행동하고 생각하고 느끼는 방식이 모두 바뀐다. 한때 평범하고 친숙했던 것들을 이제 불편하고 건강하지 않다고 느끼기 시작한다. 그다음 회복의 단계에서 더 이상 예전의 패턴을 따르지 않고 당신의 삶과 행복을 강화하고자 결심한다.

이런 회복 단계를 거치면서 자기애는 천천히 그리고 꾸준하게 증가한다. 자기혐오를 그만두고 자신이 가진 장점들에 감사하면서 자신의 가치를 인정한다. 그리고 마지막으로 순수한 자기애를 발달시킨다.

자신의 가치에 대한 인정과 자기애가 없다면, 트루디가 말했던 '알리는 것'을 참아낼 수 없다. 있는 모습 그대로 사랑받을 가치가 없다고 여기기 때문이다. 대신 다른 사람에게 사랑을 주면서 사랑받고자 노력한다.

일단 자신의 가치에 대한 인정과 자기애가 발달하고 유지되기 시작하면, 의식적으로 자신의 모습을 보여줄 준비를 한다. 다른 사람을 기쁘게 해주려고 노력하지 않고 다른 사람의 인정과 사랑을 얻고자 쇼를 하지 않는다. 쇼를 멈추는 순간 안도감을 느끼는 동시에 두려움도 느낀다. 어떤 행동을 하는 대신 원래 모습 그대로 있으면 어색함과 연약함이 당신을 덮친다. 있는 모습 그대로 사랑받을 가치가 있다고 믿더라도, 싸울 때는 그를 위해 어떤 행동을 취하고 싶은 유혹이 고개를 들기 마련이다.

그러나 어느 정도 회복이 진행된 상태라면, 남자를 조종하려는 행동이 꺼려질 것이다. 이 지점이 트루디가 직면했던 상태였다. 관계를 위해 더 이상 섹스를 이용하지 않았지만, 좀 더 진실된 통제의 부재로 인해 성관계 자체를 두려워하고 있었다. 쇼를 멈추면 처음에는 어쩔 줄 몰라 방황한다. 스스로 확신을 얻기 전까지 어떻게 해야 할지 몰라 고통을 겪는다.

관계를 맺으면서 사용했던 오래된 전략을 버린다는 것이 현재 파트너에게 접근하지 않는다는 의미가 아니다. 또한 그를 사랑하거나 보살피거나 도와주지도 않으면서 절대 안정을 시키거나 자극하지도 않으며 유혹하지 않는다는 의미도 아니다. 회복 과정에서 당신은 파트너에게서 어떤 반응을 이끌어내거나 결과를 내놓거나 그를 변화시키기 위해서가 아니라, 자기 내면에서 우러나는 표현을 하기 위해 그와 관계를 맺는다. 그러기 위해 우리가 파트너에게 보여주어야 하는 것은 있는 그대로의 모습이다.

자신의 진정한 모습을 타인에게 보여주려면 먼저 거절당하는 것에 대한 두려움을 극복해야 한다. 그리고 모든 감정적인 경계선이 더 이상 자신을 보호해주지 않을 때도 공포에 질리지 않는 법을 배워야 한다.

　두 사람 사이의 깊은 결합은 매우 드물다. 우리는 경계선이 사라지면 관계도 끝날까 봐 두려워한다. 그 공포나 위험을 가치 있는 것으로 바꿔주는 것은 무엇일까? 바로 사랑이다. 진실로 우리 자신을 드러낼 때 비로소 진정으로 사랑받을 수 있다. 있는 모습 그대로 보여주면서 관계를 맺고 사랑받게 되면, 사랑받는 것 자체가 우리의 본질이 된다. 이것만큼 타당한 것도 없으며, 관계 속에서 자유를 주는 것도 없다.

　그러나 이런 종류의 행동은 오직 두려움이 사라진 후에만 가능하다. 따라서 진실된 모습을 보여주는 것에 대한 두려움을 극복하면서 두려움을 느낄 만한 행동을 하는 이들을 피해야 한다. 당신이 얼마나 회복하려는 의지를 보이든 상관없이 화를 내고, 적대적으로 굴고, 공격하는 이들 곁에 있으면 당신은 정직해질 수가 없다. 자신의 경계선을 낮추거나 제거하는 일은 신뢰, 사랑, 존경 그리고 존중이 가득한 관계를 맺을 수 있는 친구들, 친척들 혹은 애인들과 있을 때만 가능하다.

　관계를 맺는 패턴이 변하면서 친밀한 관계뿐 아니라 친구들도 바뀐다. 부모와 자녀들과의 관계도 바뀐다. 부모에 대한 요구가 줄어들고, 화도 덜 내게 되며 애교도 덜 부린다. 부모에게 더 정직해지고 화를 내지 않게 되고 좀 더 진실한 사랑을 할 수 있게 된다. 자녀들을 통제하려는 경향이 줄어들고, 걱정도 줄어들며, 죄책감도 줄어든다. 자신의 요구와 관심을 좇을 수 있는 자유를 느끼며 자녀들도 자유를 느낀다.

이러한 변화가 불편하게 느껴질 때도 있을 것이다. 그러나 불편하다고 해서 그만두어서는 안 된다. 변화에 대한 두려움, 평상시의 상태에 대한 집착, 익숙해진 것들을 버리는 두려움은 보다 건강하고, 보다 높은 수준으로 올라가며, 진실로 사랑할 줄 아는 사람으로 변화하는 당신의 발걸음을 막아버린다.

당신을 후퇴시키는 것은 두려움이다. 알지 못하는 것들에 대한 두려움에 맞서 싸우는 최고의 방법은 같은 길을 떠난 동료 여행객들과 힘을 합치는 것이다. 그리고 이들과 함께 새로운 삶으로 나아가라.

당신에게 필요한 모임을 만드는 방법

구성원 수는 7~12명이 이상적이다. 하지만 처음 시작은 가능한 적은 수로 하는 게 좋다.

첫 번째 모임에 나타난 여자들은 심각한 문제를 가지고 도움을 청하러 왔다는 점을 명심하라. 앞으로 모임을 어떻게 구성할 것인지도 중요하지만 너무 오랜 시간 동안 이야기해서는 안 된다. 모임을 시작하는 최상의 방법은 당신의 이야기를 나누는 것이다. 당신의 이야기를 하는 순간 즉각적으로 멤버들 사이에 결속력과 소속감이 생긴다. 사랑에 집착하는 병에 걸린 여자들은 서로 상당히 닮아 있고, 자신들 역시 그렇게 느낄 것이다. 따라서 당신의 이야기를 들려주는 것을 첫 번째로 삼아라.

첫 번째 모임에서 다음과 같은 형식을 시도해보자.

① 정각에 모임을 시작한다. 앞으로 모임 시간을 지켜야 한다는 점을 알린다.

② 당신이 모임의 주최자라는 것을 밝히면서 자신과 참석한 다른 이들에게 꾸준히 도움을 주기를 원한다는 점도 설명한다.

③ 모임에서 나눈 이야기들은 절대 다른 곳에서 이야기하지 말아야 한다고 강조한다. 참석한 이들에게 자신을 소개할 때 성을 빼고 이름만 말하도록 제안한다.

④ 모두 모임에 참여하게 된 계기를 5분 정도씩 이야기한다. 모든 사람들이 5분씩 이야기할 필요는 없지만 그만큼이 최대한의 시간임을 강조한다. 당신의 이름을 말하고 간략하게 자신의 이야기를 들려주면서 시작한다.

⑤ 자원해서 말하고 싶은 사람들이 이야기를 다 하고 난 후, 말하기 싫어하는 사람의 차례가 되면 의향을 물어본다. 절대 강요해서는 안 된다. 자신의 상황에 대해 말할 준비가 됐든 안 됐든, 누구나 환영받는다는 점을 분명히 한다.

⑥ 이제 모임이 잘 진행될 수 있는 가이드라인을 소개한다.

아래 제시한 목록을 복사해서 참여자들에게 나눠주면 좋다.

• 어떤 충고도 하지 않는다. 자신들의 경험을 나누고 도움이 됐던 방법을 이야기하는 것은 환영하지만, 다른 사람이 무엇을 해야 하는지에

대해 충고하지 않는다. 누군가 충고하면 부드럽게 이를 지적한다.

• 리더는 주마다 돌아가면서 맡고, 매 모임마다 다른 사람이 주최한다. 리더는 정각에 모임을 시작하고 토론 주제를 선정하고 모임을 끝내기 전에 다음 주 리더를 선출한다.

• 모임은 특정 시간 동안 진행되어야 한다. 1시간을 추천한다. 모임에 한 번 참여해서 모든 문제를 해결할 수는 없다. 모임은 신속하게 시작하고 제시간에 끝내야 한다.(너무 긴 것보다는 짧은 게 낫다. 이후에 멤버들이 원할 경우 모임 시간을 늘릴 수는 있다.)

• 누군가의 집이 아닌 외부에서 모인다. 집에는 주의를 산만하게 하는 것들로 가득하다. 아이들, 전화벨, 사생활 침해 등등. 특히 모임 개최자는 자기 집에 초대하지 않아야 한다. 당신의 역할은 다른 사람들을 사교적으로 대하며 즐겁게 해주는 것이 아니다. 당신이 가진 병에서 회복되기 위해 함께 모여 노력하는 것이다.

• 모임이 진행되는 동안에는 식사를 하거나 담배를 피우지 않는다. 이 모든 것들이 모임을 산만하게 만든다. 이러한 것이 필요하다면, 모임 시작 전이나 후에만 한다. 절대 술은 제공하지 않는다. 술은 사람들의 감정과 반응을 왜곡하고 제대로 진행되지 못하게 만든다

• '그'에 대해 이야기하지 않는다. 이것은 매우 중요한 규칙이다. 그룹 멤버들은 자신들이 집착하고 있는 남자가 아니라, 자신과 자신의 생각, 느낌, 그리고 행동에 집중하는 법을 배워야 한다. 처음에는 그에 대해 이야기하는 사람이 있기 마련이지만, 이것을 가장 지켜야 할 규칙으로 삼는다.

• 모임 참가자가 한 일 혹은 하지 않은 일에 대해 어느 누구도 비판해서

는 안 된다. 그룹에 참여했건, 참여하지 않았건 상관없이 말이다. 가자는 자유롭게 다른 이들에게 피드백을 요구할 수 있지만, 요구하지 않았는데도 피드백을 주어서는 안 된다. 충고와 마찬가지로 비판을 해서도 안 된다.

- 직접적인 주제를 고수한다. 사실상 리더가 소개하는 어떤 주제든 괜찮지만 종교, 정치 혹은 시사적인 문제, 연예인, 치료 프로그램 혹은 상담치료 양식 등은 제외한다. 모임 내에서 토론이나 편 가르기는 허용되지 않는다. 그리고 남자들에 대해 불평하려고 모임을 연 것이 아님을 명심하라. 자신의 성장과 치료에 초점을 맞추고 오래된 문제를 해결하기 위해 새로운 도구를 개발하는 방법을 서로 나누는 데 집중해야 한다.

아래에 몇 가지 주제들을 추천해본다.

- 왜 나는 이 그룹이 필요한가
- 죄책감과 분노
- 나의 가장 큰 두려움
- 자신의 가장 좋은 점과 싫은 점
- 어떻게 자신을 돌보고 필요한 것을 충족하는가
- 외로움
- 어떻게 우울증에 대처하는가
- 성에 대한 나의 태도 : 어떤 태도를 취하며 어디에서부터 비롯됐는가
- 분노 : 나의 분노와 다른 이들의 분노에 어떻게 대처하는가

- 남자들과 어떻게 관계를 맺는가

- 사람들이 나에 대해 어떻게 생각하는가

- 나의 동기 살펴보기

- 자신에 대한 나의 책임 : 다른 사람들에 대한 나의 책임

- 나의 영성(종교적 믿음을 토론하는 것이 아니라 그룹 멤버들이 어떻게 영성을 경

  험하고 있는지 혹은 하고 있지 않은지를 토론한다)

- 자기 비난을 비롯해 모든 비난을 멈추는 것

- 내 인생의 패턴

한 달에 한 번씩, 모임 외 15분을 더해 토론의 형식적인 문제를
다룬다. 모임의 형식을 바꾼다거나 가이드라인이 효과적으로 지켜
지고 있는지 혹은 다른 문제들이 있는지 서로 이야기를 나눈다.

이제 다시 첫 번째 모임을 위한 형식으로 돌아가 보자.

⑦ 가이드라인에 대해 그룹과 함께 토론한다.

⑧ 다음 주에 그룹을 이끌 리더가 되길 원하는 사람이 있는지 물어본다.

⑨ 다음 주 모임 장소를 확실히 전달하고 모임 전이나 후에 다과를 가질
   것인지 결정한다.

⑩ 참석한 여자들이 다른 여자들을 초대할지 토론한다.

⑪ 모임을 끝낼 때 원을 만들어 서로의 손을 잡고 몇 분간 눈을 감은 채
   조용히 서 있는다.

이 가이드라인을 명심한다면 기본적인 도구를 가진 셈이다. 1시

간의 만남에서 개인적위 문제를 서로 나누는 것이 일생 동안 얼마나 큰 치료 효과를 나타낼지에 대해 과소평가하지 말라. 다들 함께 모여 서로에게 회복할 기회를 주고 있는 것이다.

고통 없는 사랑을 부르는 말

사랑에 집착하는 사람들에게 가장 중요하면서도 가장 하기 힘든
것이 있다. 바로 긍정의 말이다. 하루에 두 번씩 30분간 거울에 비
친 자신의 눈을 바라보며 크게 말해야 한다.

"[당신의 이름], 나는 너를 사랑하고 있는 그대로의 모습을 받아
들인다."

이 말을 스스로에게 큰 소리로 반복해보거나 자기비판이 느껴질
때면 조용히 생각해보라. 사람은 한 번에 두 가지 생각을 하지 못하
기 때문에 자신에 대해 비판적인 생각이 들더라도 (예를 들어 "난 왜
이렇게 멍청하지?" "난 일처리도 제대로 못해" 같은 생각을 긍정의 말로 바꿔야
한다) 부지런히 긍정의 말을 반복하다 보면 자기 파괴적인 생각이

나 감정을 물리칠 수 있다. 부정적인 생각을 몇 년 동안 계속해왔더라도 말이다.

짧고 외우기 쉬워서 운전이나 운동 중에, 누군가를 기다리면서 혹은 조용히 혼자 있을 때 말하기 좋은 긍정의 말들을 소개한다.

- 내게 고통, 분노, 두려움은 없다.
- 나는 완벽한 평화와 행복을 즐긴다.
- 내 삶에서 가장 큰 행복과 만족감을 향해 나아간다.
- 모든 문제와 고통은 사라지고 이제 나는 평화롭다.
- 모든 문제의 완벽한 해결책이 이제 드러난다.
- 나는 자유롭고 빛으로 가득하다.

신을 믿는다면, 신앙을 이용해 긍정의 말을 해보라.

- 그분은 나를 사랑하신다.
- 그분은 나를 축복하신다.
- 그분은 내 삶을 위해 일하고 계신다.
- 그분은 내가 바꿀 수 없는 것을 받아들일 평온함, 내가 할 수 있는 것들을 바꿀 용기, 차이를 알 수 있는 지혜를 내게 주신다.

평온한 기도문은 최고의 긍정의 말이다.

당신은 스스로를 바꿀 수는 있지만 다른 사람들을 바꿀 수는 없다는 걸 기억하라. 신앙이 없다면 다음과 같은 긍정의 말을 해보자.

- 사랑은 모든 것을 가능하게 한다.
- 사랑은 나를 치료해주고 강하게 해주고 안정시켜 주고 평화로 이끌어 준다.

당신만의 긍정의 말을 만드는 것이 중요하다. 자신에게 가장 효과적인 말들이 최고의 말이 될 것이다. 당신이 100퍼센트 긍정적이고 무조건적인 긍정의 말을 만들 준비가 되기 전까지 여기 제시한 말들로 연습해보자.

"톰과 나 사이의 모든 일이 다 잘되어서 우리는 결혼한다" 같은 말을 만들지 말라. "우리는 결혼한다"라는 말은 완벽한 해결책이 아니다. 그저 "모든 일이 다 잘되어 간다"라고만 말하거나 "나를 위해서"라는 말을 넣어보자.

특정한 결과를 요구하는 문장을 피해야 한다. 간단하게 자기 자신, 인생, 가치, 멋진 미래를 확신하는 말이면 된다. 긍정의 말을 만들면서 오래된 삶의 패턴과 행동들을 버리고 새롭고 건강하고 즐거우며 풍요로운 인생으로 기꺼이 나아가야 한다. 이런 긍정의 말도 나쁘지 않다.

- 나는 과거의 모든 고통에서 벗어나 건강, 기쁨, 성공을 내 것으로 만든다.

이제 당신이 창의력을 발휘할 때다.

우리는 사랑이 아니라 집착이었어

초 판 1쇄 발행 2011년 6월 30일
개정판 1쇄 인쇄 2024년 11월 7일
개정판 1쇄 발행 2024년 11월 22일

지은이 로빈 노우드
옮긴이 문수경
펴낸이 신경렬

상무 강용구
기획편집부 이다희 신유미
마케팅 최성은
경영지원 김정숙 김윤하

편집 추지영
디자인 굿베러베스트

펴낸곳 (주)더난콘텐츠그룹
출판등록 2011년 6월 2일 제2011-000158호
주소 04043 서울시 마포구 양화로 12길 16, 7층(서교동, 더난빌딩)
전화 (02)325-2525 | **팩스** (02)325-9007
이메일 book@thenanbiz.com | **홈페이지** www.thenanbiz.com

ISBN 979-11-93785-30-0 03180

• 이 책은 2011년에 출간된 《너무 사랑하는 여자들》의 개정판입니다.